"博学而笃志，切问而近思。"
（《论语》）

博晓古今，可立一家之说；
学贯中西，或成经国之才。

主编简介

郑立群，1969年生，北京市人，汉族，天津大学技术经济专业硕士、管理科学与工程专业博士，天津大学管理学院副教授、硕士生导师。

主要研究领域包括项目投资控制、建设工程造价管理、公司理财、管理会计等。在核心学术期刊上发表学术论文30余篇。全国注册设备监理师执业资格考试用书《设备工程监理——投资控制》主编，《设备工程监理技术与方法》编委会成员；全国经济专业技术资格考试用书《建筑与房地产经济专业知识与实务》编委会成员。

复旦博学·21世纪工程管理系列

GONGCHENG XIANGMU
TOUZI YU RONGZI

工程项目投资与融资

(第三版)

主 编／郑立群

复旦大学出版社

内容提要

本书首先对工程项目投资与融资进行了概要研究，其次从工程项目投资与工程项目融资两个方面阐述了有关的理论与方法。

在工程项目投资部分，介绍了工程项目投资的构成、工程项目经济分析基本方法、工程项目可行性研究及投资估算、项目经济评价与社会评价方法，并对工程项目建设实施阶段的投资控制方法进行了阐述。

在工程项目融资部分，介绍了项目融资的组织、项目的投资结构、资金结构和信用保证结构，分析总结了各类项目融资模式与融资结构。

本书可作为工程管理及相关专业本科生和研究生教材，也可作为土木工程等专业选修课程的教学用书，还可作为项目建设各方的管理人员与工程技术人员业务学习用书。

FOREWORD 第三版前言

工程项目从确定投融资方案,到完成项目融资,再到项目建设与投入使用或运营,并实现预期的投资效益,需经历一个漫长的过程。在这个过程中,项目投资管理者要作出合理的投资评价与决策,选择适宜的融资模式,并在项目设计、招投标与实施过程中进行有效的投资管理。工程项目投资与融资管理水平直接关系到项目投资效益是否能最终实现。

工程项目投资与工程项目融资是工程项目建设中不可分割的两个环节。相应地,在工程项目管理过程中,工程项目投资控制与融资管理也是工程项目管理中密不可分的两部分工作内容。一方面,只有在能保证项目充足的资金来源和合理的资本结构的前提下,才能确认项目投资的经济可行性,继而开展项目建设。若筹集不到足够的资金,即使项目投资前景广阔,收益可观,也难以付诸实施。另一方面,只有对项目的技术可行性和经济合理性进行深入分析之后,才能预计出项目的开发前景,并对投资项目的资金需要量作出符合实际的估算,继而吸引资金投入。

本书是复旦大学"博学·21世纪工程管理系列"教材中的一本。为了反映工程项目投资与融资领域理论与实践的最新发展和相关法规、制度的最新调整,充分结合工程项目投融资中存在的实际问题,本书第三版在前两版的基础上,对原有结构和内容进行了大幅度的调整。修订后的《工程项目投资与融资(第三版)》以资源开发项目、基础设施建设项目和大型工业项目等大型工程项目作为分析对象,结合大型工程项目投资与融资的特点,详细阐述了工程项目投资与项目融资的基本概念、不同建设阶段项目投资管理的程序和方法、项目融资结构和模式的特点及选择等问题。全书共分十一章。第一章是工程项目投资与融资概述,第二章至第六章为工程项目投资部分,第七章至第十一章为工程项目融资部分。

第一章工程项目投资与融资概述。主要介绍了工程项目投资与融资在不同层面上的含义,并介绍工程项目投资与融资管理过程中的一些基本问题。

第二章工程项目投资的构成。主要介绍了工程项目总投资、设备工器具购置费用、建筑安装工程费用、工程建设其他费用、预备费、建设期利息和流动资产投资的构成。

第三章工程项目经济分析基本方法。主要介绍了资金时间价值计算方法、各类投资项目经济评价指标的含义和计算方法、投资项目方案比选方法。

第四章工程项目可行性研究及投资估算。主要介绍项目可行性研究的内容、投资估算的编制方法。

第五章项目经济评价与社会评价方法。主要介绍项目财务评价、国民经济评价和社会评价方法。

第六章工程项目建设实施阶段的投资控制。主要介绍工程项目设计阶段、发承包阶段、施工阶段、竣工阶段的工程计价与投资控制方法。

第七章项目融资的组织。主要介绍项目融资的参与者和运作过程。

第八章项目的投资结构。主要介绍公司型投资结构、合伙制投资结构、契约型投资结构、信托基金投资结构的特点，分析了如何进行项目投资结构设计与选择。

第九章项目的资金结构。主要阐述了项目筹集股本资金、准股本资金和债务资金的方式及特点，介绍了项目资金的来源途径，分析了如何进行项目资金结构的设计与优化。

第十章项目的信用保证结构。介绍了项目融资中各类信用保证形式和常见的担保人。

第十一章项目融资模式与融资结构。分析了项目融资的基本模式、基于不同信用保证形式的融资模式和项目融资的PPP运作模式。

本书由郑立群编写。在编写过程中，天津大学管理与经济学部杨克磊副教授、刘立秋副教授和谭庆美副教授给予了大量协助，特此表示感谢。

本书可用作工程管理及相关专业本科生和研究生教材，也可作为土木工程等专业选修课程的教学用书，还可供项目建设各方的管理人员与工程技术人员业务学习使用。

本书参考了国内外有关工程项目投资与融资方面的书籍，以及我国项目投资决策和融资管理的相关法律、法规和各项规范。在此对这些资料的作者和制作者表示衷心的感谢。

想要实现一本教材的不断充实和完善，仅依靠编者单方面的修改是远远不够的，需要广泛听取读者的意见、建议乃至批评。希望广大师生与读者继续对本书存在的错误、疏漏和不妥之处给予批评指正。值此付梓之际，我们向大家表示衷心的感谢。

编　者

2022 年 12 月

CONTENTS 目 录

第一章 工程项目投资与融资概述 ········· 1
学习目标 ········· 1
第一节 工程项目的概念、特征和阶段划分 ········· 1
第二节 工程项目投资概述 ········· 6
第三节 工程项目融资概述 ········· 10
本章小结 ········· 20
关键词 ········· 21
本章练习题 ········· 21

第二章 工程项目投资的构成 ········· 22
学习目标 ········· 22
第一节 设备及工器具购置费用的构成 ········· 23
第二节 建筑安装工程费用的构成 ········· 28
第三节 工程建设其他费用的构成 ········· 36
第四节 预备费、建设期利息和流动资产投资 ········· 40
本章小结 ········· 42
关键词 ········· 43
本章练习题 ········· 43

第三章 工程项目经济分析基本方法 ········· 45
学习目标 ········· 45
第一节 资金时间价值及资金等值计算 ········· 45

第二节　投资项目经济评价指标 …………………………………………… 55
　　第三节　投资项目方案比选 ………………………………………………… 64
　　本章小结 …………………………………………………………………… 72
　　关键词 ……………………………………………………………………… 73
　　本章练习题 ………………………………………………………………… 73

第四章　工程项目可行性研究及投资估算 ………………………………… 76

　　学习目标 …………………………………………………………………… 76
　　第一节　工程项目可行性研究的阶段和内容 ……………………………… 76
　　第二节　工程项目投资估算 ………………………………………………… 81
　　本章小结 …………………………………………………………………… 89
　　关键词 ……………………………………………………………………… 89
　　本章练习题 ………………………………………………………………… 90

第五章　项目经济评价与社会评价方法 ……………………………………… 91

　　学习目标 …………………………………………………………………… 91
　　第一节　工程项目经济评价概述 …………………………………………… 91
　　第二节　项目财务评价 ……………………………………………………… 94
　　第三节　国民经济评价 ……………………………………………………… 105
　　第四节　不确定性分析与风险分析 ………………………………………… 112
　　第五节　社会评价 …………………………………………………………… 122
　　本章小结 …………………………………………………………………… 124
　　关键词 ……………………………………………………………………… 125
　　本章练习题 ………………………………………………………………… 125

第六章　工程项目建设实施阶段的投资控制 ………………………………… 127

　　学习目标 …………………………………………………………………… 127
　　第一节　工程项目设计阶段的投资控制 …………………………………… 127
　　第二节　工程项目发承包阶段的投资控制 ………………………………… 141
　　第三节　工程项目施工阶段投资控制 ……………………………………… 151
　　第四节　工程竣工决算 ……………………………………………………… 167
　　本章小结 …………………………………………………………………… 169
　　关键词 ……………………………………………………………………… 170
　　本章练习题 ………………………………………………………………… 170

第七章 项目融资的组织 ... 172

- 学习目标 ... 172
- 第一节 项目融资的参与者 ... 172
- 第二节 项目融资的运作过程 ... 176
- 本章小结 ... 178
- 关键词 ... 179
- 本章练习题 ... 179

第八章 项目的投资结构 ... 180

- 学习目标 ... 180
- 第一节 项目投资结构概述 ... 180
- 第二节 公司型投资结构 ... 183
- 第三节 合伙制投资结构 ... 187
- 第四节 契约型投资结构 ... 190
- 第五节 信托基金投资结构 ... 195
- 第六节 项目投资结构的设计与选择 ... 198
- 本章小结 ... 201
- 关键词 ... 202
- 本章练习题 ... 202

第九章 项目的资金结构 ... 204

- 学习目标 ... 204
- 第一节 股本资金的筹集 ... 204
- 第二节 准股本资金的筹集 ... 215
- 第三节 债务资金的筹集 ... 220
- 第四节 项目资金的来源渠道——资本市场 ... 235
- 第五节 项目资金结构的设计和优化 ... 244
- 本章小结 ... 258
- 关键词 ... 259
- 本章练习题 ... 259

第十章 项目的信用保证结构 ... 261

- 学习目标 ... 261
- 第一节 项目信用保证结构概述 ... 261

第二节　项目融资中常见的担保人 …………………………………… 264
　　第三节　项目融资中常见的信用保证形式 …………………………… 268
　本章小结 …………………………………………………………………… 274
　关键词 ……………………………………………………………………… 275
　本章练习题 ………………………………………………………………… 275

第十一章　项目融资模式与融资结构 ………………………………………… 276
　学习目标 …………………………………………………………………… 276
　　第一节　项目融资的两种基本模式 …………………………………… 276
　　第二节　基于不同信用保证形式的项目融资模式 …………………… 280
　　第三节　项目融资的PPP运作模式 …………………………………… 289
　本章小结 …………………………………………………………………… 300
　关键词 ……………………………………………………………………… 301
　本章练习题 ………………………………………………………………… 301

参考文献 ……………………………………………………………………………… 302

第一章 工程项目投资与融资概述

> **学习目标**
>
> 学习了本章后,你应该能够:
> 1. 了解工程项目的概念、特征、组成和阶段划分;
> 2. 熟悉工程项目投资的含义和特点;
> 3. 熟悉工程项目投资与工程项目全寿命费用的区别和联系;熟悉工程项目投资控制的目标、内容和原则;
> 4. 了解项目融资的含义、起源和发展状况,以及项目融资与公司融资的区别。

工程项目投资与融资是工程项目建设中不可分割的两个环节。相应地,在工程项目管理过程中,工程项目投资与融资管理也是工程项目管理中密不可分的两部分工作内容。一方面,只有在能保证项目充足的资金来源和合理的资本结构的前提下,才能确认项目投资的经济可行性,继而开展项目建设。若筹集不到足够的资金,即使项目投资前景广阔,收益可观,也难以付诸实施。另一方面,只有对项目的技术可行性和经济合理性进行深入分析之后,才能预计出项目的开发前景,并对投资项目的资金需要量作出符合实际的估算,继而吸引资金投入。本章以资源开发项目、基础设施建设项目和大型工业项目等大型工程项目为分析对象,详细阐述工程项目投资与融资在不同层面上的含义,并介绍工程项目投资与融资管理过程中的一些基本问题。

第一节 工程项目的概念、特征和阶段划分

一、工程项目的概念和特征

(一)工程项目的概念和分类

1. 工程项目的概念

项目是指为了实现特定的目标,在给定的资源、成本、质量和时间等约束范围内,完

成一次性工作任务的过程。项目具有任务一次性、目标明确性和管理对象整体性特征。而重复进行的、大批量的生产活动及其成果,不能称之为"项目"。项目按其最终成果划分,存在各种不同的类型,比如科学研究项目、体育赛事项目、工程项目、航天项目、咨询项目、教育项目、文化娱乐项目等。

本书所讲的工程项目,是指为了形成特定的生产能力和使用效能,在一定约束条件下进行的固定资产投资和建设的一次性过程。在工程项目的建设过程中,约束条件主要有三个:一是时间约束,即要求有适宜的建设期限(工期);二是资源约束,即要求有确定的投资限额;三是质量约束,即有预期的生产能力、技术水平或使用效益目标。

2. 工程项目的分类

(1) 按照建设性质划分,工程项目可分为新建项目、扩建项目、改建项目、迁建项目和恢复项目等。

(2) 按所形成的固定资产用途划分,工程项目可分为生产性项目和非生产性项目。

(3) 按产业领域划分,工程项目可分为工业项目、交通运输项目、房地产项目、水利项目等。

(4) 按投资来源划分,工程项目可分为政府投资项目和非政府投资项目。

(5) 按经济特征划分,工程项目可分为经营性项目和公益项目。

(6) 按照项目产出物和服务对象的性质,工程项目可分为生产类项目、基础设施类项目、社会发展和人力资源开发类项目。

(7) 按照项目的规模大小,政府主管部门依据一定的标准,将工程项目分为大型项目、中型项目和小型项目。

不同规模的工程项目在投资与融资管理方面存在较大差异。由于大型项目在投资与融资方面更为复杂、更具典型意义,故本书将主要结合大型工程项目的特点进行相应的介绍。

(二) 工程项目的基本特征

1. 建造地点的固定性

工程项目的产出物均与土地相联系,需要固定在一定的地点,一般情况下是不能移动的。而单纯的设备购置虽然也属于固定资产投资,但并不具备固定性,因此不属于工程项目。

2. 独特性

对于每个工程项目,用户都有其特殊的功能要求,建设地点、时间和条件亦千差万别,所以每个工程项目都具有独特性。工程项目的投资融资活动要根据具体项目的特点进行安排。

3. 一次性

所有工程项目都有确定的起点和终点,具有一次性的组织形式。当工程项目的特定的目标已经实现(或者已知不能或不需要实现)时,即达到了其终点。

4. 整体性

工程项目有明确的项目组成,在一个总体设计或初步设计范围内,由一个或若干个互相有内在联系的单项工程组成。建设过程实行统一核算、统一管理。

5. 过程性

工程项目需要遵循必要的建设程序,其建设过程是一个特定的、有序的全过程。

二、工程项目的组成

为了对工程项目进行有效的组织与管理,需要按照一定的规则和方法对工程项目进行分解。工程项目依次可分为建设项目、单项工程、单位工程、分部工程和分项工程等几个层次。参照 GB/T 50875—2013《工程造价术语标准》,建设项目、单项工程、单位工程、分部工程和分项工程的含义如下。

(1) 建设项目(construction project),是指按一个总体规划或设计进行建设的,由一个或若干个互有内在联系的单项工程组成的工程总和。

(2) 单项工程(sectional works),是指具有独立的设计文件、建成后能独立发挥生产能力或使用功能的工程项目。比如在生产性项目中,建成后能独立发挥生产能力的车间(包含厂房建筑、设备及安装等)就是一个单项工程,属于一组配套比较齐全的工程。一个建设项目可以包括一个或多个单项工程。

(3) 单位工程(unit works),是指具有独立的设计文件,能够独立组织施工,但不能独立发挥生产能力或使用功能的工程项目。一个单项工程一般由若干个单位工程组成,如生产性项目中的车间作为一个单项工程,是由一般土建工程、设备及安装等单位工程组成的。

(4) 分部工程(divisional works)是单项或单位工程的组成部分,是按结构部位、路段长度、施工特点或施工任务,将单项或单位工程划分成的若干项目单元。依照《建筑工程施工质量验收统一标准》(GB 50300—2013),建筑工程可划分为地基与基础、主体结构、建筑装饰装修、屋面、建筑给水排水及供暖、通风与空调、建筑电气、智能建筑、建筑节能和电梯等分部工程。当分部工程较大或较复杂时,可按材料种类、施工特点、施工程序、专业系统及类别,将分部工程划分为若干子分部工程。例如,主体结构分部工程又可细分为混凝土结构、砌体结构、钢结构、钢筋混凝土结构、型钢混凝土结构、铝合金结构和木结构等子分部工程。

(5) 分项工程(work element)是分部工程的组成部分,它是按不同的施工方法、材料、工序及路段长度等将分部工程划分成的若干项目单元。例如,砌体结构(子分部工程)又可划分为砖砌体、混凝土小型空心砌块砌体、石砌体、配筋砌体、填充墙砌体等分项工程。分项工程能用适当的计量单位(如 m^3、kg 等)对工程量和工料消耗量进行计量。

三、工程项目阶段划分

在一个工程项目的全寿命周期中,需要完成项目策划、前期论证、投资决策、设计、施工、竣工验收到投产或交付使用等工作内容。为了更好地进行工程项目组织与管理，通常要把工程项目周期划分为若干个工作阶段。一般而言，一个工程项目周期可以划分为三个阶段，即决策阶段、建设实施阶段和投产运营阶段。由于工程项目的资金来源、规模和复杂程度不同，每一阶段的具体建设程序也会有所不同。

（一）工程项目决策阶段的主要工作内容

工程项目决策是指投资者作出是否投资建设某个工程项目的决定。在决策阶段，需要对工程项目投资的必要性、可行性以及具体的投资建设方案进行科学的论证、分析与评价。由于我国对不同投资主体、不同资金来源的建设项目实施分类管理，所以不同类型项目的决策阶段的工作内容和工作程序会有所不同。

决策阶段的工作内容主要包括以下三方面。

1. 工程项目前期策划

工程项目前期策划是指将投资建设意图转换为定义明确、系统清晰、目标具体且具有策略性运作思路的活动。

工程项目前期策划主要包括项目构思策划和实施策划。在工程项目投资决策阶段进行的总体性策划活动，一般被称为工程项目构思策划，是指通过确立项目目标、定义项目功能、估算项目投资和建设周期、开展技术经济论证，以确保整个项目建立在可靠、坚实、优化的基础之上。工程项目实施策划，是指在工程项目投资决策阶段，将体现建设意图的工程项目构思，变成有实现可能性和可操作性的行动方案，提出带有谋略性和指导性设想的过程。

工程项目前期策划是进一步进行项目可行性研究的基础，也可以认为它就是项目可行性研究中的一部分内容。

2. 编制并报批项目建议书

实行审批制的工程项目，需要编制并报批项目建议书。项目建议书是项目单位向相关部门或单位提出的要求建设某一项目的建议文件，是对建设项目的轮廓设想，是对项目建设的必要性、功能定位和主要建设内容、拟建地点、拟建规模、投资估算、资金筹措、社会效益和经济效益等进行的初步分析。项目建议书可以根据初步可行性研究的结果进行编制，初步可行性研究报告也可代替项目建议书。

对于政府投资项目，项目建议书是立项的必要程序。项目建议书按要求编制完成后，项目单位应根据建设规模，按照规定的程序和事权，报送有关部门审批。

3. 编制并报批项目可行性研究报告

项目建议书经批准后，项目单位应进行项目可行性研究。可行性研究就是在工程项目投资决策前，在对与项目有关的社会、经济和技术等各方面的情况进行深入细致的调查研究基础上，通过对拟建项目建设方案、建设条件和技术方案的分析、对比和论证，综合研究并得出工程项目技术先进性和适用性、经济合理性以及建设的可能性和可行性的研究结论，为项目决策提供科学、可靠的依据。

项目可行性研究报告编制完成后,由项目单位向审批部门申报可行性研究报告。经批准的项目可行性研究报告是项目建设的依据。项目单位可以批复文件,申请办理规划许可、正式用地手续,并组织、委托设计单位进行初步设计。

(二) 工程项目建设实施阶段的主要工作内容

1. 工程设计

项目设计是在项目可行性研究获得批准后进行的,一般可划分为几个阶段。一般工业与民用建设项目设计按初步设计和施工图设计两阶段进行,称之为"两阶段设计";对于技术上复杂而又缺乏设计经验的项目,可按初步设计、技术设计和施工图设计三个阶段进行,称之为"三阶段设计"。

2. 建设准备

建设准备的主要工作内容包括:征地、拆迁和场地平整;完成施工用水、电、道路等工程;组织招标工作,选择工程监理单位、施工单位以及设备、材料供应商;准备必要的施工图纸;办理工程质量监督手续和施工许可证等。

3. 设备采购及建筑安装施工

设备采购和建筑安装施工活动应按照设计要求、合同条款、预算投资、施工程序与顺序、施工组织设计,在规定的工程内容、质量、工期、投资范围内,高效率地实现工程项目目标。

4. 生产准备

对于生产性工程项目而言,项目投产前需要由项目单位进行相应的生产准备工作,以确保项目建成后能顺利转入正常的生产经营。生产准备工作的内容一般包括:试生产;生产人员准备;管理机构组织准备;技术准备;物资准备等。

5. 竣工验收

当建设阶段按设计文件的规定内容全部施工完成后,可组织验收。这是建设全过程的最后一个阶段,是投资成果转入生产或使用的标志。通过竣工验收,可以检查建设项目实际形成的生产能力或效益,也可避免项目建成后继续消耗建设费用。

(三) 工程项目投产运营阶段的主要工作内容

工程项目的竣工验收交付使用,意味着工程建设工作已经完成,但工程项目管理工作并未结束。从工程项目管理角度而言,投产运营阶段还要完成的主要工作包括:工程的保修、回访以及项目后评估等,这是工程项目实施阶段管理工作的延伸。

项目后评估一般在项目竣工验收之后 2~3 年内进行,主要是将工程项目建成投产后所取得的经济效益、社会效益和环境效益等情况与项目决策阶段的预期目标进行对比分析,对工程项目进行总结与评价,综合反映工程项目建设和管理各个环节的工作成效和经验教训,为以后改善项目管理和决策水平、提高投资效益提供依据。

第二节 工程项目投资概述

一、工程项目投资的概念和特点

(一) 工程项目投资的概念

工程项目投资的概念有双重含义。第一层含义是广义上的理解，投资就是指投资者在一定时间内新建、扩建、改建、迁建或恢复某个工程项目所作的投资活动。从这个意义上讲，工程项目建设过程就是投资活动的完成过程，工程项目管理过程就是投资管理过程。第二层含义是狭义上的理解，投资就是指进行工程项目建设花费的费用，即工程项目投资额。本书将以投资的狭义概念为起点，分析工程项目投资构成，在此基础上进一步探讨项目投资决策、设计、发承包、施工以及竣工验收过程中所涉及的投资控制原理、方法和实务。

狭义而言，建设项目的总投资，是为完成工程项目建设并达到使用要求或生产条件，在建设期内预计或实际投入的总费用。它是建设项目按照确定的建设内容、建设规模、建设标准、功能要求和使用要求，全部建成并验收合格交付使用所需的全部费用。生产性建设项目总投资包括建设投资、建设期利息和流动资产投资三部分；非生产性建设项目总投资包括建设投资和建设期利息两部分。而建设工程造价就是建设投资和建设期利息之和，它对应着建设项目的固定资产投资部分。

1. 建设投资

按照概算法分类，建设投资由工程费用、工程建设其他费用和预备费三部分组成。

① 工程费用，包含设备及工器具购置费用和建筑安装工程费用。设备及工器具购置费用是指按照建设项目设计文件要求，建设单位（或其委托单位）购置或自制达到固定资产标准的设备和新扩建项目配置的首套工器具及生产家具所需的费用。建筑安装工程费用，亦被称为建筑安装工程造价，是指建设单位支付给从事建筑安装工程施工单位的全部生产费用，包括用于建筑物的建造及有关的准备、清理等工程的费用，用于需要安装设备的安置、装配工程费用。

② 工程建设其他费用，是指建设期发生的与土地使用权取得、整个工程项目建设以及未来生产经营有关的，除工程费用、预备费、建设期利息、流动资金以外的费用。

③ 预备费，是指在建设期内因各种不可预见因素的变化而预留的可能增加的费用，包括基本预备费和涨价预备费。

2. 建设期利息

建设期利息主要是指在建设期内发生的为工程项目筹措资金的融资费用和债务资金利息。

3. 流动资产投资

流动资产投资，是指生产性建设项目投产后，用于购买原材料、燃料、支付工资以及其他经营费用所需的周转资金，也就是财务管理中经常提到的营运资金。

此外，建设项目投资还有静态投资和动态投资之分。建筑安装工程费、设备及工器具购置费用、工程建设其他费用和基本预备费属于静态投资；涨价预备费、建设期利息等属于动态投资。

工程项目投资构成关系图和详细内容可参考第二章。

（二）工程项目投资的特点

1. 大额性

工程项目往往规模巨大，其投资额动辄数百万元、上千万元，甚至达到数百亿元。投资规模巨大的设备工程关系到国家、地区或行业的重大经济利益，对宏观经济可能也会产生重大影响。

2. 单件性

对于每一个建设项目及其包含的单项工程、单位工程，不仅用户会有特殊的功能要求，而且建设条件、建设方式也是千差万别的。因此工程项目不能像一般工业产品那样按品种、规格、质量成批确定价格和成本，而只能根据各个建设项目的具体情况单独估算和确定投资。

3. 阶段性

工程项目周期长、规模大、投资大，因此需要按建设程序分阶段逐步完成。相应地，在工程的建设过程的各个阶段，需要对投资数额进行多次预测、约定或调整，并有效地进行投资控制。建设项目各阶段投资形态如图1-1所示。

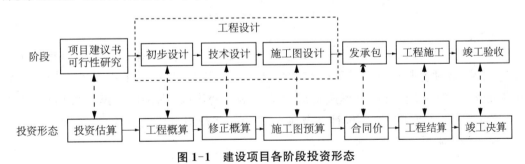

图1-1 建设项目各阶段投资形态

4. 层次性

工程项目存在庞大又复杂的体系。为了便于对其进行设计、施工与管理，必须按照统一的要求和划分原则进行必要的分解。如前所述，一个建设项目一般可进一步分解为单项工程、单位工程、分部工程和分项工程。相应地，工程项目投资也要按照项目划分原则进行分解。

二、工程项目投资与项目全寿命费用的关系

工程项目投资与工程项目的全寿命费用是两个不同的概念。工程项目投资是指工程所有相关活动中所发生的全部费用之和；而全寿命费用是指工程项目一生所消耗的总费用，包括工程建设、运营和报废等各阶段的全部费用。具体来说，全寿命费用包括工程项目投资、工程交付使用后的经常性开支费用（含经营费用、日常维护修理费用、使用期内大修理和局部更新费用等）以及该工程使用期满后的报废拆除费用等。

工程寿命周期内各阶段费用的变化情况如图1-2所示。从项目的决策、设计到设备采购与建筑安装施工过程的所花费用是递增的，直到安装过程开始时才表现出下降趋势，其后的运行阶段基本保持一定的费用水平，此阶段的持续时间要比设计、制造阶段长得多，当费用再度上升时就是需要更新的时期，工程项目的一生到此结束。工程项目总费用（全寿命周期费用）即图1-2中曲线与时间轴之间所包括的总面积。

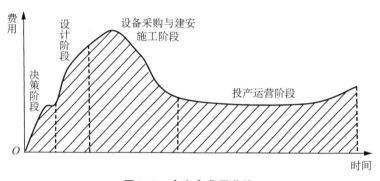

图1-2　全寿命费用曲线

工程项目投资分析应以全寿命周期费用为基础，而不能单纯地以工程项目投资额为基础。特别是对于那些使用过程中经常性开支较大的工程，更应重视全寿命周期的分析，从投资决策阶段和设计过程起就应考虑全寿命费用（特别是使用维护费用）的最优化。必要时，应重新审查原始设计和其他与寿命周期费用有关的参数，通过对这些参数的比较选择来降低总费用。

三、工程项目投资控制

（一）工程项目投资控制的目标

从本质上说，工程项目投资控制的最终目标就是实现项目预期的投资效益。而在项目建设阶段，工程项目投资控制就是要在业主所确定的投资、进度和质量目标指导下，合理使用各种资源完成工程项目建设任务，以期达到最佳的投资效益。

投资、进度和质量是工程项目管理的三大目标。图1-3描绘了投资、进度、质量之间

的内在联系。三角形的内部表现为三个目标的矛盾关系,三角形的外部表现为三个目标的一致关系。三者共同构成工程项目管理的目标系统,它们互相联系、互相影响,某一方面的变化必然引起另两个方面的变化。例如,过于追求缩短工期,必然会损害项目的功能(质量),引起成本增加。所以工程项目管理应追求它们三者之间的优化和平衡,任何强调最短工期、最高质量、最低成本都是片面的。由于项目的复杂性和动态性以及人们的认识能力和技术水平的限制,在项目前期往往很难对项目作出正确的综合评价和预测。因此在实际工作中可先适当突出某个主目标,即项目必须予以保证的目标,并以此为依据来编制项目目标计划,然后在执行计划的过程中不断收集数据和信息,对比实际情况和原定计划,调整各目标之间的比重关系,不断修正和完善原目标计划,形成一个持续渐进的目标管理过程。

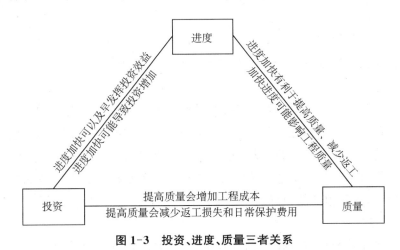

图 1-3 投资、进度、质量三者关系

(二) 工程项目投资控制的主要内容

工程项目投资控制的基本内容是:在工程建设的各个阶段,通过合理的计价和其他控制手段,有效控制工程项目的实际投资支出,以保证工程项目取得较好的投资效益和社会效益。

(1) 在项目决策阶段,依据投资估算指标、类似工程的造价资料或其他有关资料,编制和审核投资估算。投资估算是在投资决策过程中,对项目投资数额进行的估计,是判断项目可行性和进行项目决策的重要依据之一,同时投资估算也是编制初步设计和概算的投资控制目标。

(2) 在初步设计阶段,根据有关概算定额或概算指标编制和审核工程概算。经有关部门批准的总概算,即为控制拟建项目工程投资的最高限额。

(3) 在施工图设计阶段,根据施工图纸确定的工程量,套用有关预算定额单价、取费率和利税率等编制施工图预算。

(4) 在工程发承包阶段,发包人编制和审核工程量清单、招标控制价或标底,投标人编制投标报价,双方通过相应程序确定承包合同价。

(5) 在工程施工阶段,发包人对承包人实际完成的工程量进行计量,以合同为基础,办理期中结算和竣工结算。

(6) 在竣工验收阶段,对从筹建到竣工投产全过程的全部实际支出费用进行汇总,编制竣工决算。

(三) 项目投资控制的原则

1. 以设计阶段为重点进行建设全过程投资控制

项目投资控制应贯穿于项目建设全过程,但影响投资最大的阶段在于施工以前的投资决策和设计阶段,而在项目作出投资决策后,控制项目投资的关键就在于设计阶段。

2. 主动控制与被动控制相结合

项目投资控制不仅要反映投资决策,反映设计、发包和施工,被动地控制项目投资,更要能动地影响投资决策,影响设计、发包和施工,主动地控制项目投资。

3. 令人满意原则

工程项目的基本目标是对建设工期、项目投资和工程质量进行有效控制,这三大目标组成的目标系统是一个相互制约、相互影响的统一体,同时使三个目标达到最优几乎是不可能实现的。为此,应根据建设项目的客观条件进行综合研究,实事求是地确定一套切合实际的衡量准则。只要投资控制的方案符合这套衡量准则,取得令人满意的结果,投资控制即达到了预期的目标。

4. 技术与经济相结合

技术与经济相结合是控制投资的有效手段。为此,应通过技术比较、经济分析和效果评价,正确处理技术先进与经济合理之间的对立统一关系,力求达到技术先进条件下的经济合理,在经济合理基础上的技术先进,把投资控制的观念渗透到各项设计和技术措施中。

第三节 工程项目融资概述

一、工程项目融资的含义

(一) 广义的项目融资与狭义的项目融资

1. 广义的项目融资

项目融资作为一个学术用语,有广义和狭义两种理解。广义上讲,项目融资是指针对特定项目所进行的一切融资活动,即"为项目筹集资金"的活动。按照广义上的理解,新建项目、收购现有项目以及对已有项目进行债务重组所进行的融资,均属于项目融资。

按资金来源分类,为项目筹集资金的方式包括权益融资和债务融资。

2. 狭义的项目融资

与广义的项目融资不同,狭义的项目融资是指"通过项目去融资",即通过项目建成后所能产生的期望收益、项目资产和有关合同权益来进行融资。国际上提及项目融资(project financing)概念时,一般都是指狭义的项目融资。

在给出项目融资的准确定义之前,首先让我们来看一个案例。

【案例1-1】 天年公司是一家从事养老产业的公司,目前已有两个养老项目A和B,该公司现在正在计划投资兴建一个新的养老项目C。为了给项目C筹集资金呢,天年公司制定了两种融资方案以供选择。

第一种融资方案(见图1-4):天年公司将一部分自有资金投资于项目C,金额相当于项目总投资的30%,其他70%的资金将采用银行贷款和其他债务融资的方式来解决,所有的债务均由天年公司负责还本付息。如果养老项目C在未来运营中获得的收益不足以抵偿贷款本息,天年公司就需要用其他业务的收益来还贷。贷款人具有要求天年公司用其所有项目的现金流和资产偿还所有贷款的权力,也就是说贷款人对天年公司的债务具有完全追索权。这种融资方式是一种非常传统的筹集项目资金的方式。由于筹资主体——天年公司,是公司制企业,因此这种方式被称作"公司融资"。公司融资也属于"为项目筹集资金"的活动,但是不属于狭义的"项目融资"。

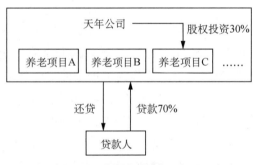

图1-4 "公司融资"示意图

除了选择公司融资方式以外,天年公司还可以采用另外一种融资方式:首先天年公司可以先注册成立一家专门运作项目C的项目公司,由天年公司自己、也可联合其他投资者一起提供30%的权益资金,而其他70%的资金可以由项目公司以其自身的名义进行贷款融资,并且以项目C的资产、预期收益或有关合同安排作为保证,以项目预期收益或预期现金流量作为偿还本息的资金来源。这种融资方式就属于我们所说的"项目融资"。

如果没有其他信用保证安排的话,贷款责任由项目公司承担,这意味着如果项目失败,贷款人有可能只能从项目C的资产中收回一部分贷款,这时贷款人没有权力要求天年公司用项目A或项目B或者其他业务的收益和资产来偿还贷款,也就是说贷款人对天年公司是无追索权的。

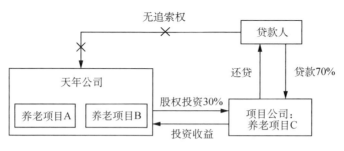

图 1-5 "项目融资"示意图

（二）狭义的项目融资定义及其适用范围

1. 狭义的项目融资定义

国内外关于狭义的项目融资定义有很多种。这里介绍两种有代表性的定义。

（1）彼得·内维特在其著作《项目融资》中的定义。彼得·内维特在他的著作《项目融资》（1995年第六版）中给出的项目融资定义是："项目融资就是向一个特定的经济实体提供融资时，其贷款人首先分析该经济实体的现金流量和收益，将此视为偿还债务的资金来源，并将该经济实体的资产视为这笔贷款的担保物，若这两点可作为贷款的安全保障则予以贷款。"

这里的贷款人主要指银行等金融机构。在这个定义中主要指出了两点内容：第一点是在项目融资中，用以保证项目债务偿还的资金来源主要依赖于项目本身的资产与收益；第二点是在项目融资中，项目的资产将作为抵押条件来处理。

但是在这个定义中，并没有提到项目投资者的信用能力，这说明在项目融资中，项目投资者的信用能力对于项目贷款的安全而言并不是十分重要。

此外我们也可以看出来，在这个定义中主要突出了贷款这个融资方式。而在贷款融资安排方面的不同正是项目融资与传统融资方式的最大区别所在。

（2）《项目融资业务指引》对项目融资的定义。原中国银监会在2009年颁布的《项目融资业务指引》（银监发〔2009〕71号）中也给出了项目融资定义，指出项目融资是符合以下三方面特征的贷款。

① 贷款用途通常是用于建造一个或一组大型生产装置、基础设施、房地产项目或其他项目，包括对在建或已建项目的再融资。

② 借款人通常是为建设、经营该项目或为该项目融资而专门组建的企事业法人，包括主要从事该项目建设、经营或融资的既有企事业法人。

③ 还款资金的来源主要依赖于该项目产生的销售收入、补贴收入或其他收入，一般不具备其他还款来源。

国内外关于项目融资的定义虽然表述上不尽相同，但是并没有实质性的差别。综合起来，我们可以总结出项目融资的两个基本特征。

① 一是项目融资是以项目为主体安排的融资,而不是以项目发起人为主体安排的融资。

② 二是项目融资中贷款的偿还来源仅限于项目本身产生的现金流量和收益。

2. 狭义的项目融资的适用范围

狭义的项目融资比较适合于资源开发项目、基础设施建设项目和大型工业项目等。这些类项目都具有的共同特点有以下四方面。

① 项目投资额巨大,而投资人出资额有限,往往需要借入大量的债务资金。如果采用公司融资的话,会使股权投资人承受较大的债务风险。

② 项目寿命期一般都很长,投资回收期长,采用公司融资的话,项目投资者要承受较大的项目收益风险。

③ 项目复杂性高,项目参与方较多,在技术、环境、政策、法律法规和社会等方面存在较大风险。

④ 项目建成后,后期现金流量比较稳定。

目前,采用项目融资方式最多的是各类基础设施建设项目,包括公共设施项目(如电力、电信、自来水、污水处理等)、公共工程(如铁路、公路、海底隧道、大坝等)和其他交通工程(如机场、港口、地铁等)。

资源开发项目和基础设施建设项目往往需要获得政府授予的特许经营权,故狭义的项目融资有时也称为"特许经营项目融资"。

由于本书主要以大型工程项目为研究对象,故在工程项目融资部分将以狭义的项目融资概念为主,介绍项目的投资结构、资金结构、信用保证结构和项目融资的主要模式。以下内容中的"项目融资"指狭义的项目融资。

(三) 项目融资中的追索权

由于项目融资是以项目为主体进行安排的,项目的资产会被视作贷款的抵押物,从而设立担保物权。当项目的现金流量和收益无法偿还贷款本息的时候,项目的资产会被用来清偿债务。但是当项目失败了的时候,即使用尽项目的所有资产,往往也无法清偿掉所有债务。这时候如果债务没有其他信用保证的话,债权人肯定会蒙受比较大的损失。那么项目的债权人能否要求借款人安排其他形式的担保来降低其所承担的风险呢?这就涉及项目融资中的两种追索方式,即无追索权与有限追索权。根据追索权的不同,项目融资可分为无追索权的项目融资和有限追索权的项目融资。

1. 无追索权的项目融资

无追索权的项目融资,又称纯粹的项目融资,是指项目贷款本息偿还的来源仅限于该项目所产生的收益,担保权益仅限于该项目的资产。在项目融资的任何阶段,债权人均不能追索到项目投资人除项目以外的资产。

比如在天年公司的案例(案例5-1)中,如果没有进行其他信用保证安排的话,贷款人对天年公司始终没有追索权(见图1-5)。

在实践中,由于采用无追索权的项目融资对于债权人来说风险很大,所以债权人一般不愿意采用这种方式。

2. 有限追索的项目融资

有限追索权的项目融资是指债权人除了依赖项目收益作为补偿来源并以项目的资产设定担保物权之外,还要求与项目利益相关的第三方提供担保,各担保人对项目承担的义务以各自的担保金额或按协议承担的义务为限。实际上,这种有限追索权的项目融资,就是以某种形式将项目有关的各种风险,在债权人、项目投资人、与项目开发有直接或间接利益关系的其他参与者之间进行分摊。这也是国际上通常采用的项目贷款方式。

由于在项目建设的不同阶段,项目风险程度会发生较大变化,因此债权人对追索的要求也会随之相应调整。比如,项目在建设期一般存在较大的风险,所以债权人可以要求项目权益投资者承担项目建设期的大部分风险,如要求他们提供完工担保;在项目的正常生产经营阶段,可以考虑将追索权局限于项目自身资产及现金流量。

在天年公司养老项目的案例中,为了降低风险,贷款人可能会要求天年公司提供有限担保,比如可以要求天年公司将一部分资产作为贷款担保,或者由天年公司提供完工担保等。这种情况下,贷款人对天年公司就具有了有限追索权(见图1-6),也就是说天年公司需要对项目承担约定的担保义务,但它的担保义务不是无限的,是以担保金额为限,或者以协议承担的义务为限。

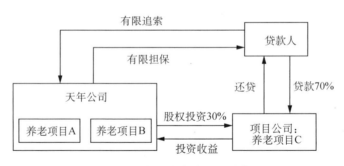

图1-6 有限追索的项目融资

通过上面的分析我们可以看出来,项目融资的核心就是获得一定数量的有限追索权贷款或无追索权贷款。所以项目融资可以被定义为:"以项目资产、预期收益或预期现金流量作为偿还债务的资金来源,无追索权或具有有限追索权的融资活动。"在项目融资模式下,项目的权益投资人一般不对项目的借款提供担保或只提供部分担保,因此降低了投资人承担的项目风险。在项目融资过程中,项目投资者(借款人)需要识别和分析项目的各种风险因素,明确自己、债权人和其他参与者所能承受风险的最大能力和可能性,充分利用与项目有关的一切可以利用的优势,设计出对投资者(借款人)具有较低追索且可以令参与各方满意的融资结构。

二、项目融资的起源与发展状况

（一）项目融资的起源

项目融资作为一种商业运作模式，早在13世纪就在欧洲出现了。1299年英国王室为了开发一座位于德文郡的白银矿，与一家商业银行（FrescIobaldi）签订了贷款协议。协议中规定该银行拥有银矿一年的经营权，可以取走这一年中所有开采出的矿产，但必须支付矿山开发的所有费用，而且英国王室不对矿产的质量和产量作出任何保证。这份贷款协议就是现代项目融资的雏形。

20世纪之后，项目融资越来越多地被应用在资源开发项目（如天然气、石油、煤炭等资源的开发）、基础设施建设项目（如电力、通信、自来水、公路、铁路、大坝、机场等）和大型工业项目中。这些项目一般需要巨额资金，而且投资风险都比较大，可是一旦建成后，后期现金流量是比较稳定的，受到市场变化的影响较小，因此这些项目比较适合采用项目融资的方式。

最初的项目融资是以产品作为贷款抵押物的，也就是所谓的产品支付（production payment）贷款。比如20世纪20年代，美国得克萨斯州有一个石油开发项目。由于当时美国处于经济大萧条时期，银行对石油企业信心不足，这使石油企业很难从银行获得贷款。银行在考虑了资源贮藏价值以及大型炼油厂购买原油协议所提供的信用支持因素之后，采用了以石油企业储油罐里的石油作为抵押物进行贷款的方式，这也就是我们所说的"产品支付贷款"的方式，通过这种方式才使得克萨斯州石油开发项目筹集到了足够的资金。在"产品支付贷款"的基础上，项目融资实践中又产生了"预期产品支付贷款"和"以项目收入偿还贷款"等方式。

到了20世纪60年代中期，在英国北海油田项目开发中，标志性地采用了有限追索权项目贷款。在此之后项目融资开始受到广泛重视，并且成为了国际金融的一个独立分支。

（二）项目融资的发展状况

1. 项目融资在国际上的发展状况

在20世纪80年代初期，由于世界性经济危机的影响，项目融资的发展进入低潮期。而到了80年代中后期，随着世界经济的复苏和世界各国经济的发展，项目融资模式又开始活跃起来。特别是以BOT模式（build-operate-transfer，建造-经营-转让）为基础的项目融资在全球范围内开始兴起了。不论是发达国家还是发展中国家都越来越多地采取BOT以及它的一些演变的形式（如BOOT、BOO、TOT），进行大型基础设施的建设，因为这种模式可以用来解决大规模基础设施建设中资金短缺的问题。当时比较成功的BOT项目有英法合作的英吉利海底隧道工程、澳大利亚的悉尼海底隧道工程和马来西亚南北高速公路等。

BOT模式在我国通常称为特许经营模式，本质上它是一种项目开发模式，而项目融资是一种通过项目筹集资金的方式。它们二者经常结合起来使用，形成了BOT融资模式。但BOT项目并不是必须采用项目融资方式筹集资金，某些BOT项目也采用了公司融资的方式。由于BOT项目大多数都是大型基础设施项目，而这类项目采用项目融资一般会更具有优势，因此BOT项目普遍都采用项目融资模式。

到了20世纪90年代，在BOT模式迅速发展的基础上，出现了PPP模型（public private partnership），也就是公私合作模式。这种模式更强调政府在项目中的责任和参与，更强调政府与企业（社会资本）的长期合作、优势互补、共享收益、共担风险和社会责任。PPP模式在自然资源开发、基础设施、公用事业和社会事业项目中得到了广泛应用，是这些项目实现市场化运作的重要手段，所以受到了世界各国以及相关国际组织的高度重视。

2. 项目融资在我国的发展状况

20世纪80年代中期，我国就开始引入了项目融资模式。1986年开始动工兴建的深圳沙角B火力发电厂被认为是国内第一例采用BOT概念建设的基础设施项目，也被认为是中国最早的有限追索的项目融资案例。20世纪90年代，我国又陆续出现了一些以BOT方式建设的项目。其中广西来宾电厂项目是经过国家批准的第一个BOT试点项目；重庆地铁、深圳地铁和北京京通快速路等项目是被国家正式认定为采用BOT模式建设的项目。到了21世纪初，有越来越多的基础设施项目采用了BOT建设模式。而与此同时，相关部委也陆续出台了与特许经营项目建设有关的法律法规，使BOT项目融资逐渐规范化。

2013年，我国开始应用PPP模式进行基础设施项目建设。2013年11月，中共十八届三中全会提出允许社会资本通过特许经营等方式参与城市基础设施投资和运营。

财政部在2014年12月批准成立了政府和社会资本合作（PPP）中心，并下发了首批30个PPP合作示范项目名单和操作指南。2015年4月，国家发改委等单位联合发布了《基础设施和公用事业特许经营管理办法》，自2015年6月1日起施行。2016年2月，全国PPP综合信息平台项目库上线，首次开始披露全国PPP项目信息。

截至2022年3月，"全国PPP综合信息平台项目管理库"中，累计入库项目数为10 282个，项目投资额为16.4万亿元，涉及的领域主要包括市政工程、交通运输、生态建设和环境保护、城镇综合开发、教育、水利建设、旅游、医疗卫生、文化、政府基础设施和保障性安居工程等等。累计签约落地项目7 772个，投资额12.9万亿元，签约落地率（签约项目投资额占在库项目总投资额的比例）78.7%；累计开工建设项目为5 017个，投资额8.1万亿元，开工率（开工建设项目投资额占在库项目总投资额的比例）49.4%；累计进入运营期提供公共服务项目1 619个、投资额2.1万亿元，运营率（运营项目投资额占在库项目总投资额的比例）12.8%。

PPP模式的项目融资在未来中国有着非常广阔的发展空间，但由于发展时间比较短，在发展过程中出现了许多问题，处于挑战与机遇并存的局面，迫切需要相关理论的指导、法律法规的完善，以便能够最大限度地把PPP模式在基础设施项目建设领域的优势发挥出来。

三、项目融资与公司融资的比较

资源开发项目、基础设施建设项目和大型工业项目等大型工程项目在筹集项目资金时,可以考虑采用狭义的项目融资模式。而中小型工程项目一般都是依托既有项目法人进行融资。既有项目法人可以是企业,也可以是事业单位。当既有法人为公司制企业时,一般称为"公司融资"。

采用"公司融资"方式为拟建项目筹集资金时,拟建项目不组建新的项目法人,而是由项目发起人出面,统一组织融资并投资于新项目,由项目发起人承担融资责任与风险。可以看出,这种融资模式是以项目发起人自身的资信为基础的。

仍以案例1-1中的天年公司为例。如果养老项目C采用项目融资模式的话,项目发起人需要新设一家项目公司,进行项目C的投资、融资和经营管理。但是如果天年公司采用公司融资方案的话,它并不需要组建新的项目法人,而是由项目的发起人——天年公司,出面筹集资金,投资于新项目。

"项目融资"和"公司融资"虽然都属于"为项目筹集资金"的活动,但两者之间存在显著的不同。

(一)融资基础不同

项目融资的基础不是依赖于项目发起人的资信,而是依赖于项目的现金流量和资产。债权人关心的是项目在贷款期间能够产生多少现金流量用于还款,贷款的数量、融资成本的高低都是与项目的预期现金流量和资产价值密切相关的。有些项目发起人可能凭自身的资信难以借到的资金,或难以得到相应的担保条件,但通过项目融资就有可能实现,当然能否借到钱还要取决于项目自身的现金流量和资产,以及其他的信用担保条件。

而公司融资是在借款人的资产和信用的基础上进行的,一般不依赖于项目投资形成的资产和项目未来的现金流量和收益。项目发起人利用其本身的信用向银行提出贷款申请,银行或其他外部资金提供者在进行决策时主要依据的是项目发起人的资产、负债、利润以及现金流量的状况,从项目发起人的财务整体状况考察融资后的偿债能力,而对于它所投资项目的现金流量和收益分析会放在相对次要的位置上。

(二)追索程度不同

债务融资时,债权人可以对债务人采用不同程度的追索权,如完全追索权、有限追索权和无追索权。债权人对项目借款人的追索形式和程度是区分项目融资和公司融资形式的重要标志。

对于公司融资而言,债权人为借款人(项目发起人)提供的是具有完全追索权的债务资金,债权人对借款人除抵押资产以外的资产是具有100%的追索权的。

根据项目融资的定义我们知道,项目融资是以项目资产、预期收益或预期现金流量作为偿还债务的资金来源,是无追索权或具有有限追索权的融资活动。但在实践中,项目融资大多是有限追索权的融资,债权人主要依赖项目收益作为补偿来源并以项目的资产设定担保物权,同时可在借款的某个特定时期(如项目的建设期)或特定的范围内对项目发起人或投资人等实施有限追索,比如要求项目发起人提供完工担保等。

(三)风险分担方式不同

由于两种融资方式的追索程度不同,贷款人所承担的风险也不同。

采用公司融资模式时,项目风险是由借款人(项目发起人)承担的,而贷款人承担的风险相对较小,主要承担的是借款人(项目发起人)的信用风险。

采用项目融资时,项目风险是由项目参与者共同分担的,贷款人也要承担部分项目风险。

(四)股本与债务融资比例不同

与公司融资相比,采用项目融资一般可以获得更高比例的贷款以及其他形式的债务资金。通过贷款等债务融资方式为项目提供的资金往往可以达到总投资额的60%~70%,甚至更高。

表1-1总结了国内外典型项目融资案例中债务资金的比例。表1-1中债务资金比例最高的是深圳沙角B电厂项目,达到了93%;债务资金比例最低的是欧洲迪士尼乐园项目,但债务资金占比也超过了60%。

表1-1 国内外典型项目融资中的债务资金比例

项目名称	投资额(亿美元)	股本金(亿美元)	债务资金(亿美元,含从属性债务)	债务资金比例
美国丹佛大桥	3.42	0.36	3.06	89%
中国沙角B电厂	5.4	0.55	4.85	90%
中国来宾电厂	6.16	1.54	4.62	75%
巴基斯坦水电站	1.733	0.4	1.333	77%
泰国曼谷公路	10.6	2.16	8.44	80%
欧洲迪士尼乐园	23.84	8.96	14.88	62%

项目能获得多少债务资金与项目的经济强度有密切关系。项目的经济强度包括两个方面,一方面是项目未来的可用于偿还贷款的现金流量和收益,另一方面是项目本身的资产价值。项目的经济强度越高,越有可能获得更多的债务资金。

此外,项目融资不仅可以获得比例较高的债务资金,而且项目贷款的期限一般也比商业贷款期限更长,具体可以根据项目的经济生命周期进行安排。

(五)融资成本不同

项目的融资成本一般包括两个部分:一是资金的筹集成本,是指在资金筹集过程中发生的各种费用,包括融资前期花费的咨询费、承诺费、代理费、手续费、律师费等;二是资金的使用成本,是指因为使用资金而向资金提供者支付的报酬,包括股息红利和利息等。

与公司融资相比,项目融资花费的时间要更长,有些大型工程的项目融资甚至要几年的时间才能完成,导致资金的筹集成本显著提高。

两种融资方式的资金使用成本也有不同的特点。由于追索程度不同,两种融资方式中贷款人承担的风险也是不同的。根据风险-收益均衡的原则,两种融资方式的贷款利息率也应该是不同的。一般来说,在同等的贷款条件下,项目融资中的贷款利率要高于公司融资,这也会使项目融资成本明显增加。

(六)债务资金的会计处理不同

采用公司融资的时候,项目发起人要直接从金融机构贷款,这样做的后果是它的资产负债率会大大提高,加大了自身的财务风险,也会限制进一步举债的能力。特别是当一家公司从事的是超过自身资产规模的项目,或者同时进行几个较大项目的开发的时候,这种融资方式会对公司造成极大的压力。如果这种项目贷款安排全部体现在公司的资产负债表上,会造成公司的资产负债比例失衡,影响公司未来的发展能力。

项目融资可以通过对投资结构和融资结构的设计,将贷款安排成一种非公司负债型的融资。如果采用非公司负债型融资、贷款等债务安排在项目发起人的资产负债表中不会表现为负债以及资产的增加,所以又称为表外融资。

项目融资中最常见的表外融资方法就是通过设立项目公司进行合资经营。如果项目发起人未对项目公司形成实质性的控制,就不需要编制包括被投资方(也就是项目公司)财务数据在内的合并会计报表,在投资方的资产负债表中仅会体现出它的实际投资成本,项目公司的资产、负债情况不会在投资方的资产负债表中反映出来,从而实现了表外融资。即使项目发起人向金融机构提供的一些担保,也不会直接影响到它们资产负债表上的负债和权益比例,最多只是以报表附注等形式反映在公司的财务报告当中。

我国的企业会计准则第33号合并财务报表中规定,确定投资方是否对被投资方拥有实质性的控制有三个要素:一是投资方拥有对被投资方的权力;二是通过参与被投资方的相关活动而享有可变回报;三是有能力运用对被投资方的权力影响其回报金额。如果符合这三个要素,就可视为投资方对被投资方拥有实质性的控制。

项目融资与传统的公司融资主要不同点如表1-2所示。

表1-2 项目融资与公司融资的比较

不同点	项目融资	公司融资
融资基础	项目的资产和预期收益	借款人的资信
追索程度	无追索权或有限追索权(特定阶段或范围内)	完全追索(用抵押资产以外的其他资产偿还债务)
风险分担	贷款人承担部分项目风险	贷款人只承担借款人的资信风险

续　表

不同点	项目融资	公司融资
股权与债务比例	投资者出资比例较低,贷款比例较高	投资者出资比例相对较高
融资成本	资金的筹集成本和使用成本一般高于公司融资	资金的筹集成本和使用成本一般低于项目融资
会计处理	项目发起人或投资人可以实现非公司负债型融资(或称表外融资)	项目债务作为发起人和投资人的债务,出现在其资产负债表上

相较于公司融资模式,项目融资模式更适合于资源开发项目、基础设施建设项目和大型工业项目等投资额巨大、寿命期长和建设难度高的项目,在融资结构和融资风险等方面更具有典型性。项目融资模式所涉及的资金结构和信用保证结构等问题同样适用于公司融资模式。所以本书第 7 至 11 章的内容将主要介绍项目融资模式。

本 章 小 结

(1) 工程项目是指为了形成特定的生产能力和使用效能,在一定约束条件下进行的固定资产投资和建设的一次性过程,包含建筑安装工程和设备购置等。工程项目依次可分为建设项目、单项工程、单位工程、分部工程和分项工程等几个层次。工程项目周期可以划分为三个阶段,即决策阶段、建设实施阶段和投产运营阶段。

(2) 工程项目投资的概念有广义和狭义两种理解。第一层含义是广义上的理解,投资就是指投资者在一定时间内新建、扩建、改建、迁建或恢复某个工程项目所作的一种投资活动。从这个意义上讲,工程项目建设过程就是投资活动的完成过程,工程项目管理过程就是投资管理过程。第二层含义是狭义上的理解,投资就是指进行工程项目建设花费的费用,即工程项目投资额。生产性建设工程总投资包括固定资产投资(建设投资)和流动资产投资两部分;非生产性建设工程总投资只包括固定资产投资。

(3) 工程项目投资与工程项目的全寿命费用是两个完全不同的概念。工程项目投资分析应以全寿命周期费用为基础,而不能单纯地以投资额为基础。

(4) 工程项目投资管理的最终目标就是实现项目预期的投资效益。而在项目建设阶段,工程项目投资管理就是要在业主所确定的投资、进度和质量目标指导下,合理使用各种资源完成工程项目建设任务,以期达到最佳的投资效益。投资、进度和质量形成了工程项目投资管理的目标系统。

(5) 项目融资的概念也有广义和狭义两种理解。广义上讲,项目融资是指针对特定项目所进行的一切融资活动,即"为项目筹集资金"的活动;狭义的项目融资是指"通过项目去融资",即通过项目建成后所能产生的期望收益、项目资产和有关合同权益来进行融资。国际上提及项目融资概念时,一般都是指狭义的项目融资。

(6) 项目融资和公司融资在融资基础、追索程度、风险分担方式、股本与债务融资比例、融资成本和债务资金的会计处理等六个方面具有的显著不同。

关 键 词

工程项目　工程项目投资　全寿命费用　工程项目融资

本章练习题

1. (简答题)工程项目投资与全寿命费用的含义有哪些异同?
2. (简答题)如何理解工程项目投资管理三大目标之间的关系?
3. (简答题)实施工程项目投资控制应遵循哪些原则?如何理解?
4. (简答题)什么广义的项目融资和狭义的项目融资?
5. (简答题)项目融资和公司融资有哪些不同?

第二章　工程项目投资的构成

> **学习目标**
>
> 学习了本章后，你应该能够：
> 1. 了解工程项目总投资的构成；
> 2. 掌握设备及工器具购置费用的构成；
> 3. 掌握建筑安装工程费用的构成；
> 4. 熟悉工程建设其他费用、预备费、建设期利息和流动资产投资的构成。

工程项目总投资，是指为完成工程项目建设并达到使用要求或生产条件，在建设期内预计或实际投入的总费用。生产性建设项目的总投资包括建设投资、建设期利息和流动资产投资（流动资金）三部分。建设工程造价就是指项目建设投资和建设期利息之和。我国现行的工程项目投资构成见图 2-1。

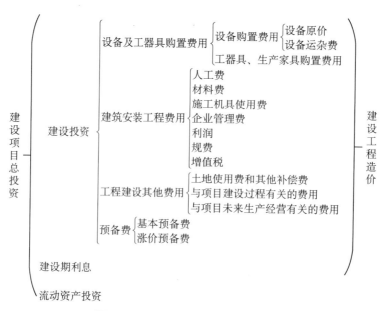

图 2-1　我国现行工程项目投资构成

第一节 设备及工器具购置费用的构成

一、概述

设备及工器具购置费用,是指按照建设项目设计文件要求,建设单位(或其委托单位)购置或自制达到固定资产标准的设备和新、扩建项目配置的首套工器具及生产家具所需的费用。设备及工器具购置费用是由设备购置费用和工器具、生产家具购置费用组成的。

设备购置费用是指为工程建设项目购置或自制的达到固定资产标准的设备、工具、器具的费用。设备购置费用的计算公式如下:

$$设备购置费用 = 设备原价 + 设备运杂费 \qquad (2-1)$$

式(2-1)中,设备原价是指国产设备原价或进口设备原价(即抵岸价格)。设备运杂费是指设备原价中未包括的包装和包装材料费、运输费、装卸费、采购费及仓库保管费之和。如果设备是由设备成套公司供应的,成套公司的服务费也应计入设备运杂费之中。

工器具及生产家具购置费是指新建项目或扩建项目初步设计规定所必须购置的达不到固定资产标准的设备、仪器、工卡模具、器具、生产家具和备品备件的费用,一般计算公式为:

$$工器具及生产家具购置费 = 设备购置费 \times 定额费率 \qquad (2-2)$$

二、设备原价

(一)国产设备原价

国产设备分为标准设备和非标准设备两种类型。

1. 国产标准设备

国产标准设备,是指按照主管部门颁布的标准图纸和技术要求,由我国设备生产厂批量生产的、符合国家质量检验标准的设备。国产标准设备原价一般指的是设备制造厂的交货价,即出厂价。如果设备系由设备成套公司供应,则以订货合同价为设备原价。有的设备有两种出厂价,即带有备件的出厂价和不带有备件的出厂价,在计算设备原价时,一般按带有备件的出厂价计算。

2. 国产非标准设备

国产非标准设备,是指国家尚无定型标准,各设备生产厂不可能在工艺过程中采用批量生产,只能按一次订货,并根据具体的设计图纸制造的设备。在预计设备购置费用时,非标准设备原价的计算方法有成本计算估价法、系列设备插入估价法、分部组合估价法、定额估价法等。其中,采用成本计算估价法的计算结果精度较高,它是将非标准设备的原价分解成材料费、加工费、辅助材料费、专用工具费、废品损失费、外购配套件费、包装费、利润、税金和非标准设备设计费等成本项目,对每项成本分别进行估价。

(二)进口设备原价

进口设备原价,是指设备抵达买方边境港口或边境车站,且交完关税为止形成的价格,又称为进口设备抵岸价。

1. 与进口设备有关的主要国际贸易术语

进口设备原价的组成与进口设备的交货条件有着密切关系。国际贸易术语就是在国际贸易中逐渐形成的、表明在不同的交货条件下买卖双方在交易中的费用、责任及风险划分等以英文缩写表示的专门用语。

《国际贸易术语解释通则(2020)》将国际贸易术语定义为 11 个。其中,EXW(工厂交货)、FCA(货交承运人)、CPT(运费付至指定目的地)、CIP(运费和保险费付至指定目的地)、DPU(卸货地交货)、DAP(目的地交货)和 DDP(完税后交货)等 7 个术语适用于任何一种或多种运输方式;而 FAS(装运港船边交货)、FOB(装运港船上交货)、CFR(成本加运费付至目的港)和 CIF(成本、保险费加运费付至目的港)的交货地点或把货物送达买方的地点都是港口,所以只适用于海运或内陆水上运输。

在国际贸易中使用最多的术语主要是 FOB、CFR 和 CIF,所以本书主要介绍这三种国际贸易术语。

(1) FOB(装运港船上交货)。FOB 俗称离岸价格,是指卖方在指定的装运港将货物装到买方指定的船只上,一旦装船,买方将承担货物灭失或损坏造成的所有风险。

采用 FOB 交货时,卖方要在合同规定的装运港和装运期限内,将货物装入买方指派的船只上,并及时通知买方;卖方负责办理货物出口清关手续,但卖方无义务办理货物进口清关手续、缴纳进口关税或办理任何进口报关手续。

买方要负责租船订舱、支付运费,并将船期、船名及时通知卖方,货物在装运港装船后的其他责任、费用也都由买方承担,包括获取进口许可证或其他官方证件以及办理货物入境的手续和费用。

(2) CFR(成本加运费付至目的港)。CFR 是指卖方将货物装上船即完成交货,但卖方承担并支付将货物运至指定目的港所需的运费及其他成本。采用 CFR 交货时,货物损毁或灭失的风险从货物转移至船舶上起就转移给了买方,这一点与 FOB 相同。CFR 与 FOB 的不同之处在于:FOB 在交货时同时完成了风险和费用的转移;而采用 CFR 交货时,风险转移地和运输成本的转移地是不同的,卖方需要负责交货后的运费和其他费用,包括根据运输合同规定应由卖方支付的在约定卸载港的卸货费,货物出口所需海关手续费用,出口应交纳的一切关税、税款和其他费用等。

(3) CIF(成本、保险费加运费付至目的港)。CIF 俗称到岸价格,是指卖方将货物装上船即完成交货,但卖方需自行订立运输合同和保险合同,支付将货物装运至指定目的港所需的运费和保险费(卖方仅需投保最低险别)。采用 CIF 交货时,货物灭失或损坏的风险在货物于装运港装船时即转移给买方,这一点亦与 FOB 相同。CIF 交货规则与 FOB 的不同之处在于:FOB 在交货时同时完成了风险转移和费用转移;而采用 CIF 交货时,风险和费用(包括运输费用和保险费用)分别于不同地点转移。但值得注意的是,卖方所签订并支付费用的保险合同中,货物在运输途中灭失或损坏风险由买方承担。

2. 进口设备原价的构成

若进口设备采用离岸价格(FOB)交货时,进口设备原价可表示为:

$$\text{进口设备原价} = \text{货价(FOB)} + \text{国际运费} + \text{国际运输保险费} + \text{银行财务费} \\ + \text{进口代理手续费} + \text{关税} + \text{消费税} + \text{进口增值税} + \text{车辆购置税} \tag{2-3}$$

若进口设备采用运费在内价(CFR)交货,则此时货价(CFR)为 FOB 价与国际运费之和;若进口设备采用到岸价格(CIF)交货,则此时货价(CIF)为 FOB 价、国际运费与国际运输保险费之和。

(1) 货价。这里指离岸价格(FOB)。设备货价分为原币货价和人民币货价,原币货价一律折算为美元表示,人民币货价按原币货价乘以外汇市场美元兑换人民币中间价确定。进口设备货价按有关生产厂家询价、报价、订货合同价计算。

(2) 国际运费,即从装运港(站)到达我国抵达港(站)的运费。进口设备国际运费计算公式为:

$$\text{国际运费(海、陆、空)} = \text{原币货价(FOB 价)} \times \text{运费率} \tag{2-4}$$

或

$$\text{国际运费(海、陆、空)} = \text{运量} \times \text{单位运价} \tag{2-5}$$

其中,运费率或单位运价参照有关部门或进出口公司的规定执行。

(3) 国际运输保险费。对外贸易货物运输保险是由保险人(保险公司)与被保险人(出口人或进口人)订立保险契约,在被保险人交付协定的保险费后,保险人根据保险契约的规定对货物在运输过程中发生的承保责任范围内的损失给予经济上的补偿。这是一种财产保险。

在进口设备时,应以 CIF 价值作为设备的保险金额。运输保险费的计算公式为:

$$\text{运输保险费} = \frac{\text{原币货价(FOB 价)} + \text{国际运费}}{1 - \text{保险费率}} \times \text{保险费率} \tag{2-6}$$

$$= \text{CIF} \times \text{保险费率}$$

式(2-6)中,保险费率按保险公司规定的进口货物保险费率计算。

有时,设备在发生灭失或损坏后,被保险人已支付的各种经营费用和本来可以获得的预期利润,不能从保险人那里获得补偿。因此,各国保险法和国际贸易惯例,一般都规定进出口货物运输保险的保险金额可以在 CIF 货价的基础上适当加成。投保人或被保险人与保险人在约定保险金额时,可以根据不同设备、不同地区进口价格与当地市价之间的差价,以及不同的经营费用和预期利润水平,约定不同的保险加成比率。一般情况下,保险加成率不能超过 30%。如果采用 CIF 加成投保,则有:

$$\text{运输保险费} = \text{CIF} \times (1 + \text{保险加成率}) \times \text{保险费率} \quad (2\text{-}7)$$

(4) 银行财务费,是指业主或进口代理公司与卖方在合同内规定的开证银行手续费。可按下式简化计算:

$$\text{银行财务费} = (\text{FOB 价} + \text{货价外需用外汇支付的款项}) \times \text{银行财务费率} \quad (2\text{-}8)$$

式(2-8)中的 FOB 价和货价外需用外汇支付的款项应按人民币金额计算。

(5) 进口代理手续费,是指外贸企业采取代理方式进口商品时,向国内委托进口企业(单位)所收取的一种费用,它补偿外贸企业经营进口代理业务中有关费用支出,并含有一定的利润。进口代理手续费的计算,按外贸企业对外付汇当日国家外汇管理部门公布的外汇牌价(中间价),将到岸价折合成人民币,乘以代理手续费率。

$$\text{代理手续费金额} = \text{到岸价格(外币)} \times \text{对外付汇当日外汇牌价} \times \text{手续费率} \quad (2\text{-}9)$$

式(2-9)中的到岸价格可用离岸价格与国际运费、运输保险费之和计算。进口代理手续费率按照对外成交合同金额不同,分档计收。

(6) 关税,是指由海关对进出国境或关境的货物和物品征收的一种税。计算公式如下:

$$\text{关税} = \text{关税完税价格} \times \text{税率} \quad (2\text{-}10)$$

式(2-10)中,进口设备的完税价格是指设备运抵我国口岸的正常到岸价格,它包括离岸价格(FOB 价)和国际运费、运输保险费等费用。

(7) 消费税。按照我国税法规定,部分进口设备(如轿车、摩托车等)应征收消费税。其计算公式如下:

$$\text{应纳消费税} = \frac{\text{关税完税价格} + \text{关税}}{1 - \text{消费税税率}} \times \text{消费税税率} \quad (2\text{-}11)$$

式(2-11)中,消费税税率根据税法规定的税率计算。

(8) 进口增值税,是指我国政府对从事进口贸易的单位和个人,在进口商品报关进口后征收的税种。我国增值税条例规定,进口应税产品均按组成计税价格和增值税税率直接计算应纳税额:

$$\text{进口增值税额} = \text{组成计税价格} \times \text{增值税税率} \quad (2\text{-}12)$$

其中，

$$组成计税价格＝关税完税价格＋关税＋消费税 \quad (2-13)$$

式(2-12)中，进口增值税税率根据规定的税率计算。

(9) 车辆购置税。进口车辆需缴进口车辆购置税，其计算公式如下：

$$进口车辆购置税＝(关税完税价格＋关税＋消费税)×车辆购置税税率 \quad (2-14)$$

【例2-1】 某建设项目计划进口生产设备，有关数据如下：设备重量为30 t/台，离岸价格(FOB)为100万美元/台，国际运费为500美元/t，海上运输保险费费率为0.5%，银行财务费费率0.5%，关税税率为20%，增值税税率为13%，银行外汇牌价为1美元＝6.89人民币。试计算该进口设备原价。

解： 进口设备离岸价格(FOB)＝100×6.89＝689(万元)

国际运费＝500×30×6.89＝10.34(万元)

运输保险费＝$\frac{689＋10.34}{1－0.5\%}$×0.5%＝3.51(万元)

进口设备到岸价格(CIF)＝689＋10.34＋3.51＝702.85(万元)

银行财务费＝689×0.5%＝3.45(万元)

关税＝702.85×20%＝140.57(万元)

增值税＝(702.85＋140.57)×13%＝109.64(万元)

进口设备原价＝702.85＋3.45＋140.57＋109.64＝956.51(万元)

三、设备运杂费

设备运杂费一般以设备原价(或抵岸价)乘以设备运杂费率计算，通常由下列各项组成。

(1) 运费和装卸费。对于国产设备而言，包括由设备制造厂交货地点起至工地仓库(或指定的需要安装设备的堆放地点)所发生的运费和装卸费。对于进口设备而言，则为我国到岸港口、边境车站起至工地仓库(或施工组织设计制定的需要安装设备的堆放地点)所发生的运费和装卸费。

(2) 在设备出厂价格中没有包含的设备包装和包装材料器具费。在设备出厂价或引进设备价格中如已包括此项费用，不应重复计算。

(3) 供销部门的手续费。按有关部门规定的统一费率计算。

(4) 建设单位(或工程承包公司)的采购与仓库保管费，是指采购、验收、保管和收发设备所发生的各种费用，包括设备采购、保管和管理人员工资、工资附加费、办公费、差旅交通费，设备供应部门办公和仓库所占固定资产使用费，工具用具使用费，劳动保护费，检验试验费等。这些费用可按主管部门规定的采购保管费率计算。

第二节 建筑安装工程费用的构成

一、概述

建筑安装工程费用,是指建设单位用于建筑和安装工程方面的费用,包括用于建筑物的建造及有关的准备、清理等工程的费用,以及用于需要安装设备的安置、装配工程费用。这部分费用也是建设单位支付给从事建筑安装工程施工单位的全部生产费用,它是以货币表现的建筑安装工程的价值,其特点是必须通过兴工动料、追加活劳动才能实现。

在工程建设中,设备工器具购置并不创造价值,建筑安装工作才是创造价值的生产活动。因此,在工程项目投资构成中,建筑安装工程费用具有相对独立性,它作为建筑安装工程价值的货币表现,也被称为建筑安装工程造价,它是业主投资当中应以价款的形式支付给施工企业的全部生产费用。在建筑市场中,建筑安装工程造价就是建筑安装产品的价格。

建筑安装工程费用由建筑工程费用和安装工程费用两部分组成。

(一)建筑工程费用

(1)各类房屋建筑工程费用和列入房屋建筑工程预算的供水、供暖、供电、卫生、通风、煤气等设备费用及其装设、油饰工程的费用,列入建筑工程预算的各种管道、电力、电信和电缆导线敷设工程的费用。

(2)设备基础、支柱、工作台、烟囱、水塔、水池、灰塔等建筑工程以及各种窑炉的砌筑工程和金属结构工程的费用。

(3)为施工而进行的场地平整、工程和水文地质勘探、原有建筑物和障碍物的拆除,施工临时用水、电、气、路以及完工后的场地清理、环境绿化美化等工作的费用。

(4)矿井开凿、井巷延伸、露天矿剥离,石油、天然气钻井,以及修建铁路、公路、桥梁、水库、堤坝、灌渠及防洪等工程的费用。

(二)安装工程费用

(1)生产、动力、起重、运输、传动和医疗、实验等各种需要安装的机械设备的装配费用,与设备相连的工作台、梯子栏杆等装设工程以及附设于被安装设备的管线敷设工程和被安装设备的绝缘、防腐、保温、油漆等工作的材料费和安装费。

(2)为测定安装工作质量,对单个设备进行单机试运转和对系统设备进行系统联动无负荷试运工作的调试费。

按照住房和城乡建设部和财政部联合印发、2013年7月1日起开始实施的《建筑安装工程费用项目组成》(建标〔2013〕44号)的规定,建筑安装工程费用项目的组成有两种划分方式,即按费用构成要素划分和按工程造价形成顺序划分。按照费用构成要素划分和按造价形成划分的建筑安装工程费用的对应关系如图2-2所示。

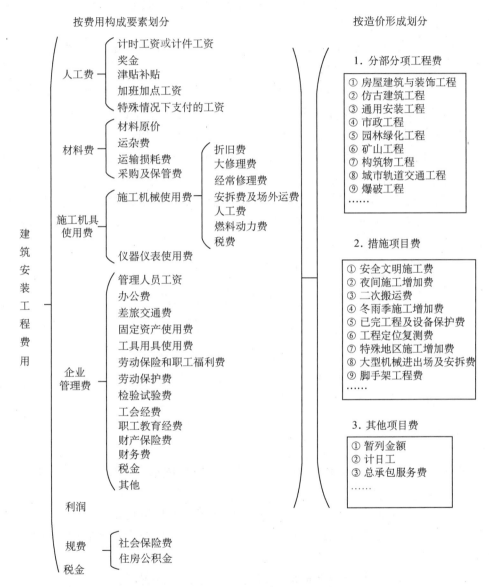

图2-2 建筑安装工程费用构成示意图

二、建筑安装工程费用按费用构成要素的划分

按照费用构成要素划分,建筑安装工程费用可分为人工费、材料费、施工机具使用费、企业管理费、利润、规费和税金七个部分。

(一) 人工费

人工费是指按工资总额构成规定,支付给从事建筑安装工程施工的生产工人和附属生产单位工人的各项费用。

(1) 计时工资或计件工资,是指按计时工资标准和工作时间或对已做工作按计件单价支付给个人的劳动报酬。

(2) 奖金,是指因超额劳动和增收节支支付给个人的劳动报酬,如节约奖、劳动竞赛奖等。

(3) 津贴补贴,是指为了补偿职工特殊或额外的劳动消耗和因其他特殊原因支付给个人的津贴,以及为了保证职工工资水平不受物价影响支付给个人的物价补贴,如流动施工津贴、特殊地区施工津贴、高温(寒)作业临时津贴、高空津贴等。

(4) 加班加点工资,是指按规定支付的在法定节假日工作的加班工资和在法定工作日工作时间外延时工作的加点工资。

(5) 特殊情况下支付的工资,是指根据国家法律法规和政策规定,因病、工伤、产假、生育假、婚丧假、事假、探亲假、定期休假、停工学习、执行国家或社会义务等原因按计时工资标准或其一定比例支付的工资。

施工企业投标报价时可参照以下公式自主确定人工费:

$$人工费 = \sum(工日消耗量 \times 日工资单价) \tag{2-15}$$

其中,

$$日工资单价 = \frac{生产工人平均月工资(计时、计件) + 平均月奖金 + 平均月津贴补贴 + 特殊情况下支付的工资}{年平均每月法定工作日} \tag{2-16}$$

(二) 材料费

材料费,是指施工过程中耗费的原材料、辅助材料、构配件、零件、半成品或成品、工程设备的费用。

(1) 材料原价,是指材料、工程设备的出厂价格或商家供应价格。

(2) 运杂费,是指材料、工程设备自来源地运至工地仓库或指定堆放地点所发生的全部费用。

(3) 运输损耗费,是指材料在运输装卸过程中不可避免的损耗。

(4) 采购及保管费,是指为组织采购、供应和保管材料、工程设备的过程中所需要的各项费用,包括采购费、仓储费、工地保管费、仓储损耗。

材料费的参考计算公式如下:

$$材料费 = \sum(材料消耗量 \times 材料单价) \tag{2-17}$$

其中,

$$材料单价=[(材料原价+运杂费)\times(1+运输损耗率)]\times(1+采购保管费率) \tag{2-18}$$

工程设备,是指构成或计划构成永久工程一部分的机电设备、金属结构设备、仪器装置及其他类似的设备和装置。工程设备费的参考计算公式为:

$$工程设备费=\sum(工程设备量\times工程设备单价) \tag{2-19}$$

其中,

$$工程设备单价=(设备原价+运杂费)\times(1+采购保管费率) \tag{2-20}$$

(三) 施工机具使用费

施工机具使用费,是指施工作业所发生的施工机械、仪器仪表使用费或其租赁费。

1. 施工机械使用费

施工机械使用费,是指以施工机械台班耗用量乘以施工机械台班单价表示,施工机械台班单价应由下列七项费用组成。

(1) 折旧费,是指施工机械在规定的使用年限内,陆续收回其原值的费用。

(2) 大修理费,是指施工机械按规定的大修理间隔台班进行必要的大修理,以恢复其正常功能所需的费用。

(3) 经常修理费,是指施工机械除大修理以外的各级保养和临时故障排除所需的费用,是包括为保障机械正常运转所需替换设备与随机配备工具附具的摊销和维护费用,机械运转中日常保养所需润滑与擦拭的材料费用及机械停滞期间的维护和保养费用等。

(4) 安拆费及场外运费。安拆费指施工机械(大型机械除外)在现场进行安装与拆卸所需的人工、材料、机械和试运转费用以及机械辅助设施的折旧、搭设、拆除等费用;场外运费指施工机械整体或分体自停放地点运至施工现场或由一施工地点运至另一施工地点的运输、装卸、辅助材料及架线等费用。

(5) 人工费,是指机上司机(司炉)和其他操作人员的人工费。

(6) 燃料动力费,是指施工机械在运转作业中所消耗的各种燃料及水、电等费用。

(7) 税费,是指施工机械按照国家规定应缴纳的车船使用税、保险费及年检费等。

施工机械使用费的参考计算公式为:

$$施工机械使用费=\sum(施工机械台班消耗量\times机械台班单价) \tag{2-21}$$

其中,

$$\begin{aligned}机械台班单价=&台班折旧费+台班大修费+台班经常修理费\\&+台班安拆费及场外运费+台班人工费+台班燃料动力费\\&+台班车船税费\end{aligned}$$

$$\tag{2-22}$$

2. 仪器仪表使用费

仪器仪表使用费,是指工程施工所需使用的仪器仪表的摊销及维修费用。其参考计算公式为:

$$仪器仪表使用费 = 工程使用的仪器仪表摊销费 + 维修费 \quad (2-23)$$

(四) 企业管理费

1. 企业管理费的内容

企业管理费,是指建筑安装企业组织施工生产和经营管理所需的费用。

(1) 管理人员工资,是指按规定支付给管理人员的计时工资、奖金、津贴补贴、加班加点工资及特殊情况下支付的工资等。

(2) 办公费,是指企业管理办公用的文具、纸张、账表、印刷、邮电、书报、办公软件、现场监控、会议、水电、烧水和集体取暖降温(包括现场临时宿舍取暖降温)等费用。

(3) 差旅交通费,是指职工因公出差、调动工作的差旅费、住勤补助费、市内交通费和误餐补助费,职工探亲路费,劳动力招募费,职工退休、退职一次性路费,工伤人员就医路费,工地转移费以及管理部门使用的交通工具的油料、燃料等费用。

(4) 固定资产使用费,是指管理和试验部门及附属生产单位使用的属于固定资产的房屋、设备、仪器等的折旧、大修、维修或租赁费。

(5) 工具用具使用费,是指企业施工生产和管理使用的不属于固定资产的工具、器具、家具、交通工具和检验、试验、测绘、消防用具等的购置、维修和摊销费。

(6) 劳动保险和职工福利费,是指由企业支付的职工退职金、按规定支付给离休干部的经费,集体福利费、夏季防暑降温、冬季取暖补贴、上下班交通补贴等。

(7) 劳动保护费,是企业按规定发放的劳动保护用品的支出,如工作服、手套、防暑降温饮料以及在有碍身体健康的环境中施工的保健费用等。

(8) 检验试验费,是指施工企业按照有关标准规定,对建筑以及材料、构件和建筑安装物进行一般鉴定、检查所发生的费用,包括自设试验室进行试验所耗用的材料等费用,但不包括新结构、新材料的试验费,对构件做破坏性试验及其他特殊要求检验试验的费用和建设单位委托检测机构进行检测的费用,对此类检测发生的费用,由建设单位在工程建设其他费用中列支。对施工企业提供的具有合格证明的材料进行检测不合格的,该检测费用由施工企业支付。

(9) 工会经费,是指企业按《工会法》规定的全部职工工资总额比例计提的工会经费。

(10) 职工教育经费,是指按职工工资总额的规定比例计提,企业为职工进行专业技术和职业技能培训,专业技术人员继续教育、职工职业技能鉴定、职业资格认定以及根据需要对职工进行各类文化教育所发生的费用。

(11) 财产保险费,是指施工管理用财产、车辆等的保险费用。

(12) 财务费,是指企业为施工生产筹集资金或提供预付款担保、履约担保、职工工资支付担保等所发生的各种费用。

(13) 税金,是指企业按规定缴纳的房产税、车船使用税、土地使用税、印花税、城市维护建设税、教育费附加、地方教育附加等各项税费。

(14) 其他,包括技术转让费、技术开发费、投标费、业务招待费、绿化费、广告费、公证费、法律顾问费、审计费、咨询费、保险费等。

2. 企业管理费的计算

企业管理费应按照相应的计算基础乘以费率计算。施工企业投标报价时,可根据计算基数的不同,按如下公式计算企业管理费费率:

(1) 以分部分项工程费为计算基础计算企业管理费费率。

$$\text{企业管理费费率} = \frac{\text{生产工人年平均管理费}}{\text{年有效施工天数} \times \text{人工单价}} \times \text{人工费占分部分项工程费比例} \tag{2-24}$$

(2) 以人工费和机械费合计为计算基础计算企业管理费费率。

$$\text{企业管理费费率} = \frac{\text{生产工人年平均管理费}}{\text{年有效施工天数} \times (\text{人工单价} + \text{每一工日机械使用费})} \times 100\% \tag{2-25}$$

(3) 以人工费为计算基础计算企业管理费费率。

$$\text{企业管理费费率} = \frac{\text{生产工人年平均管理费}}{\text{年有效施工天数} \times \text{人工单价}} \times 100\% \tag{2-26}$$

(五) 利润、规费和税金

1. 利润

利润,是指施工企业完成所承包工程获得的盈利。施工企业应根据企业自身需求并结合建筑市场实际自主确定,列入报价中。

2. 规费

规费,是指按国家法律、法规规定,由省级政府和省级有关权力部门规定必须缴纳或计取的费用。

(1) 社会保险费,包括养老保险费、失业保险费、医疗保险费、生育保险费和工伤保险费。

(2) 住房公积金,是指企业按规定标准为职工缴纳的住房公积金。

社会保险费和住房公积金应以定额人工费为计算基础,根据工程所在地省、自治区、直辖市或行业建设主管部门规定费率计算。

$$\text{社会保险费和住房公积金} = \sum \left(\text{工程定额人工费} \times \text{社会保险费和住房公积金费率} \right) \tag{2-27}$$

式(2-27)中,社会保险费和住房公积金费率可以每万元发承包价的生产工人人工费和管理人员工资含量与工程所在地规定的缴纳标准综合分析确定。

3. 税金

这里的税金主要指增值税。建筑安装工程费用中的增值税有两种计税方式。

(1) 一般计税方法。采用一般计税方法时,建筑业增值税税率为9%(2019年4月1日起施行),计算公式为:

$$增值税 = 税前工程造价 \times 9\% \qquad (2-28)$$

式(2-28)中,税前工程造价为人工费、材料费、施工机具使用费、企业管理费、利润和规费之和,各费用项目均以不包含增值税可抵扣进项税额的价格计算。

(2) 简易计税方法。按照现行规定,建筑业增值税适用简易计税方法的情况主要有如下三种。

① 小规模纳税人发生应税行为适用简易计税方法计税。小规模纳税人是指年销售额在规定标准以下,并且会计核算不健全,不能按规定报送有关税务资料的增值税纳税人。按现行规定,增值税小规模纳税人标准为年应征增值税销售额500万元及以下。

② 一般纳税人以清包工方式提供的建筑服务,可以选择适用简易计税方法计税。以清包工方式提供建筑服务,是指施工方不采购建筑工程所需的材料或只采购辅助材料,并收取人工费、管理费或者其他费用的建筑服务。

③ 一般纳税人为甲供工程提供的建筑服务,可以选择适用简易计税方法计税。甲供工程是指全部或部分设备、材料、动力由工程发包方自行采购的建筑工程。例如,某建筑工程总承包单位为房屋建筑的地基与基础、主体结构提供工程服务,由建设单位自行采购全部或部分钢材、混凝土、砌体材料、预制构件的,此时即适用简易计税方法计征增值税。

采用简易计税方法时,建筑业增值税税率为3%,计算公式为:

$$增值税 = 税前工程造价 \times 3\% \qquad (2-29)$$

式(2-29)中,税前工程造价为人工费、材料费、施工机具使用费、企业管理费、利润和规费之和,各费用项目均以包含增值税可抵扣进项税额的价格计算。

三、建筑安装工程费用按造价形成的划分

按照工程造价形成划分,建筑安装工程费用由分部分项工程费、措施项目费、其他项目费、规费、税金等五部分组成。其中分部分项工程费、措施项目费、其他项目费中包含人工费、材料费、施工机具使用费、企业管理费和利润。规费和税金的内容和计算方式同前所述。

(一) 分部分项工程费

分部分项工程费,是指各专业工程的分部分项工程应予列支的各项费用。

专业工程,是指按现行国家计量规范划分的房屋建筑与装饰工程、仿古建筑工程、通用安装工程、市政工程、园林绿化工程、矿山工程、构筑物工程、城市轨道交通工程、爆破工程等各类工程。

分部分项工程,是指按现行国家计量规范对各专业工程划分的项目,如房屋建筑与

装饰工程划分的土石方工程、地基处理与桩基工程、砌筑工程、钢筋及钢筋混凝土工程等。各类专业工程的分部分项工程划分详见现行国家或行业计量规范。

（二）措施项目费

措施项目费,是指为完成建设工程施工,发生于该工程施工前和施工过程中的技术、生活、安全、环境保护等方面的费用。

1. 安全文明施工费

① 环境保护费,是指施工现场为达到环保部门要求所需要的各项费用。

② 文明施工费,是指施工现场文明施工所需要的各项费用。

③ 安全施工费,是指施工现场安全施工所需要的各项费用。

④ 临时设施费,是指施工企业为进行建设工程施工所必须搭设的生活和生产用的临时建筑物、构筑物和其他临时设施费用,包括临时设施的搭设、维修、拆除、清理费或摊销费等。

2. 夜间施工增加费

夜间施工增加费,是指因夜间施工所发生的夜班补助费、夜间施工降效、夜间施工照明设备摊销及照明用电等费用。

3. 二次搬运费

二次搬运费,是指因施工场地条件限制而发生的材料、构配件、半成品等一次运输不能到达堆放地点,必须进行二次或多次搬运所发生的费用。

4. 冬雨季施工增加费

冬雨季施工增加费,是指在冬季或雨季施工需增加的临时设施、防滑、排除雨雪,人工及施工机械效率降低等费用。

5. 已完工程及设备保护费

已完工程及设备保护费,是指竣工验收前,对已完工程及设备采取的必要保护措施所发生的费用。

6. 工程定位复测费

工程定位复测费,是指工程施工过程中进行全部施工测量放线和复测工作的费用。

7. 特殊地区施工增加费

特殊地区施工增加费,是指工程在沙漠或其边缘地区、高海拔、高寒、原始森林等特殊地区施工增加的费用。

8. 大型机械设备进出场及安拆费

大型机械设备进出场及安拆费,是指机械整体或分体自停放场地运至施工现场或由一个施工地点运至另一个施工地点,所发生的机械进出场运输及转移费用及机械在施工现场进行安装、拆卸所需的人工费、材料费、机械费、试运转费和安装所需的辅助设施的费用。

9. 脚手架工程费

脚手架工程费,是指施工需要的各种脚手架搭、拆、运输费用以及脚手架购置费的摊销(或租赁)费用。

各类专业工程的措施项目及其包含的内容详见各类专业工程的现行国家或行业计量规范。

(三)其他项目费

1. 暂列金额

暂列金额,是指建设单位在工程量清单中暂定并包括在工程合同价款中的一笔款项。用于施工合同签订时尚未确定或者不可预见的所需材料、工程设备、服务的采购,施工中可能发生的工程变更、合同约定调整因素出现时的工程价款调整以及发生的索赔、现场签证确认等的费用。

2. 计日工

计日工,是指在施工过程中,施工企业完成建设单位提出的施工图纸以外的零星项目或工作所需的费用。

3. 总承包服务费

总承包服务费,是指总承包人为配合、协调建设单位进行的专业工程发包,对建设单位自行采购的材料、工程设备等进行保管以及施工现场管理、竣工资料汇总整理等服务所需的费用。

第三节 工程建设其他费用的构成

工程建设其他费用是指建设期发生的与土地使用权取得、整个工程项目建设以及未来生产经营有关的,除工程费用、预备费、建设期利息、流动资金以外的费用。工程建设其他费用按其内容大体可分为三类,即土地使用费、与项目建设过程有关的费用、与项目未来生产经营有关的费用。

一、土地使用费

土地使用费是指建设项目使用土地应支付的费用,包括建设用地费和临时土地使用费,以及由于使用土地发生的其他有关费用,如水土保持补偿费等。建设用地费是指为获得工程项目建设用地的使用权而在建设期内发生的费用。临时土地使用费是指临时使用土地发生的相关费用,包括地上附着物和青苗补偿费、土地恢复费以及其他税费等。

参照《中华人民共和国土地管理法》和《中华人民共和国城市房地产管理法》的规定,工程项目依法取得国有土地的使用权的基本方式有两种,即划拨方式和出让方式。此外,工程项目还可以通过转让和租赁方式获得土地使用权。

1. 土地使用权划拨

土地使用权划拨,是指县级以上人民政府依法批准,在土地使用者缴纳补偿、安置等费用后将该幅土地交付其使用,或者将土地使用权无偿交付给土地使用者使用的行为。国家机关用地和军事用地、城市基础设施用地和公益事业用地、国家重点扶持的能源交通和水利等基础设施等的用地,可以以划拨方式取得。

2. 土地使用权出让

土地使用权出让,是指国家将国有土地使用权在一定年限内出让给土地使用者,由土地使用者向国家支付土地使用权出让金的行为。建设单位使用国有土地,一般应当以出让等有偿使用方式取得土地使用权。根据《城市房地产管理法》,土地使用权出让可以采用四种方式,即协议出让、招标出让、拍卖出让和挂牌出让。通过土地使用权出让方式取得的土地是有期限的。依据《城镇国有土地使用权出让和转让暂行条例》,土地使用权出让最高年限按不同用途分别确定,居住用地最高使用年限是70年,工业用地是50年,教育、科技、文化、卫生、体育用地是50年,商业、旅游、娱乐用地是40年,综合或者其他用地是50年。

此外,工程项目还可以通过转让和租赁方式获得土地使用权。

建设用地如果是通过土地使用权划拨方式取得的,建设单位需承担土地补偿费、安置补助费以及农村村民住宅、其他地上附着物和青苗等的补偿费用、征地农民的社会保障费用等;对于以出让等有偿使用方式取得国有土地使用权的建设单位,则不仅要承担上述费用,还需要缴纳土地使用权出让金等土地有偿使用费和其他费用后,方可使用土地。

征收农用地的土地补偿费、安置补助费标准由省、自治区、直辖市通过制定公布区片综合地价确定。制定区片综合地价应当综合考虑土地原用途、土地资源条件、土地产值、土地区位、土地供求关系、人口以及经济社会发展水平等因素,并至少每三年调整或者重新公布一次。征收农用地以外的其他土地、地上附着物和青苗等的补偿标准,由省、自治区、直辖市制定。

二、与项目建设过程有关的费用

(一)建设单位管理费

建设单位管理费,是指建设项目从立项、筹建、建设、联合试运转、竣工验收交付使用及后评估等全过程管理所需费用。

1. 建设单位开办费

建设单位开办费,是指新建项目为保证筹建和建设工作正常进行所需办公设备、生活家具、用具、交通工具等购置费用。

2. 建设单位经费

建设单位经费,包括工作人员的基本工资、工资性津贴、职工福利费、劳动保护费、办公费、差旅交通费、工会经费、职工教育经费、固定资产使用费、工具器具使用费、技术图书资料费、生产人员招募费、工程招标费、合同契约公证费、工程质量监督检测费、工程咨询费、法律顾问费、审计费、业务招待费、排污费、竣工交付使用清理及竣工验收费、后评价费用等,不包括应计入设备、材料预算价格的建设单位采购及保管设备材料所需的费用。

(二) 可行性研究费

可行性研究费,是指在工程项目投资决策阶段,对有关建设方案、技术方案或生产经营方案进行的技术经济论证以及编制、评审可行性研究报告等所需的费用。

(三) 专项评价费

专项评价费,是指建设单位按照国家规定委托有资质的单位开展专项评价及有关验收工作发生的费用,包括环境影响评价及验收费、安全预评价及验收费、职业病危害预评价及控制效果评价费、地震安全性评价费、地质灾害危险性评价费、水土保持评价及验收费、压覆矿产资源评价费、节能评估费、危险与可操作性分析及安全完整性评价费以及其他专项评价及验收费。

(四) 研究试验费

研究试验费,是指为建设项目提供和验证设计参数、数据、资料等进行必要的研究和试验以及设计规定在施工中必须进行试验、验证所需要的费用,包括自行或委托其他部门的专题研究试验所需人工费、材料费、试验设备及仪器使用费等。

(五) 勘察设计费

(1) 勘察费,是指勘察人根据发包人的委托,收集已有资料,现场踏勘,制定勘察纲要,进行勘察作业以及编制工程勘察文件和岩土工程设计文件等收取的费用。

(2) 设计费,是指设计人根据发包人的委托,提供编制建设项目初步设计文件、施工图设计文件、非标准设备设计文件、竣工图文件等服务所收取的费用。

(六) 场地准备费和临时设施费

(1) 场地准备费,是指为使工程项目的建设场地达到开工条件,由建设单位组织进行的场地平整等准备工作而发生的费用。

(2) 临时设施费,是指建设单位为满足施工建设需要而提供的未列入工程费用的临时水、电、路、讯、气等工程和临时仓库等建(构)筑物的建设、维修、拆除、摊销费用或租赁费用以及铁路、码头租赁等费用。

(七) 工程监理费

工程监理费,是指委托工程监理单位对工程实施监理工作所需费用。

(八) 监造费

监造费,是指项目对所需设备、材料的制造过程和质量等进行驻厂监督所发生的费用。

（九）招标费

招标费，是指建设单位委托招标代理机构进行招标服务所发生的费用。

（十）引进技术和进口设备材料其他费

引进技术和进口设备材料其他费，是指引进技术和设备材料等发生的但未计入引进技术费和设备材料购置费的费用，包括图纸资料翻译复制费、备品备件测绘费、出国人员费用、来华人员费用、银行担保及承诺费、进口设备材料国内检验费等。

（十一）特殊设备安全监督检验费

特殊设备安全监督检验费，是指对在施工现场安装的列入国家特种设备范围内的设备(设施)检验检测和监督检查所发生的应列入项目开支的费用。

（十二）市政公用配套设施费

市政公用配套设施费，是指使用市政公用设施的工程项目，按照项目所在地政府有关规定建设或缴纳的市政公用设施建设配套费用。

（十三）工程保险费

工程保险费，是指在建设期内对建筑工程、安装工程、机械设备和人身安全进行投保而发生的费用，包括建筑安装工程一切险、工程质量保险、进口设备财产保险和人身意外伤害险等。

（十四）专利及专有技术使用费

专利及专有技术使用费，是指在建设期内取得专利、专有技术、商标、商誉和特许经营的所有权或使用权发生的费用，包括工艺包费、设计及技术资料费、有效专利、专有技术使用费、技术保密费和技术服务费等，商标权、商誉和特许经营权费，软件费等。

三、与项目未来生产经营有关的费用

（一）联合试运转费

联合试运转费，是指新建或新增生产能力的工程项目，在交付生产前按照批准的设计文件规定的工程质量标准和技术要求，对整个生产线或装置进行负荷联合试运转所发生的费用净支出。当试运转有收入时，则计列收入与支出相抵后的亏损部分。费用内容包括试运转所需材料、燃料及动力消耗、低值易耗品、其他物料消耗、机械使用费、联合试运转人员工资、施工单位参加试运转人工费、专家指导费以及必要的工业炉烘炉费等，不包括应由安装工程费开支的单台设备调试费及无负荷联合试运转中的试车费用。

(二) 生产准备费

生产准备费,是指在建设期内,建设单位为保证项目正常生产而发生的人员培训、提前进厂费以及投产使用必备的办公、生活家具用具、工器具等的购置费用。

(1) 生产职工培训费。包括自行培训、委托其他单位培训人员的工资、工资性补贴、职工福利费、差旅交通费、学习资料费、学费、劳动保护费。

(2) 生产单位提前进厂参加施工、设备安装、调试等以及熟悉工艺流程及设备性能等人员的工资、工资性补贴、职工福利费、差旅交通费、劳动保护费等。

(3) 办公、生活家具用具及工器具购置费,是指为保证新建、改建、扩建项目初期正常生产、使用和管理所必须购置的办公和生活家具用具及工器具的费用。改扩建项目所需的该项购置费一般低于新建项目。

除以上费用之外,根据工程建设需要必须发生的其他费用也应列入工程建设其他费用。

第四节 预备费、建设期利息和流动资产投资

一、预备费

预备费是指在建设期内因各种不可预见因素的变化而预留的可能增加的费用,包括基本预备费和涨价预备费。

(一) 基本预备费

基本预备费又称不可预见费,是指为在项目实施中可能发生的难以预料的支出而预先预留的费用,主要包括设计变更及施工过程中可能增加工程量的费用。基本预备费的计算公式为:

$$\text{基本预备费} = (\text{工程费用} + \text{工程建设其他费用}) \times \text{基本预备费费率} \quad (2-30)$$

式(2-30)中的工程费用指设备及工器具购置费用、建筑安装工程费用之和。基本预备费费率由工程造价管理机构根据项目特点综合分析后确定。

(二) 涨价预备费

涨价预备费指建设项目在建设期内由于价格等变化引起工程项目投资变化的预测预留费用。费用内容包括人工、设备、材料、施工机械的价差费,建筑安装工程费用及工程建设其他费用调整,利率、汇率调整等增加的费用。涨价预备费一般是根据国家规定的投资综合价格指数,以估算年份价格水平的投资额为基数,采用复利方式计算。计算

公式为:

$$PF = \sum_{t=1}^{n} I_t (1+f)^m (1+f)^{0.5} (1+f)^{t-1} - 1] \qquad (2-31)$$

式(2-31)中,PF 为涨价预备费;n 为建设期年份数;I_t 为建设期第 t 年的投资计划额,包括工程费用、工程建设其他费用及基本预备费,即第 t 年的静态投资计划额;f 为投资价格上涨指数;t 为建设期第 t 年;m 为建设前期年限(从编制概算到开工建设年数)。

式(2-31)中 $(1+f)^{0.5}$ 表示建设期第 t 年当年投资分期均匀投入考虑涨价的幅度。设计建设周期较短的项目涨价预备费计算公式可简化处理。特殊项目在必要时可进行项目未来价差分析预测,确定各时期投资价格指数。

【例 2-2】 某拟建项目投资估算数据显示:设备购置费为 4 000 万元,建筑安装工程费用为 3 600 万元,工程建设其他费用为 800 万元。基本预备费费率为 7%。项目建设前期年限为 1 年,建设期为 3 年,投资价格年上涨率为 4%。建设期投资安排为:第一年投资额为 30%,第二年投资额为 50%,第三年投资额为 20%。试求建设项目基本预备费和涨价预备费。

解: 基本预备费 $=(4\,000+3\,600+800)\times 7\% = 8\,400\times 7\% = 588$(万元)

建设期第一年涨价预备费为:

$$PF_1 = (4\,000+3\,600+800+588)\times 30\%\times [(1+4\%)(1+4\%)^{0.5}-1]$$
$$= 8\,988\times 30\%\times [(1+4\%)(1+4\%)^{0.5}-1] = 163.39(\text{万元})$$

建设期第二年涨价预备费为:

$$PF_2 = 8\,988\times 50\%\times [(1+4\%)(1+4\%)^{0.5}(1+4\%)-1]$$
$$= 462.97(\text{万元})$$

建设期第三年涨价预备费为:

$$PF_3 = 8\,988\times 20\%\times [(1+4\%)(1+4\%)^{0.5}(1+4\%)^2-1]$$
$$= 264.5(\text{万元})$$

涨价预备费合计为:

$$PF = 163.39+462.97+264.5 = 890.86(\text{万元})$$

二、建设期利息

建设期利息包括向国内银行和其他非银行金融机构贷款、出口信贷、外国政府贷款、国际商业银行贷款以及在境内外发行的债券等在建设期内应偿还的贷款利息及其他融资费用。在考虑资金时间价值的前提下,建设期利息实行复利计息。对于贷款总额一次性贷出且利息固定的贷款,建设期本息直接按复利公式计算。但当总贷款是分年分次发放时,复利利息的计算就较为复杂。为了简化计算,通常假定借款均在每年的年中支用,

借款当年按照半年计息,公式为:

$$q_j = \left(P_{j-1} + \frac{1}{2}A_j\right) \times i \quad (2\text{-}32)$$

式(2-32)中,q_j 为建设期第 j 年应计利息;P_{j-1} 为建设期第 $j-1$ 年末贷款余额,按第 $j-1$ 年末贷款累计再加上此时贷款利息累计计算;A_j 为建设期第 j 年支用贷款;i 为年利率。

【例 2-3】 某建设项目的建设期为 3 年,第一年贷款额为 400 万元,第二年贷款额 1 000 万元,第三年贷款额 800 万元,贷款年利率为 5%。试计算建设期利息。

解: 各年利息计算如下:

$$q_1 = \left(P_0 + \frac{1}{2}A_1\right) \times i = \left(0 + \frac{1}{2} \times 400\right) \times 5\% = 10(\text{万元})$$

$$q_2 = \left(P_1 + \frac{1}{2}A_2\right) \times i = \left(400 + 10 + \frac{1}{2} \times 1\,000\right) \times 5\% = 45.5(\text{万元})$$

$$q_3 = \left(P_2 + \frac{1}{2}A_3\right) \times i = \left(400 + 10 + 1\,000 + 45.5 + \frac{1}{2} \times 800\right) \times 5\% = 92.775(\text{万元})$$

$$q = q_1 + q_2 + q_3 = 10 + 45.5 + 92.775 = 148.275(\text{万元})$$

所以,建设期利息为 148.275 万元。

三、流动资产投资

项目总投资中的流动资产投资,或称流动资金,是指生产经营性项目投产后,为进行正常的生产运营,用于购买原材料、燃料、支付工资及其他经营费用所需的周转资金,即投产后形成的流动资产和流动负债的差额,也就是财务学中的营运资金。流动资产投资随着项目投产而发生,随着生产负荷的改变而增减。与固定资产投资一样,流动资产投资也是长期占用的投资,所不同的是,流动资产投资是周转资金,在项目计算期末应收回全部流动资金。

本 章 小 结

(1) 工程项目总投资是指为完成工程项目建设并达到使用要求或生产条件,在建设期内预计或实际投入的总费用。生产性建设项目的总投资包括建设投资、建设期利息和流动资产投资(流动资金)三部分。建设工程造价就是指项目建设投资和建设期利息之和。

(2) 设备、工器具购置费用是由设备购置费用和工器具、生产家具购置费用组成的。其中设备购置费是指为工程建设项目购置或自制的达到固定资产标准的设备、工具、器具的费用,由设备原价加设备运杂费计算。进口设备的原价,是指进口设备抵岸价。

(3) 按照费用构成要素划分,建筑安装工程费用可分为人工费、材料费、施工机具使用费、企业管理费、利润、规费和税金七个部分。按照工程造价形成划分,建筑安装工程费用由分部分项工程费、措施项目费、其他项目费、规费、税金组成。其中,分部分项工程费、措施项目费、其他项目费中包含人工费、材料费、施工机具使用费、企业管理费和利润。

(4) 工程建设其他费用按其内容大体可分为三类,即土地使用费、与项目建设过程有关的费用、与项目未来生产经营有关的费用。

(5) 预备费包括基本预备费和涨价预备费。

(6) 在考虑资金时间价值的前提下,建设期利息实行复利计息。

(7) 项目总投资中的流动资产投资,即投产后形成的流动资产和流动负债的差额。

关　键　词

工程项目总投资　设备购置费　建筑安装工程费用　工程建设其他费用　预备费　建设期利息　流动资产投资

本章练习题

1. (简答题)简述工程项目的投资组成。

2. (计算题)某建设项目从美国进口设备重1 000吨;货价(FOB价)为600万美元;海运费为300美元/吨;海运保险费为CIF价的2.66‰;银行手续费为FOB价的5‰;进口代理手续费为CIF价的1.5%;增值税率为13%;关税税率为25%;美元对人民币汇率为1∶6.5。从到货口岸至安装现场500千米,运输费为0.5元/吨·千米,装卸费为50元/吨;国内运输保险费率为抵岸价的1‰;设备的现场保管费率为抵岸价的2‰。

问题:计算该进口设备购置费,将计算过程填入下表。

费用项目	计算式	金额(人民币万元)
1. 抵岸价		
1.1 货价(FOB)		
1.2 海运费		
1.3 海运保险费		
1.4 银行手续费		
1.5 进口代理手续费		
1.6 关税		

续 表

费用项目	计算式	金额(人民币万元)
1.7 增值税		
2. 国内运杂费		
2.1 运费和装卸费		
2.2 运输保险费		
2.3 现场保管费		
3. 设备购置费		

注:计算中保留2位小数。

3.(计算题)某项目总投资1 300万元,分三年均衡发放,第一年投资300万元,第二年投资600万元,第三年投资400万元,建设期内年利率为12%,每半年计息一次。建设各年贷款均衡发放,试计算建设期利息。

4.(简答题)建筑安装工程费用由哪些部分组成?如何计算?

5.(简答题)工程建设其他费用由哪些费用组成?如何计算?

6.(简答题)什么是基本预备费和涨价预备费?如何计算?

第三章 工程项目经济分析基本方法

> **学习目标**
>
> 学习了本章后,你应该能够:
> 1. 掌握资金时间价值的概念和资金等值计算方法;
> 2. 掌握各类投资项目经济评价指标的含义和计算方法;
> 3. 了解投资方案的类型,熟悉互斥方案比选方法,了解独立方案比选方法。

第一节 资金时间价值及资金等值计算

一、资金时间价值的含义

在工程经济计算中,无论是工程完成后所发挥的经济效益还是工程建造中所消耗的人力、物力和资源,最后都是以价值形态,即资金的形式表现出来。

资金在不同的时间点上具有不同的价值。这是由于资金在周转使用中,因货币增值、通货膨胀和风险补偿等原因,资金的数额会随时间的变化而变化,所形成的价值差额被称为资金的时间价值。通常情况下,经历的时间越长,资金的数额越大,这种价值差额就越大。

资金时间价值有绝对数和相对数两种表现形式。绝对数表现形式包括利息、股利、利润和投资收益等等。相对数表现形式包括利率、平均资金利润率或资金报酬率等,可以表示为:

$$R = R_1 + R_2 + R_3 \quad (3-1)$$

式(3-1)中,R_1是考虑货币增值因素补偿的收益率,R_2是考虑通货膨胀因素补偿的收益率,R_3是考虑风险因素补偿的收益率。

在项目技术经济分析中往往使用时间价值的相对衡量尺度。

二、利息的计算

（一）单利和复利

用以表示利息和利率的时间单位称为计息周期（计息期）。计息周期可以为 1 年、半年、1 月或 1 天等。当计息期数超过一个时间单位时，利息的计算方式有两种，单利和复利。而资金时间价值的计算一般可采用类似复利计息的方式进行。

1. 单利

单利是指利息和时间呈线性关系，即只计算本金的利息，而本金所产生的利息不再计算利息。计算公式如下：

$$I = P \cdot i \cdot n \tag{3-2}$$

式(3-2)中，I 为一定时期内所得的利息总额，P 为本金，n 为计息的周期数，i 为利率。

而 n 期末单利计息方式的本利和 F 等于本金加上利息，即

$$F = P + I = P + P \cdot i \cdot n = P(1 + i \cdot n) \tag{3-3}$$

式(3-3)中，F 为本利和。

【例 3-1】 假如某人以单利方式借款 1 000 元，规定年利率为 6%，期限为 3 年。则 3 年利息总额和本利和应为多少？

解： 利用式(3-2)和式(3-3)，可得：

$$I = P \cdot i \cdot n = 1\,000 \times 6\% \times 3 = 180(元)$$
$$F = P(1 + i \cdot n) = 1\,000 \times (1 + 6\% \times 3) = 1\,180(元)$$

在利用上述公式计算本利和 F 时，要注意式中利率 i 对应的计息周期和计息周期数 n 的时间单位要一致。此外应该注意，单利没有完全地反映出资金运动的规律性，不符合资金时间价值的本质，因而在讨论资金时间价值时通常采用复利计算。

2. 复利

复利就是借款人在每期的期末不支付利息，而将该期利息转为下期的本金，下期再按本利和计算利息。按复利计息时不但本金产生利息，而且利息的部分也产生利息，也就是通常所说的"利滚利"。复利计息公式为：

$$I_t = F_{t-1} i \tag{3-4}$$

式(3-4)中，I_t 为第 t 个计息周期的利息，F_{t-1} 为第 $t-1$ 期期末的本利和。

而 n 期末复利计息方式的本利和 F 为：

$$F = P(1+i)^n \tag{3-5}$$

【例 3-1 续】 上例问题如果按 6% 复利计算，则三年的本利和为多少？

解：三年的本利和为：

$F = 1\,000 + 1\,000 \times 6\% + (1\,000 + 1\,000 \times 6\%) \times 6\% + [1\,000 + 1\,000 \times 6\%\\ + (1\,000 + 1\,000 \times 6\%) \times 6\%] \times 6\% \approx 1\,191.02(元)$

按照公式(3-5)可以简化计算，得到：

$$F = P(1+i)^n = 1\,000 \times (1+6\%)^3 \approx 1\,191.02(元)$$

在三年本利和 1 191.02 元中，除去本金 1 000 元之外，利息约为 191.02 元。对比上述单利和复利利息的计算结果可知，复利较单利利息多 11.02 元，这是由于利息的部分也产生了利息的缘故。

(二) 名义利率和实际利率

在经济生活中，为了便于理解和比较，利率通常会以年为单位来表示，但计息周期并不一定就是 1 年。如在办理贷款、存款、投资理财等业务时，金融机构告知客户的利率均为年利率，但计息周期可能是半年或一个月等。采用复利计息方式时，若利率的时间单位（一般为 1 年）和计息周期不一致，就会出现名义利率和实际利率的问题。

1. 名义利率

名义利率，是指计息周期利率 i 与利率的时间单位内计息周期数 m 的乘积。利率时间单位为年时，名义利率为年利率，用 r 表示，公式为：

$$r = i \times m \tag{3-6}$$

比如月利率为 1%，则年名义利率为 12%。很显然，计算名义利率时忽略了前面各期利息再生利息的因素，这与单利的计算相同。

2. 实际利率

实际利率是将利率时间单位内的利息再生因素考虑在内计算出的利率，即利率时间单位内产生的总体利息与本金之比，也称为有效利率，用 i 表示。根据利率的概念，即可推导出名义利率和实际利率的关系。

若利率的时间单位为年，在一年内计息 m 次，年名义利率为 r，则计息周期利率为 r/m。设年初有本金 P，根据复利的计算公式，一年后的本利和为：

$$F = P\left(1 + \frac{r}{m}\right)^m \tag{3-7}$$

根据利息的定义，一年内的利息（利率时间单位内产生的总体利息）I 为：

$$I = F - P = P\left(1 + \frac{r}{m}\right)^m - P = P\left[\left(1 + \frac{r}{m}\right)^m - 1\right] \tag{3-8}$$

再根据实际利率的定义可得实际利率 i 为：

$$i = \frac{I}{P} = \left(1+\frac{r}{m}\right)^m - 1 \tag{3-9}$$

根据公式(3-9)可以推出：当年内计息周期数为1(即 $m=1$)时，此时年实际利率 i 等于年名义利率 r；当年内计息周期数超过一次(即 $m>1$)时，名义利率与实际利率在数值上是不相等的，实际利率 i 会大于名义利率 r，且年内计息周期数 m 越大，实际利率就会越高。当 $m \to \infty$ 时，根据连续复利公式有：

$$i = e^r - 1 \tag{3-10}$$

【例3-2】 若银行贷款年名义利率为6%，分别计算按月计息和按季度计息情况下的贷款年实际利率。

解： 当按月计息时，年内计息周期数为12次。依照公式(3-9)，该贷款的年实际利率为：

$$i = \left(1+\frac{6\%}{12}\right)^{12} - 1 = 6.17\%$$

当按季度计息时，年内计息周期数为4次。依照公式(3-9)，该贷款的年实际利率为：

$$i = \left(1+\frac{6\%}{4}\right)^4 - 1 = 6.14\%$$

按月计息的年实际利率会大于按季度计息的年实际利率。

三、现金流量与现金流量图

在工程项目投资、运营和使用全过程中存在着复杂的资金运动，这种不断运动的资金流被称为现金流量。流入这个过程的资金称为现金流入，流出这个过程的资金称为现金流出。现金流入一般用 CI 表示，现金流出用 CO 表示，同一时点现金流入与现金流出的差额称为净现金流量，用 NCF 表示。

$$NCF = (CI - CO) \tag{3-11}$$

在经济活动中，任何方案的执行过程总是伴随着现金的流入与流出，为了形象地描述现金流量的变化过程，通常用图示的方法将现金的流入与流出方向、量值的大小、发生的时点描绘出来，该图称为现金流量图。现金流量图的画法有以下两步。

(1) 首先画一条水平线作为横轴，表示时间轴。将时间轴分成相等的时间间隔，间隔的时间单位以计息期为准，通常以年为单位，也可以是半年、季、月或天。该直线的时间起点为零，依次向右延伸。值得注意的是，上一期的终点和下一期的始点是重合的。

(2) 用与横轴垂直的箭线代表现金流量，向上的箭线表示现金流入，向下的箭线表示流出，箭线长短与资金的数量值成正比。箭线与时间轴的焦点即表示该现金流量发生的时间。

现金流量图一般形式如图 3-1 所示。实际上,现金流量图就是把现金流量作为时间的函数,绘制成的二维图形。

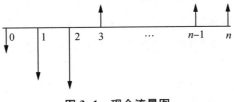

图 3-1 现金流量图

在不同的分析视角下,现金流量图的具体形式也会有所不同。比如,从借款人角度出发和从贷款人角度出发所绘制出的现金流量图就是不同的。例如,某人向银行借款 5 万元,年利率 4%,5 年后一次归还本利和为 $5\times(1+4\%)^5\approx6.08$ 万元。从借款人角度和从贷款人角度所绘制的现金流量图如图 3-2 和 3-3 所示。

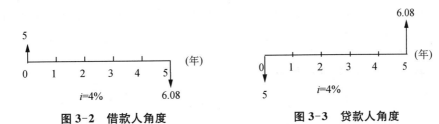

图 3-2 借款人角度　　　　　　图 3-3 贷款人角度

四、资金等值计算

(一) 资金等值计算公式推导的假设条件

由于存在资金时间价值,导致了不同时点发生的现金流量不能直接进行比较,但这也意味着不同时点上绝对数值不等的资金可能具有相等的价值,即资金等值。

工程项目有先投资、后收益的特点。在进行工程项目经济评价时,不能直接比较不同时间点发生的资金价值的大小,必须要想办法找出它们的资金等值才能对项目进行经济分析。这时我们可以参照复利计息的方式,把任一时点上的资金等值变换为另一特定时点上的值,即进行资金的等值计算(或称等值变换)。

影响资金等值计算的因素有三个,即资金额的大小、计息期数、利率的大小。设 i 为利率(折现率),n 为计息期数,P 为现在值(简称现值),F 为将来值(简称终值),A 为等额年金(或称年值)。

为了准确地利用公式进行资金等值计算,我们假设以下几个条件。

(1) 实施方案的初期投资假定发生在方案的寿命期初。

(2) 方案实施中发生的经常性收益和费用假定发生在计息期的期末。

(3) 本期的期末是下期的期初。

(4) 现值 P 是指发生在某一特定时间序列起点的资金收付,即在当前期间开始时发生。

(5) 终值 F 是指发生在某一特定时间序列终点的资金收付,即在当前时间以后的第 n 期期末发生。

(6) 等额年金 A 是指发生在某一特定时间序列各期的等额资金收付。一般多使用普通年金,即假设年金是在各期期末发生,也称为后付年金。当问题包括 P 和 A 时,系列的第一个 A 是在 P 发生一个期间后的期末发生的;当问题包括 F 和 A 时,系列的最后一个 A 与 F 同时发生。

(二) 等值计算的基本公式

1. 现值与终值的等值计算

(1) 复利终值计算公式(已知 P,求 F)。现有一笔资金 P,按复利利率 i 计算,1 年后的复本利和为:

$$P + Pi = P(1+i)$$

此时若不取出利息,而将利息和原始本金继续存款,则第 2 年年末的复本利和为:

$$P(1+i) + P(1+i) \times i = P(1+i)^2$$

同理,第 3 年年末的复本利和为:

$$P(1+i)^2 + P(1+i)^2 \times i = P(1+i)^3$$

已知现值 P,n 期期末的复本利和(终值)用 F 表示,则有下述关系成立:

$$F = P(1+i)^n \tag{3-12}$$

这里的 $(1+i)^n$ 称为一次支付终值系数,用符号 $(F/P, i, n)$ 表示。如 $(F/P, 5\%, 6)$ 表示已知现值求终值,利率为 5%,计息 6 期。在具体计算时,该系数值不必自行计算,可查现成系数表。

复利系数表一般有两种显示方式,一种方式是根据系数的种类(如复利终值系数、年金终值系数)分别列表,另一种方式是按不同的利率(如 1%、2%……)计算各种系数分别列表。本书介绍的是第一种复利系数表。表 3-1 是复利终值系数表(因篇幅所限,只选取了部分数据)。其中的系数查找方式为:在"复利终值系数表"第一行中找到要查找的利率,再在第一列中找到要查找的期数,对应的行与列交叉点上即为该利率下的复利终值系数。如查复利终值系数 $(F/P, 6\%, 7)$,在表中对应的系数为 1.504。其他复利终值系数表的使用方法与表 3-1 相同。

表 3-1 复利终值系数表(部分)

n	i								
	1%	2%	3%	4%	5%	6%	7%	8%	9%
1	1.010	1.020	1.030	1.040	1.050	1.060	1.070	1.080	1.090
2	1.020	1.040	1.061	1.082	1.103	1.124	1.145	1.166	1.188

续 表

n	i								
	1%	2%	3%	4%	5%	6%	7%	8%	9%
3	1.030	1.061	1.093	1.125	1.158	1.191	1.225	1.260	1.295
4	1.041	1.082	1.126	1.170	1.216	1.262	1.311	1.360	1.412
5	1.051	1.104	1.159	1.217	1.276	1.338	1.403	1.469	1.539
6	1.062	1.126	1.194	1.265	1.340	1.419	1.501	1.587	1.677
7	1.072	1.149	1.230	1.316	1.407	1.504	1.606	1.714	1.828
8	1.083	1.172	1.267	1.369	1.477	1.594	1.718	1.851	1.993
9	1.094	1.195	1.305	1.423	1.551	1.689	1.838	1.999	2.172

【例3-3】 若按复利利率8%将1 000元钱存入银行,则3年后的复本利和为多少?

解: 第一年年末的复本利和为:

$$1\,000 + 1\,000 \times 8\% = 1\,000 \times (1+8\%) = 1\,080(元)$$

第二年年末的复本利和为:

$$1\,000 \times (1+8\%) + 1\,000 \times (1+8\%) \times 8\% = 1\,000 \times (1+8\%)^2 = 1\,166.4(元)$$

同理,如果求第三年年末的复本利和,则该值为:

$$1\,000 \times (1+8\%)^2 + 1\,000 \times (1+8\%)^2 \times 8\% \approx 1\,260(元)$$

若利用公式(3-12)直接计算可得:

$$F = P(1+i)^n = 1\,000 \times (1+8\%)^3 \approx 1\,260(元)$$

若查复利终值系数表3-1,可以找到$(F/P, 8\%, 3) = 1.260$,则有:

$$F = P(F/P, 8\%, 3) = 1\,000 \times 1.260 = 1\,260(元)$$

(2) 复利现值计算公式(已知F,求P)。当将来值F为已知,想求出现值P时,只需将式(3-12)稍加变换即可得到:

$$P = F \frac{1}{(1+i)^n} \tag{3-13}$$

式(3-13)中,$\frac{1}{(1+i)^n}$称为一次支付现值系数,用符号$(P/F, i, n)$表示。同样,该系数值不必自行计算,可查现成系数表。

【例3-4】 欲将一笔资金按年利率8%(复利)存入银行,使6年末复本利和为1 000元,则现在应存款多少?

解: 这是一个已知F值求P值的问题,应用式(3-13)求解如下:

$$P = 1\,000 \times (P/F, i, n) = 1\,000 \times \frac{1}{(1+8\%)^6} = 1\,000 \times 0.630\,2 = 630.2(元)$$

现值与终值的换算关系如图3-4所示。

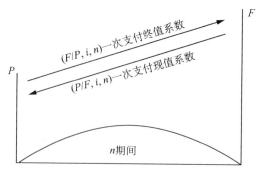

图3-4 现值P与终值F的相互换算

2. 等额年金与终值的等值计算

(1) 等额年金终值计算公式(已知A,求F)。假如每年年末发生等额现金流量A(见图3-5),复利利率为i,按式(3-12)将每年年末的A分别计算终值,并累计求和,得到第n年年末的复本利和F为:

$$F = A(1+i)^{n-1} + A(1+i)^{n-2} + \cdots + A(1+i) + A \qquad ①$$

式①两边同乘$(1+i)$得:

$$F(1+i) = A(1+i)^n + A(1+i)^{n-1} + \cdots + A(1+i)^2 + A(1+i) \qquad ②$$

式②减式①得:

$$Fi = A(1+i)^n - A$$

$$F = A \frac{(1+i)^n - 1}{i} \qquad (3-14)$$

式(3-14)中,$\frac{(1+i)^n - 1}{i}$称为等额支付终值系数或年金终值系数,用符号$(F/A, i, n)$表示,其数值可从相应系数表中查得。

【例3-5】 假设每年年末分别按年利率8%存入银行100元,求第四年年末复本利和为多少?

解: 按一次支付终值的计算方法,将每年年末的存款额分别计算出复利终值,并累计求和,则第四年年末的复本利和F值为:

$$F = 100 \times (1+8\%)^3 + 100 \times (1+8\%)^2 + 100 \times (1+8\%) + 100$$
$$= 100 \times [1 + (1+8\%) + (1+8\%)^2 + (1+8\%)^3]$$

应用等比数列求和公式,则上式为:

$$F = A \frac{(1+i)^n - 1}{i} = 100 \times \frac{(1+8\%)^4 - 1}{8\%} = 450.61(元)$$

式中的年金终值系数可以直接查系数表得到,即

$$F = 100 \times (F/A, i, n) = 100 \times (F/A, 8\%, 4) = 100 \times 4.5061 = 450.61(元)$$

(2) 等额支付偿债基金计算公式(已知 F,求 A)。当已知将来值 F,要将其换算成等额年金 A 时,只需将式(3-14)稍加变换即可得到:

$$A = F \frac{i}{(1+i)^n - 1} \tag{3-15}$$

式(3-15)中,$\frac{i}{(1+i)^n - 1}$ 称为等额支付偿债基金系数,用符号 $(A/F, i, n)$ 表示。同样,其值可由系数表中查得。

等额年金与终值的换算关系如图 3-5 所示。

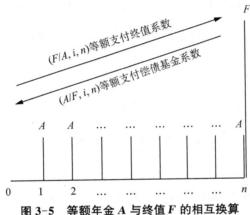

图 3-5 等额年金 A 与终值 F 的相互换算

【例 3-6】 某人要在 6 年后偿还 1 000 元借款,计划每年末存入银行一定数额的资金作为偿债基金。若存款利率为 8%,则每年年末存款金额应为多少?

解: 每年年末存款金额为:

$$A = F \frac{i}{(1+i)^n - 1} = 1\,000 \times \frac{8\%}{(1+8\%)^6 - 1} = 136.3(元)$$

也可以直接查系数表,得到:

$$A = 1\,000 \times (A/F, 8\%, 6) = 1\,000 \times 0.1363 = 136.3(元)$$

3. 等额年金与现值的等值计算

(1) 等额支付现值计算公式(已知 A,求 P)。当已知等额年金求现值时,可以使用前面推导出的等额年金终值公式即式(3-14)和复利现值公式即式(3-13),得出:

$$P = A \frac{(1+i)^n - 1}{i(1+i)^n} \tag{3-16}$$

式(3-16)中，$\dfrac{(1+i)^n-1}{i(1+i)^n}$ 称为等额支付现值系数，用符号 $(P/A,i,n)$ 表示，其值也可由系数表中查得。

【例 3-7】 某公司欲进行项目投资，项目寿命期为 5 年，预计每年年末可获得 10 万元收益。若按年复利率 8% 计算，则该公司当前在该项目上的一次投资应不高于多少才能收回投资？

解： 由公式(3-16)得到：

$$P = A\dfrac{(1+i)^n-1}{i(1+i)^n} = 10 \times \dfrac{(1+8\%)^5-1}{8\% \times (1+8\%)^5} \approx 39.93(万元)$$

也可以直接查系数表，得到：

$$P = 10 \times (P/A, 8\%, 5) = 10 \times 3.9927 \approx 39.93(万元)$$

(2) 资金回收计算公式(已知 P，求 A)。当已知现值求等额年金时，只需要将式(3-16)稍加变换即得：

$$A = P\dfrac{i(1+i)^n}{(1+i)^n-1} \tag{3-17}$$

式(3-17)中，$\dfrac{i(1+i)^n}{(1+i)^n-1}$ 称为资金回收系数，用符号 $(A/P,i,n)$ 表示，其值也可由系数表中查得。

等额年金与现值的换算关系如图 3-6 所示。

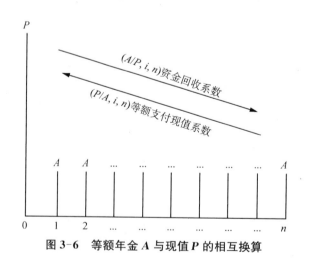

图 3-6 等额年金 A 与现值 P 的相互换算

【例 3-8】 某企业投资 100 万元，年复利率为 7.2%，若想在 8 年内通过等额回收的方式收回复本利和，每年年末应回收多少？

解： 由式(3-17)可得：

$$A = P\frac{i(1+i)^n}{(1+i)^n-1} = 100 \times \frac{7.2\% \times (1+7.2\%)^8}{(1+7.2\%)^8-1} \approx 16.88(万元)$$

也可以直接查系数表,得到:

$$A = 100 \times (A/P, 7.2\%, 8) = 100 \times 0.1688 \approx 16.88(万元)$$

值得指出的是:当 n 足够大时,等额年金 A 和现值 P 之间的计算可以简化。用 $(1+i)^n$ 去除资金回收系数的分子和分母,可得到:

$$A = P\frac{i}{1-(1+i)^{-n}}$$

根据极值的概念可知:当 n 趋于无穷大时,$\frac{i}{1-(1+i)^{-n}}$ 将趋近于 i。同样,用 $(1+i)^n$ 去除等额支付现值系数的分子和分母,也可推出:当 n 趋于无穷大时,其值趋近于 $1/i$。事实上,当投资的效果持续几十年以上时,就可以看成 n 趋于无穷大,从而可应用上述的简化算法,其计算误差在允许的范围内。在实践中,当计算港湾、道路以及寿命长的建筑物、构筑物等的投资年值或净收益的现值时,利用上述规律,将给问题的求解带来极大的方便。

第二节 投资项目经济评价指标

投资项目经济评价是指在对项目寿命期内各种数据资料进行调查分析的基础上,预测项目寿命期内的财务和经济情况,对项目方案的盈利能力、偿债能力、财务生存能力和抗风险能力进行评价,对各项目方案进行比选,最终确定最优方案的过程。

一、投资项目经济评价指标体系

投资项目经济评价指标可以按照多种不同标准进行分类。

(一) 按是否考虑资金时间价值的分类

按照是否考虑资金时间价值,可将经济评价指标分为静态指标和动态指标。

静态指标是指不考虑资金时间价值对项目现金流的影响,而对项目的现金流量直接汇总来计算评价指标的方法,其最大的优点是计算简便。在经济评价中常用的静态指标有静态投资回收期、总投资收益率、资本金净利润率、利息备付率、偿债备付率、资产负债率等。

动态指标是考虑现金流量发生的时刻及其时间价值,把现金流量进行等值变换后再计算评价指标,即考虑不同时间点上的资金时间价值对项目现金流的影响,其特点是能比较真实地反映投资项目的经济效果。主要的动态评价指标有净现值、内部收益率、动态投资回收期、净年值、净现值率等。在进行经济评价时应以动态指标分析为主。

（二）按指标的评价内容分类

按照评价内容分类，经济评价指标主要可分为盈利能力分析指标、偿债能力分析指标。项目盈利能力分析的主要指标包括净现值、内部收益率、投资回收期、净年值、净现值率、总投资收益率、资本金净利润率等。项目偿债能力分析的主要指标包括利息备付率、偿债备付率和资产负债率等。

（三）按指标的表达形式分类

按照指标的表达形式，可将经济评价指标分为价值性指标、比率性指标和时间性指标。常用的价值性指标有净现值、净年值等；比率性指标主要有内部收益率、净现值率、总投资收益率、资本金净利润率、利息备付率、偿债备付率、资产负债率等；时间性指标主要有静态投资回收期、动态投资回收期等。

主要投资项目经济评价指标的分类如表3-2所示。

表3-2 主要投资项目经济评价指标分类

评价内容	指标性质	指标名称	表达形式
盈利能力分析	动态指标	净现值（NPV）	价值性
		内部收益率（IRR）	比率性
		动态投资回收期（P_t'）	时间性
		净年值（NAV）	价值性
		净现值率（NPVR）	比率性
	静态指标	静态投资回收期（P_t）	时间性
		总投资收益率（ROI）	比率性
		资本金净利润率（ROE）	比率性
偿债能力分析	静态指标	利息备付率（ICR）	比率性
		偿债备付率（DSCR）	比率性
		资产负债率（LOAR）	比率性

二、盈利能力分析指标

（一）静态投资回收期

静态投资回收期（P_t）是指在不考虑资金时间价值条件下，以项目的净收益抵偿全部投资所需要的时间，它是反映项目初始投资回收能力的重要指标。投资回收期一般以年为单位，从项目建设起始年算起，其计算公式为：

$$\sum_{t=0}^{P_t}(CI-CO)_t=0 \qquad (3-18)$$

式(3-18)中，P_t 为静态投资回收期，$(CI-CO)_t$ 为第 t 年的净现金流量。

投资回收期也可从项目投产年算起，但计算时应该予以注明。

P_t 可用投资项目现金流量表中的累计净现金流量进行求解，公式如下：

$$P_t = (累计净现金流量开始出现正值的年份数 - 1) + \frac{上年累计净现金流量的绝对值}{当年净现金流量}$$

(3-19)

如果项目投资在计算期初一次投入(记为 TI)，且生产期各年的净收益保持不变(记为 R)，则可用如下简化的公式计算：

$$P_t = \frac{TI}{R}$$

(3-20)

式(3-20)中，TI 为计算期初的一次投资额；R 为年净收益。

计算出的静态投资回收期 P_t 需要与基准投资回收期 P_c 进行比较。若 $P_t \leqslant P_c$，表明该项目的投资能在规定的时间内收回，从经济上可以考虑接受该项目；若 $P_t > P_c$，表明该项目的投资不能在规定的时间内收回，从经济上应该考虑拒绝该项目。投资回收期越短，表明项目的盈利能力和抗风险能力越好。

投资回收期的评价标准是基准投资回收期，其取值可根据行业水平或者投资者的要求设定。

静态投资回收期指标的主要优点是经济意义明确、直观，计算简便，便于投资者衡量项目承担风险的能力，同时在一定程度上反映投资项目经济效果的优劣。因此静态投资回收期指标获得了广泛的应用。但该指标也存在以下三方面明显不足。

（1）只考虑投资回收之前的效果，不能反映回收投资之后的情况，所以无法反映项目整体盈利水平。

（2）该指标不考虑资金时间价值，无法正确地辨识项目的优劣。

（3）由于经济发展、技术进步等多方面的影响，基准投资回收期也较难确定。

【例 3-9】 某工程投资项目各年净现金流量如表 3-3 所示。试计算该项目的静态投资回收期。

表 3-3　投资项目各年净现金流量　　　　　　　　　　　　　（单位：万元）

年份	0	1	2	3	4	5	6	7	8
净现金流量	-60	-80	20	50	50	50	50	50	60
累计净现金流量	-60	-140	-120	-70	-20	30	80	130	190

解： 首先计算各年累计净现金流量，如表 3-3 所示。从表中可以看出累计净现金流量开始出现正值的年份数是第 5 年。代入公式(3-19)计算如下：

$$P_t = (累计净现金流量开始出现正值的年份数 - 1) + \frac{上年累计净现金流量的绝对值}{当年净现金流量}$$

$$= (5-1) + \frac{|-20|}{50} = 4.4(年)$$

（二）总投资收益率

总投资收益率（ROI）是指项目达到设计能力后正常年份的年息税前利润或经营期内年平均息税前利润与项目总投资的比率，它表示项目总投资的盈利水平。其计算公式如下：

$$ROI = \frac{EBIT}{TI} \times 100\% \tag{3-21}$$

式（3-21）中，$EBIT$ 为项目正常年份的年息税前利润或经营期内年平均息税前利润，TI 为项目总投资。

由于项目总投资是权益投资和负债投资之和，与其对应的收益并不是利润总额或净利润，而应是不受融资方式影响的息税前利润。息税前利润的计算公式为：

$$EBIT = 利润总额 + 计入总成本费用的利息费用 \tag{3-22}$$

总投资收益率高于同行业的收益率参考值，表明用总投资收益率表示的盈利能力满足要求。

（三）资本金净利润率

资本金净利润率（ROE）是指项目达到设计能力后正常年份的年净利润或运营期内年平均净利润与项目资本金的比率，用于反映项目资本金的盈利水平。从项目资本金角度分析，其对应的收益应扣去债权人应得利息和上缴的所得税，因此用净利润计算本指标比较恰当。资本金净利润率的计算公式为：

$$ROE = \frac{NP}{EC} \times 100\% \tag{3-23}$$

式（3-23）中，NP 为项目正常年份的年净利润或经营期内年平均净利润，EC 为项目资本金。

与总投资收益率指标类似，资本金净利润率高于同行业的净利润率的参考值，表明用资本金净利润率表示的项目盈利能力满足要求。

（四）净现值

净现值（NPV）是指投资项目按预定的基准收益率 i_c，分别将计算期内各年的净现金流量折现到投资起点的现值之和。所谓基准收益率是指要求投资项目达到的最低收益率标准，是投资决策的重要参数，用 i_c 表示。净现值的计算公式为：

$$NPV = \sum_{t=0}^{n} (CI - CO)_t (1 + i_c)^{-t} \tag{3-24}$$

式（3-24）中，NPV 为净现值，CI 为现金流入量，CO 为现金流出量，$(CI-CO)_t$ 为第 t 年的净现金流量，n 为项目计算期。

根据定义可知,当 NPV=0 时,投资项目刚好满足预定的基准收益率所要求的收益率水平;若 NPV>0,意味着投资项目除保证可实现预定的收益之外,还可获得更高的超额收益;若 NPV<0,则表示投资项目未能达到预定的收益率水平,但不能确定项目是否亏损。因此净现值法的评价准则为:若 NPV≥0,考虑接受该投资项目;若 NPV<0,则考虑拒绝该投资项目。

净现值是投资方案是否可以接受的重要判断依据之一,它反映了投资项目与通常投资机会收益值相比增加的收益数额,即超额收益。NPV 指标的优点主要有以下三方面。

(1) 考虑了资金时间价值,属于动态评价指标。
(2) 全面考虑了项目在整个寿命期间的经济状况。
(3) 直接以价值形式表示项目的超额收益的绝对金额,经济意义明确、直观。

但是,采用净现值法必须事先确定一个较符合经济现实的基准收益率 i_c,而 i_c 的确定比较复杂困难。由于受到项目所属行业、企业资本结构、项目投资风险、通货膨胀等因素的影响,评价不同项目时基准收益率的取值通常是不同的。基准收益率一般在行业平均收益率的基础上确定。若本行业没有发布行业基准收益率,评价人员应在分析一定时期国家和行业发展战略、发展规划、产业政策、资源供给、资金时间价值、项目目标等情况的基础上,结合行业特点、资本结构、投资风险、通货膨胀等因素综合测定。基准收益率具体的测定方法有资本资产定价模型、加权平均资金成本法、德尔菲法等。

值得注意的是,基准收益率不能定得太高或太低。若 i_c 定得太高,会失掉一些经济效益好的项目;若 i_c 定得太低,则可能会接受过多的项目,造成投资风险增大。

【例 3-10】 某公司欲引进一条自动化生产线,预计投资 800 万元,安装调试后生产能力逐步稳定,可能产生的净现金流见表 3-4。假定公司期望的收益率为 8%,试分析该生产线的引进能否达到公司的要求。

表 3-4 投资项目各年净现金流量表 （单位:万元）

年份	0	1	2	3	4	5	6	7	8	9	10	11
净现金流量	-300	-500	120	160	200	200	200	200	200	200	200	250

解: 根据公式(3-24)以及等额支付现值公式,有:

$$NPV = -300 - \frac{500}{(1+8\%)} + \frac{120}{(1+8\%)^2} + \frac{160}{(1+8\%)^3} + 200 \times \frac{(1+8\%)^7-1}{(1+8\%)^7 \times 8\%}$$

$$\times \frac{1}{(1+8\%)^3} + \frac{250}{(1+8\%)^{11}} = 400.75(万元) > 0$$

故该公司引进的生产线能够达到公司期望的收益水平,考虑接受该项目。

(五) 内部收益率

内部收益率(IRR)是指使项目计算期内各年净现金流量的现值之和等于零的折现率,也就是使项目净现值等于零时对应的折现率。其计算公式为:

$$NPV(IRR) = \sum_{t=0}^{n}(CI-CO)_t(1+IRR)^{-t} = 0 \quad (3-25)$$

内部收益率的经济含义为：在 IRR 这一利率水平下，到项目计算期结束时，项目的净收益刚好将投资全部回收。它取决于项目内部，是项目对贷款利率的最大承受能力。内部收益率指标的评价准则是：当 $IRR \geqslant i_c$ 时，可以考虑接受该投资项目；当 $IRR < i_c$ 时，考虑拒绝该投资项目。

由净现值和内部收益率定义知，净现值 $NPV(i)$ 与折现率 i 之间存在着一种曲线关系。对于常规型投资项目（即在项目初期有一次或若干次投资支出，其后净现金流量为正的投资项目），在其定义域 $-1 < i < \infty$ 区间，净现值曲线是单调递降的，且必在 $i > 0$ 的某个折现率上与横轴相交，交点即为内部收益率，如图 3-7 所示。从图 3-7 中可以推出，当 $IRR \geqslant i_c$ 时，$NPV(i_c) \geqslant 0$；当 $IRR < i_c$ 时，$NPV(i_c) < 0$。此时，NPV 与 IRR 对项目的评价结论是一致的。

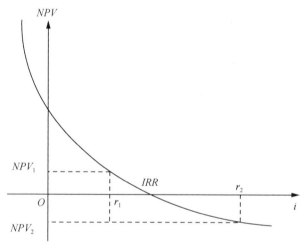

图 3-7 常规型投资项目净现值曲线

内部收益率是一个未知的折现率，由式(3-25)可知，求方程式中的折现率需解高次方程，不宜求解。在实际工作中，一般通过计算机计算，手算时可采用试算法确定内部收益率。试算法的基本步骤是：先假定折现率为 r_1，如果求得 $NPV > 0$，则说明 r_1 比欲求的内部收益率大；再取 $r_2 > r_1$，如求得的 $NPV < 0$，则可知在 r_1、r_2 两者之间必定存在使净现值等于零的折现率，该折现率即为内部收益率。具体求解时可采用插值法求得 IRR 的近似值，插值法的计算公式为：

$$IRR = r_1 + \frac{NPV_1}{NPV_1 + |NPV_2|}(r_2 - r_1) \quad (3-26)$$

为保障精度，一般要求 $|i_2 - i_1| \leqslant 2\%$，最大不要超过 5%。

【例 3-11】 某投资项目产生的净现金流量如表 3-5 所示。试求该项目的内部收益率。

表 3-5　投资项目各年净现金流量　　　　　　　　　　　　　　（单位:万元）

年　　末	0	1	2	3	4	5
净现金流量	−1 000	−1 000	600	600	600	1 000

解：根据公式 $NPV(r)=\sum_{t=0}^{n}(CI-CO)_t(1+r)^{-t}$ 有：

$$NPV(r) = -1\,000 - 1\,000 \times (1+r)^{-1} + 600 \times (1+r)^{-2} + 600 \times (1+r)^{-3} \\ + 600 \times (1+r)^{-4} + 1\,000 \times (1+r)^{-5}$$

采用试算法求解。现取 $r_0=10\%$，计算此时净现值为：

$$NPV(10\%) = -1\,000 - 1\,000 \times (1+10\%)^{-1} + 600 \times (1+10\%)^{-2} + 600 \times (1+10\%)^{-3} \\ + 600 \times (1+10\%)^{-4} + 1\,000 \times (1+10\%)^{-5} = 68.3(万元) > 0$$

再提高折现率，比如取 $r_1=11\%$，计算此时净现值 $NPV(11\%)=13.48(万元)>0$；

再取 $r_2=12\%$，计算得出 $NPV(12\%)=-38.74(万元)<0$。两次计算出的 NPV 符号相反，可知 IRR 在 r_1 与 r_2 之间。根据插值法可算出近似的内部收益率为：

$$IRR = r_1 + \frac{NPV_1}{NPV_1 + |NPV_2|}(r_2 - r_1) \\ = 11\% + \frac{13.48}{13.48+38.74} \times (12\% - 11\%) = 11.26\%$$

内部收益率指标的优点在于以下四方面。
(1) 考虑了资金时间价值，并全面考虑了项目在整个计算期内的经济状况。
(2) 能用相对数衡量项目未收回投资的获利能力。
(3) 与 NPV 相比，IRR 的计算不受基准收益率等参数的影响，其结果完全取决于项目的净现金流量。
(4) 由图 3-7 可以看出，对于常规型投资项目而言，内部收益率是唯一的。
内部收益率的不足之处在于以下两方面。
(1) 内部收益率计算比较烦琐。
(2) 对于非常规型投资项目来讲，其内部收益率在某些情况下可能不唯一，甚至不存在。

(六) 净年值

净年值(NAV)，又称等额年值、年值，是利用基准收益率 i_c 将投资项目计算期内的净现金流量等值变换为均匀的等额年值。其计算公式为：

$$NAV = \left[\sum_{t=0}^{n}(CI-CO)_t(1+i_c)^{-t}\right](A/P, i_c, n) \\ = NPV(A/P, i_c, n) \tag{3-27}$$

式(3-27)中,$(A/P,i_c,n)$为资金回收系数。

由式(3-27)可知,NAV 与 NPV 之间只相差一个资金回收系数,而该系数是大于零的,说明 NAV 与 NPV 的正负号相同,故两个指标评价准则也相同。若 $NAV \geqslant 0$,从经济上应该考虑接受该项目;若 $NAV < 0$,从经济上应该考虑拒绝该项目。NAV 在用于寿命期不等的互斥方案比较时比用 NPV 指标更方便。

(七)净现值率

净现值率($NPVR$)是指项目净现值与全部投资现值之和的比值,其经济含义是单位投资现值所带来的净现值,计算公式为:

$$NPVR = \frac{NPV}{I_p} \tag{3-28}$$

式(3-28)中,I_p 为全部投资的现值之和。

当项目建设期超过1年时,需要先将各年投资折现再求和,得到 I_p。

由于全部投资的现值之和大于零,所以净现值率的评价准则与净现值相同。若 $NPVR \geqslant 0$,则从经济上应该考虑接受该项目;若 $NPVR < 0$,则从经济上应该考虑拒绝该项目。

净现值率指标是对净现值指标的补充。在对投资额不同的投资方案进行比较时,如果存在资金约束,则需要考虑单位投资额的经济效果,此时使用 $NPVR$ 指标较为合适。

(八)动态投资回收期

动态投资回收期(P_t')是指在考虑资金时间价值条件下,以项目净收益抵偿全部投资所需要的时间,也就是累计净现金流量等于零的时间,其计算公式为:

$$\sum_{t=0}^{P_t'}(CI-CO)_t(1+i_c)^{-t}=0 \tag{3-29}$$

式(3-29)中,P_t' 为动态投资回收期。

实际计算时,可计算累计现金流量折现值,并按如下插值公式求得:

$$P_t' = (累计折现净现金流量开始出现正值的年份数-1) \\ + \frac{上年累计折现净现金流量的绝对值}{当年折现净现金流量} \tag{3-30}$$

如果项目投资在计算期初一次投入(记为 TI),且生产期各年的净收益保持不变(记为 R),项目计算期为 n,则根据资金回收公式可推导出动态投资回收期的计算公式为:

$$P_t' = \frac{\ln\left(\frac{R}{R-TI \cdot i_c}\right)}{\ln(1+i_c)} \tag{3-31}$$

用折现净现金流量计算出的动态投资回收期要比静态投资回收期更长些。动态投资回收期可与项目计算期进行比较来判断项目投资的回收能力。当 $P_t' \leqslant n$ 时,可以考虑接受该投资项目;否则可以考虑拒绝该投资项目。

【例 3-12】 某工程投资项目各年净现金流量如表 3-6 所示,$i_c=10\%$。试计算该项目投资的动态投资回收期。

表 3-6 投资项目各年净现金流量 （单位:万元）

年份	0	1	2	3	4	5	6	7	8
净现金流量	−60	−80	20	50	50	50	50	50	60
净现金流量折现值	−60	−72.73	16.53	37.57	34.15	31.05	28.22	25.66	27.99
累计折现净现金流量	−60	−132.73	−116.2	−78.63	−44.48	−13.43	14.79	40.45	68.44

解:首先计算各年累计折现净现金流量,如表 3-6 所示。从表中可以看出,累计折现净现金流量开始出现正值的年份数是第 6 年。代入公式(3-30)计算如下:

$$P_t' = (累计折现净现金流量开始出现正值的年份数 - 1)$$
$$+ \frac{上年累计折现净现金流量的绝对值}{当年折现净现金流量}$$
$$= (6-1) + \frac{13.43}{28.22} = 5.48(年)$$

三、偿债能力分析指标

(一)利息备付率

利息备付率(ICR)是指在项目借款偿还期内,各年用于支付利息的息税前利润与当期应付利息费用的比值,它从付息资金来源的充足性角度反映项目偿付债务利息的保障程度。其计算公式为:

$$ICR = \frac{EBIT}{PI} \times 100\% \quad (3-32)$$

式(3-32)中,$EBIT$ 为息税前利润,PI 为计入总成本费用的应付利息。

利息备付率应分年计算。利息备付率越高,表明利息偿付的保障程度越高。对于正常运营的企业,利息备付率起码应大于1,否则表示付息能力保障程度不足。具体的衡量标准应结合债权人的要求确定。

(二)偿债备付率

偿债备付率(DSCR)是指在项目借款偿还期内,用于计算还本付息的资金与还本付息金额的比值,用以表示可用于还本付息的资金偿还借款本息的保障程度。其计算公式为:

$$DSCR = \frac{EBITAD - T_{AX}}{PD} \tag{3-33}$$

式(3-33)中，$EBITAD$ 为息税前利润加折旧和摊销；T_{AX} 为企业所得税；PD 为当期应还本付息金额，包括还本金额和计入总成本费用的全部利息；融资租赁费用视同借款偿还，运营期内的短期借款本息也应纳入计算。

如果项目在运行期内有维持运营的投资，可用于还本付息的资金应扣除维持运营的投资。偿债备付率应分年计算。偿债备付率越高，表明可用于还本付息的资金保障程度越高。在正常情况下，偿债备付率应当大于1。当该指标小于1时，表示当年资金来源不足以偿付当期债务，需要通过短期借款偿付已到期债务。具体的衡量标准应结合债权人的要求确定。

（三）资产负债率

资产负债率（$LOAR$）是指各期末负债总额（TL）同资产总额（TA）的比率，其计算公式为：

$$LOAR = \frac{TL}{TA} \times 100\% \tag{3-34}$$

式(3-34)中，TL 为期末负债总额，TA 为期末资产总额。

资产负债率反映项目总体偿债能力。该比率越低，则项目的偿债能力越强。

适度的资产负债率可表明企业经营安全、稳健，具有较强的筹资能力，也表明企业和债权人的风险较小。对该指标的分析，应结合国家宏观经济状况、行业发展趋势、企业所处竞争环境等具体条件判定。

第三节 投资项目方案比选

在进行投资项目经济评价时，存在单一方案评价和多方案比选两种情形。对于单一方案的情形，可以直接依据经济评价指标得出是否接受该项目方案的结论。但在进行投资项目评价时，经常会遇到多方案的选择问题。如果按照经济评价指标进行判断，可以接受的方案不止一个，但由于存在资源等限制条件，无法全部接受这些方案。此时应该如何进行方案比选，使有限的资源得到最佳的利用呢？要解决这种多方案比选问题，首先必须分析各个投资方案之间的相互关系，同时选择正确的评价指标，才能作出科学决策。投资项目多方案比选依然需要依赖于一系列评价指标来完成，但方案之间的关系不同，进行多方案选择所使用的指标以及方案选择的结果将有很大的不同。

一、投资方案类型

为了正确地进行多方案比选,首先必须搞清方案之间的关系,即投资方案的类型。依据方案之间的关系,投资方案有如下三种类型。

(一)独立型方案

独立方案是指方案间互不干扰,即一个方案的执行不影响另一个方案的执行,在选择方案时可以任意组合,直到资源得到充分运用为止。例如,某部门欲建几个生产的产品不同、销售数额互不影响的工厂时,这些方案之间的关系就是独立的。

如果更加严格地讲,独立方案的定义应该是:若方案之间加法法则成立,则这些方案是彼此独立的。例如,现有 A、B 两个投资方案(假设投资期为 1 年),仅向 A 方案投资时,投资额为 2 000 元,收益为 2 600 元;仅向 B 方案投资时,投资额为 3 000 元,收益为 3 750 元;同时向两个方案投资时,若有投资额为 5 000(2 000+3 000)元,收益为 6 350(2 600+3 750)元的关系成立,则说这两个方案间加法法则成立,即 A、B 方案是相互独立的。

(二)互斥型方案

互斥方案,就是在若干个方案中,选择其中的任何一个方案,则其他方案就必然被排斥的一组方案。例如,某房地产公司欲在同一个确定地点进行住宅、商店、宾馆等方案选择时,由于此时只要选择其中任何一个方案,则其他方案就无法实施,即它们之间具有排他性,因而这些方案间的关系就是互斥的。

方案比选时有时会遇到这种情况:两个方案互相影响(即不满足加法法则,不完全独立),但又不是互相排斥的关系。例如,某公司欲制订 A、B 两种产品生产计划,但发现两种产品的销售存在关联性,如果其中一种产品畅销,则另一种产品将会滞销。此时我们可以将其分为"A 产品投资方案""B 产品投资方案""A、B 两种产品投资方案"等三个互斥方案。

(三)混合型方案

如果在若干个互相独立的投资方案中,每个独立方案又存在着若干个互斥方案的问题,称它们之间的关系为混合方案。例如,某集团公司要对其下属的甲、乙、丙三个工厂(生产互不影响、相互独立产品)分别进行新建、扩建和更新改造,形成了 A、B、C 三个独立方案。每个独立方案又存在着若干个互斥方案:甲分厂有两个新建方案 A1、A2,乙分厂有两个扩建方案 B1、B2,丙分厂有三个更新改造方案 C1、C2、C3。该集团所面临的就是混合方案比选的问题。

在实际应用时,明确所面临的方案是互斥方案还是独立方案,对于投资方案比选是十分重要的。本书仅介绍独立方案和互斥方案的选择方法。此外,虽然静态指标和动态指标均可作为方案比选的标准,但投资项目经济效果评价应以动态指标分析为主,故本书主要介绍如何用动态指标进行投资方案的选择。

二、互斥方案比选方法

投资项目中的互斥方案往往属于同一项目的不同实施方案,各个互斥方案的现金流量会有所不同,如投资不同、收益不同、运营费用、寿命期不同等。按照寿命期的异同可以将互斥方案的比选分为两种情况,一种情况为寿命期相等的互斥方案选择,另一种是寿命期不等的互斥方案选择。在进行经济效果评价时,应针对不同的情况选择适宜的方案比选方法。

（一）寿命期相等的互斥方案比选

当互斥方案寿命期相等时,进行方案比选可以采用两种思路,一是直接比较各方案的净现值法或净年值,选择净现值法或净年值最大的方案;二是针对增量投资的现金流量,计算增量净现值或增量内部收益率。运用这几种方法进行方案选择的结论应是相同的。

1. 净现值法

采用净现值法进行寿命期相同的互斥项目比选时,应首先使用基准收益率 i_c 计算各方案的净现值（NPV）,剔除 $NPV<0$ 的方案,再从 $NPV \geqslant 0$ 的方案中选取 NPV 最大者为最优方案,即

$$\begin{aligned}&\text{Max} \quad NPV_j \\ &\text{s.t.} \quad NPV_j \geqslant 0 \quad j=1,2,\cdots,n\end{aligned} \quad (3-35)$$

式（3-35）中, NPV_j 为方案 j 的净现值。

当互斥方案的效益相同或基本相同时,可以仅考虑各方案的投资和运行费用。这种情况下,净现值法可以转化为费用现值法,这种方法是将不同方案的投资现值与年运行成本现值相加,比较其现值之和的大小,费用现值之和最小的方案即为最佳方案。费用现值的计算公式为:

$$PC = \sum_{t=0}^{n}(C_t+V_t)(1+i_c)^{-t} - S \times (1+i_c)^{-n} \quad (3-36)$$

式（3-36）中, PC 为方案的费用现值; C_t 为第 t 年的投资; V_t 为第 t 年的运行费用; S 为方案残值; i_c 为基准收益率; n 为方案计算期。

2. 增量内部收益率法

增量内部收益率法也称为差额内部收益率法,它是通过计算增量内部收益率（ΔIRR）来选择最优方案,即用投资大的方案减去投资小的方案,若差额方案的内部收益率 $\Delta IRR > i_c$,说明两方案之间的增量投资所带来的收益能够满足基准收益率的要求,故应选择投资大的方案为最优方案。

计算 ΔIRR 的步骤如下五方面。

(1) 在互斥项目组中选取 $IRR > i_c$ 的项目，按投资额由小到大排序，比如记为 A、B、C……。

(2) 用投资大的方案(比如记为 B)各年的净现金流量减去投资小的方案(比如记为 A)各年的净现金流量，形成差额方案(比如记为 B—A)。

(3) 计算差额方案(B—A)的内部收益率，得到增量内部收益率 ΔIRR_{B-A}。

(4) 若 $\Delta IRR > i_c$，则投资大的 B 方案入选，反之则投资小的 A 入选。

(5) 用第四步选出的方案与投资更大的方案进行比较，循环进行第二、三、四步，直至选出最优方案。

必须指出的是，即使各方案寿命期相等，也不能直接用内部收益率指标直接进行互斥方案比选。这是因为按内部收益率进行方案比选，可能出现与净现值法和增量内部收益率法相矛盾的结果。这种情况下，应该采纳净现值法和增量投资内部收益率法的评价结果。

3. 增量净现值法

增量净现值法，亦称差额净现值法，即用投资大的方案各年净现金流量减去投资小的方案的各年净现金流量，计算差额方案的净现值，也就是增量净现值(ΔNPV)。若 $\Delta NPV > 0$，就选择投资大的方案为最优方案。其计算过程类似于增量内部收益率的计算。

【例 3-13】 某公司欲对现有设备进行改造，在拟定具体的技术指标后，确定可以通过四个方案来实现，各方案预计现金流量如表 3-7 所示。不同方案的寿命期均为 7 年，行业的基准收益率为 8%，试找出其中经济上最有利的方案。

表 3-7 互斥方案各年净现金流量 （单位：万元）

年份 方案	0	1	2	3	4	5	6	7	NPV	IRR
A	−2 000	500	500	500	500	500	500	500	603.19	16.33%
B	−3 000	900	900	900	900	900	900	900	1 685.73	22.93%
C	−4 000	1 100	1 100	1 100	1 100	1 100	1 100	1 100	1 727.01	19.68%
D	−5 000	1 380	1 380	1 380	1 380	1 380	1 380	1 380	2 184.79	19.81%

解：(1) 直接用 NPV 指标比选。

四个方案的净现值分别为：

$$NPV_A = -2\,000 + 500 \times (P/A, i_c, 7) = -2\,000 + 500 \times \frac{(1+8\%)^7 - 1}{8\% \times (1+8\%)^7}$$

$$= 603.19(万元)$$

$$NPV_B = -3\,000 + 900 \times (P/A, i_c, 7) = -3\,000 + 900 \times \frac{(1+8\%)^7 - 1}{8\% \times (1+8\%)^7}$$

$$= 1\,685.73(万元)$$

$$NPV_C = -4\,000 + 1\,100 \times (P/A, i_c, 7) = -4\,000 + 1\,100 \times \frac{(1+8\%)^7 - 1}{8\% \times (1+8\%)^7}$$
$$= 1\,727.01(万元)$$

$$NPV_D = -5\,000 + 1\,380 \times (P/A, i_c, 7) = -5\,000 + 1\,380 \times \frac{(1+8\%)^7 - 1}{8\% \times (1+8\%)^7}$$
$$= 2\,184.79(万元)$$

四个方案的净现值均大于0,按照净现值准则,应该从中选择 NPV 最大的方案。因为 NPV_D 最大,故 D 方案为最优方案。

(2) 用 ΔIRR 指标进行比选。

将方案按照投资额由小到大排序,顺序为 A、B、C、D。首先分别计算出四个方案的 IRR,结果如表 3-7 所示。可知四个方案的 IRR 均大于基准收益率8%。

① 计算 B 方案对 A 方案的增量内部收益率 ΔIRR_{B-A}。

$$\Delta NPV_{B-A} = -1\,000 + 400 \times (P/A, \Delta IRR_{B-A}, 7) = 0$$

求解差额方案(B-A)的内部收益率,得到:

$$\Delta IRR_{B-A} = 35.14\% > 8\%$$

故 B 方案为临时最优方案。

② 以 B 方案为临时最优方案,计算 C 方案对 B 方案的增量内部收益率 ΔIRR_{C-B}。

$$\Delta NPV_{C-B} = -1\,000 + 200 \times (P/A, \Delta IRR_{C-B}, 7) = 0$$

求解差额方案(C-B)的内部收益率,得到:

$$\Delta IRR_{C-B} = 9.2\% > 8\%$$

故 C 方案为临时最优方案。

③ 以 C 方案为临时最优方案,计算 D 方案对 C 方案的增量收益率 ΔIRR_{D-C}。

$$\Delta NPV_{D-C} = -1\,000 + 280 \times (P/A, \Delta IRR_{D-C}, 7) = 0$$

求解差额方案(D-C)的内部收益率,得到:

$$\Delta IRR_{D-C} = 20.34\% > 8\%$$

故最终 D 方案为最优方案。

(3) 用 ΔNPV 指标进行比选。

① 首先计算 B 方案对 A 方案的增量净现值 ΔNPV_{B-A}。

$$\Delta NPV_{B-A} = -1\,000 + 400 \times (P/A, i_c, 7) = -1\,000 + 400 \times \frac{(1+8\%)^7 - 1}{8\% \times (1+8\%)^7}$$
$$= 1\,082.55(万元) > 0$$

即 B 方案优于 A 方案。

② 以 B 方案为临时最优方案,计算 C 方案对 B 方案的增量净现值 ΔNPV_{C-B}

$$\Delta NPV_{C-B} = -1\,000 + 200 \times (P/A, i_c, 7) = -1\,000 + 200 \times \frac{(1+8\%)^7 - 1}{8\% \times (1+8\%)^7}$$
$$= 42.17(万元) > 0$$

即方案 C 优于方案 B。

③ 以 C 方案为临时最优方案，计算 D 方案对 C 方案的增量净现值 ΔNPV_{D-C}。

$$\Delta NPV_{D-C} = -1\,000 + 280 \times (P/A, i_c, 7) = -1\,000 + 280 \times \frac{(1+8\%)^7 - 1}{8\% \times (1+8\%)^7}$$
$$= 457.78(万元) > 0$$

即方案 D 优于方案 C，故最终选择方案 D。

可以看出，采用净现值法、增量内部收益率法和增量净现值法的方案选择结果是一致的。但需要注意的是，如表 3-7 所示，A、B、C、D 四个方案中 IRR 最大的方案是 B 方案，这与采用上述三种方法得出的结论相矛盾，这种情况下不应采纳内部收益率法得出的结论。

（二）寿命期不等的互斥方案比选

当备选的互斥型方案的寿命期不等时，方案间是不能直接进行比较的，因为必须保证分析时间的可比性才能得出合理的结论。此时必须通过某些假设，使方案能在相等的时期内进行比较。通常选择的方法有最小公倍数法、净年值法和研究期法。对于只涉及费用比较的寿命期不等的互斥方案组，则可采用费用年值法。

1. 最小公倍数法

最小公倍数法是在假设方案可以重复若干次的前提下，将备选方案寿命期的最小公倍数作为计算期，每个备选方案重复算至最小公倍数年数，再用净现值、增量内部收益率法或增量净现值等方法进行方案比选。比如两个互斥方案 A 和 B 的寿命期分别为 4 年和 6 年，则方案寿命期的最小公倍数为 12 年（A 方案在 12 年中重复 3 次，B 方案在 12 年中重复 2 次），按照 12 年作为计算期，分别对重复 3 次的 A 方案和重复 2 次的 B 方案的净现金流量计算净现值，比较净现值的大小即可得出结论。

最小公倍数法的缺点有以下两方面。

（1）当备选方案寿命期的最小公倍数很大时，计算期会变得很长。如 7 年和 9 年的最小公倍数为 63 年，则必须将 7 年的方案重复 8 次，9 年的方案重复 6 次，计算起来很烦琐。

（2）由于技术进步等原因，方案往往不可能重复实施，方案可以重复的假设比较脱离实际。

2. 净年值法

当互斥项目寿命期不等时，可计算各个方案的净年值 NAV，选取 NAV 最大者为最优方案。根据净年值的定义和计算方法可知，不论投资方案重复实施几次，计算得出的净年值是相同的。所以可以将最小公倍数法进行简化，直接比较备选方案的净年值，而这一结论与最小公倍数法的结论是相同的。

当互斥方案的效益相同或基本相同时,可以仅考虑各方案的投资和运行费用。这时可以将净年值法转化为费用年值法。费用年值法是将不同设计方案的投资与年运行成本折算成与其等值的各年年末等额成本,费用年值最低的设计方案为最佳方案。无论方案寿命期是否相同,都可以使用这种方法。费用年值法的计算公式为:

$$AC = \left[\sum_{t=0}^{n} (C_t + V_t)(1+i_c)^{-t} - S \times (1+i_c)^{-n} \right] (A/P, i_c, n) \quad (3-37)$$

式(3-37)中,AC 为方案的费用年值。

3. 研究期法

如果备选方案的计算期不能随意向后延续,在对寿命期不等的互斥方案进行比选时,可以人为选取一个相同的时段作为研究期,计算研究期内各投资方案的净现值,选取 NPV 较大者为最优方案,这种方法被称为研究期法。一般可将互斥的备选方案中的最短寿命期作为研究期,但在必要时也要考虑研究期后各方案净现金流量的影响。

【例3-14】 某公司拟采购一套设备,有甲、乙两种型号可供选择,两方案的寿命期、初始投资及预计年收益见表3-8。若基准收益率为10%,试选择经济上较有利的设备方案。

表3-8 两个备选方案的有关数据

方案	初始投资(万元)	每年净收益(万元)	寿命期(年)
甲	6	4.5	2
乙	15	6.5	3

解:(1)用最小公倍数法求解。假设甲、乙方案均可以完全重复,两方案寿命期的最小公倍数为6。按照最小公倍数法,甲乙两方案分别需要重复实施3次和2次,如图3-8所示。

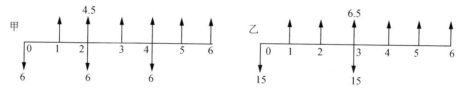

图3-8 寿命期不等的两个备选方案现金流量图

此时两方案的净现值为:

$NPV_{甲} = 4.5 \times (P/A, 10\%, 6) - 6 \times [1 + (P/F, 10\%, 2) + (P/F, 10\%, 4)]$
$\quad\quad\quad = 4.5 \times 4.355 - 6 \times (1 + 0.826 + 0.683) = 4.54(万元)$

$NPV_{乙} = 6.5 \times (P/A, 10\%, 6) - 15 \times [1 + (P/F, 10\%, 3)]$
$\quad\quad\quad = 6.5 \times 4.355 - 15 \times (1 + 0.751) = 2.04(万元)$

因为 $NPV_甲 > NPV_乙$，所以选择甲更为有利。

(2) 用净年值法求解。两方案的净年值分别为：

$NAV_甲 = -6 \times (A/P, 10\%, 2) + 4.5 = -6 \times 0.576 + 4.5 = 1.04(万元)$

$NAV_乙 = -15 \times (A/P, 10\%, 3) + 6.5 = -15 \times 0.402 + 6.5 = 0.47(万元)$

因为 $NAV_甲 > NAV_乙$，所以选择甲更为有利。

(3) 研究期法

① 可取设备甲的寿命2年为研究期，

$NPV_甲 = -6 + 4.5 \times (P/A, 10\%, 2) = -6 + 4.5 \times 1.736 = 1.81(万元)$

$NPV_乙 = -15 + 6.5 \times (P/A, 10\%, 2) = -15 + 6.5 \times 1.736 = -3.72(万元)$

因为 $NAV_甲 > NAV_乙$，所以选择甲更为有利。但此方法不利于寿命期长的方案。

② 可以考虑将乙设备投资15万元分摊在其3年寿命期内，再取2年为研究期进行比选。

$NPV_甲 = -6 + 4.5 \times (P/A, 10\%, 2) = -6 + 4.5 \times 1.736 = 1.81(万元)$

$NPV_乙 = [-15 \times (A/P, 10\%, 3) + 6.5] \times (P/A, 10\%, 2)$
$= (-15 \times 0.402 + 6.5) \times 1.736 = 0.82(万元)$

因为 $NPV_甲 > NPV_乙$，故选择设备甲较为有利。

三、独立方案比选方法

根据独立方案的特点，独立方案在经济上是否可接受，取决于方案自身的经济性，即方案的经济效果是否达到或超过了投资者预期的评价标准或水平。欲知这一点，只需要通过计算方案的经济效果指标，并按照指标的评价准则加以检验即可。从这一点来看，独立方案的选择就是单一方案的选择。若没有资金或其他资源限制，则选择 $NPV \geqslant 0$ 的所有方案。

但在实践中，如果经济上可行的方案较多，项目投资者可能没有足够的资源满足所有可行方案的需要，最常见的资源约束就是资金约束，这时的方案选择问题就变成了资金有约束情况下独立方案比选问题。从理论上讲，有很多方法可以用于这种情况下的方案比选，如双向排序均衡法、现值法、净现值率法等，但这些方法都不能保证得到的是最优解。而独立方案互斥化方法则可以保证得到最优组合方案。下面主要介绍这种方法。

因为每个方案都有两种可能：选择或者拒绝，故 N 个独立方案可以构成 2^N 个互斥型方案。例如，有三个独立的投资方案 A、B、C，寿命期均为1年，基准折现率为12%。三个方案的现金流量和净现值如表3-9所示。可以看到，三个方案的净现值均大于0，说明三个方案均能达到基准收益率的要求。如果以1代表方案被接受，而0代表方案被拒绝，则三个独立方案可构造成8个（$2^3 = 8$）互斥型方案，如表3-10所示的。

若在决策时不存在资金约束,则三个独立方案均可实施;而若存在资金约束,则需要在所有满足资金约束的互斥方案组合中,选择 NPV 之和最大的组合。例如,在上例中假设资金投资上限为 60 000 元,可从表 3-10 中找出满足资金约束的方案 6 个,而其中 NPV 之和最大的为第 7 个互斥方案组合(即方案 A 和 B 的组合),即为最优方案组合。

表 3-9　三个独立方案现金流量数据　　　　　　　　　　（单位:元）

投资方案	初始投资(I)	一年后净现金流量(R)	$NPV(i_c=12\%)$
A	20 000	25 000	2 321
B	30 000	38 000	3 929
C	40 000	46 500	1 518

表 3-10　三个独立方案转化为 8 个互斥方案($i=12\%$)　　（单位:元）

互斥化方案组	原方案			$\sum I$	是否满足资金约束	$\sum NPV$
	A	B	C			
1	0	0	0	0	√	0
2	0	0	1	40 000	√	2 321
3	0	1	0	30 000	√	3 929
4	1	0	0	20 000	√	1 518
5	0	1	1	70 000	×	—
6	1	0	1	60 000	√	3 839
7	1	1	0	50 000	√	6 250
8	1	1	1	90 000	×	—

当独立方案个数较少时,这种方法简便实用。但当独立方案个数增加时,其组合方案数将大幅度增加。例如,6 个独立方案仅可组成 64 个($2^6=64$)互斥方案,而 10 个独立方案即可组合成 1 024 个($2^{10}=1024$)互斥方案。虽然当互斥方案个数较多时用这种方法比较麻烦,但可以保证得到最优的方案组合。

本 章 小 结

(1) 资金在周转使用中由于时间因素而形成的价值增值,称为资金的时间价值。由于资金存在时间价值,致使不同时点发生的现金流量不能直接进行比较,必须进行资金的等值变换。在不同时点上绝对数值不等的资金具有相等的价值,称为资金等值,可依据等值计算的基本公式进行计算。

(2) 按照是否考虑资金时间价值,可将投资项目经济评价指标分为静态指标和动态指标;按照评价内容分类,经济评价指标可分为盈利能力分析指标、偿债能力分析指标。

项目盈利能力分析的主要指标包括内部收益率、净现值、投资回收期、总资产收益率、项目资本金净利润率等;项目偿债能力分析的主要指标包括利息备付率、偿债备付率和资产负债率等。

(3) 投资方案分为独立型方案、互斥型方案和混合型方案。

当互斥方案寿命期相等时,进行方案比选可以采用两种思路,一是直接比较各方案的净现值法或净年值,选择净现值法或净年值最大的方案;二是针对增量投资的现金流量,计算增量净现值或增量内部收益率。

当备选的互斥型方案的寿命期不等时,通常选择的方法有最小公倍数法、净年值法和研究期法;对于只涉及费用比较的寿命期不等的互斥方案组,则可采用费用年值法。

在没有资金或其他资源限制的情况下,独立型方案的选择就是单一方案的选择,可以选择 $NPV \geqslant 0$ 的所有方案。

当存在资金或其他资源限制时,独立方案互斥化方法则可以保证得到最优组合方案。

关 键 词

资金时间价值　资金等值变换　盈利能力分析　偿债能力分析　互斥型方案　独立型方案

本章练习题

1. (单选题)某企业向银行借贷一笔资金,按月计息,月利率为 1.2%,则年名义利率和年实际利率分别为(　　)。

A. 13.53%和14.40%　　　　　　　　B. 13.53%和15.39%
C. 14.40%和15.39%　　　　　　　　D. 14.40%和15.62%

2. (单选题)某企业准备 5 年后进行设备更新,到时所需资金估计为 600 万元,若存款利率为 5%,从现在开始每年年末均等地存款,则每年应存款(　　)万元。已知: $(A/F, 5\%, 5) = 0.180\ 97$。

A. 78.65　　　　　　　　　　　　　B. 108.58
C. 120　　　　　　　　　　　　　　D. 165.77

3. (单选题)某项目向银行借款 2 000 万元,期限为 3 年,到期需还本付息合计 2 600 万元,已知 $(F/P, 9\%, 3) = 1.295, (F/P, 10\%, 3) = 1.331, (F/P, 11\%, 3) = 1.368$,则银行贷款利率为(　　)。

A. 小于9% B. 9%～10%
C. 10%～11% D. 大于11%

4. (单选题)关于项目内部收益率指标的说法中正确的是(　　)。
   A. 内部收益率属于静态指标
   B. 项目内部收益率就是项目的基准收益率
   C. 内部收益率的计算方便,可通过手算直接得出
   D. 计算内部收益率不必事先知道准确的基准收益率 i_c

5. (单选题)某投资方案的累计净现金流量如下表所示,根据该表计算的投资回收期为(　　)年。

年序	0	1	2	3	4	5
净现金流量	−400	−200	200	220	240	300

A. 2.75 B. 3.25 C. 3.75 D. 4.25

6. (单选题)现有两个寿命期相同的互斥投资方案 A 和 B,B 方案的投资额和净收益都大于 A 方案,A 方案的内部收益率为14%,B 方案的内部收益率为15%,差额的内部收益率为13%,则 A、B 两方案优劣相等时的基准收益率应为(　　)。
   A. 13% B. 14%
   C. 15% D. 13%至15%之间

7. (单选题)有甲、乙两个互斥项目,其中 $IRR_甲=20\%$,$IRR_乙=25\%$,$\Delta IRR_{乙-甲}=18\%$,基准收益率为15%,以下法中正确的是(　　)。
   A. 甲项目优于乙项目 B. 乙项目优于甲项目
   C. 甲项目等同于乙项目 D. 无法判断

8. (单选题)对于寿命期不相等的互斥方案,在已知基准收益率的情况下,可以使用的方案比选方法是(　　)。
   A. 选择 NPV 最大的方案 B. 选择 IRR 最大的方案
   C. 采用增量内部收益率法 D. 选择净年值最大的方案

9. (单选题)有甲、乙两个独立的投资项目,各项目的有关数据如下表所示。设基准收益率为10%,则以下说法中正确的是(　　)。已知$(P/A,10\%,8)=5.3349$;$(P/A,10\%,10)=6.1446$。

方案	投资/万元	年净收益/万元	寿命期/年
甲	350	62	8
乙	200	30	10

A. 只选择甲项目 B. 只选择乙项目
C. 甲项目与乙项目均可行 D. 甲、乙两项目均不可行

10. (单选题)现有甲、乙、丙三个互相独立的投资方案,假设无资金筹集的数量限制,

基准收益率为12%,三个方案的内部收益率分别为10%、15%和12%。则可接受的方案是( )。

A. 甲方案　　　　　　　　　　B. 乙方案
C. 乙方案和丙方案　　　　　　D. 甲、乙、丙三个方案

第四章 工程项目可行性研究及投资估算

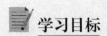

学习目标

学习了本章后,你应该能够:
1. 了解工程项目可行性研究的阶段划分和可行性研究的主要内容;
2. 熟悉投资估算文件的组成;
3. 掌握静态投资估算和流动资金估算的编制方法。

工程项目投资决策阶段,投资者需要根据设定的投资目标,运用多种科学手段,在调查研究的基础上,对项目建设方案和技术方案进行分析和比较,对项目的技术先进性和适用性、经济合理性以及建设的可能性和可行性进行的论证。这个过程就是工程项目可行性研究。

一个工程项目成功与否,很大程度上取决于项目规模是否合理,所采用的技术工艺设备是否先进可靠、经济适用,建设地区与地点选择是否适宜,而这些结论都是要通过项目可行性研究得出。为了获得项目投资的最佳经济效果,必须采用科学的程序与方法,对拟建项目的必要性和可行性进行认真的决策分析与评价。

第一节 工程项目可行性研究的阶段和内容

一、工程项目可行性研究的阶段划分

工程项目可行性研究一般分为四个阶段:机会研究阶段、初步可行性研究阶段、详细可行性研究阶段以及项目评估与决策阶段。

(一)机会研究

投资机会研究是一系列有关投资活动的起点,其目的是通过对政治和经济发展环

境、产业政策、资源条件、市场趋势和盈利可能性分析,寻找投资机会,鉴别投资方向,为项目初步可行性研究打下基础。机会研究的工作内容一般包括:对投资环境的客观分析;对企业经营目标和战略的分析;对企业内外部资源条件的分析。

投资机会研究的目的在于明确投资方向,只需要初步反映投资建设效果,所依靠的数据资料也较为笼统,研究结论比较粗略。该阶段投资估算的误差范围为±30%,所需费用约占投资总额的0.1%~1%。

（二）初步可行性研究

初步可行性研究是在机会研究的基础上,对项目方案的技术、经济条件进一步论证,对项目是否可行进行初步判断,亦被称为"预可行性研究"或"前可行性研究"。初步可行性研究工作位于机会研究和可行性研究的中间阶段,其研究内容与可行性研究相似,区别在于获得资料的详细程度和对各项目方案讨论的深度不同。初步可行性研究阶段投资估算的误差范围为±20%,所需费用约占投资总额的0.25%~1.5%。

根据初步可行性研究的结论,可决定是否应该进行最终可行性研究,并对一些关键问题进行辅助研究。

（三）详细可行性研究

详细可行性研究就是通常所说的可行性研究,也称为最终可行性研究。详细可行性研究是在初步可行性研究的基础上,通过与项目有关的资料、数据的调查研究,对项目的技术、经济、工程、环境等进行最终论证和分析预测,从而提出项目是否值得投资和如何进行建设的可行性意见,为项目决策审定提供全面的依据。该阶段投资估算的误差范围为±10%,小型项目所需费用约占投资总额的1%~3%,大型复杂的项目所需费用约占投资总额的0.2%~1%。

（四）项目评估与决策

项目评估与决策实际上应该属于可行性研究的后续工作,是指在详细可行性研究的基础上,由投资决策部门组织或授权于有关咨询机构或专家,对项目可行性研究报告进行全面的审核和再评价,分析判断项目可行性研究的可靠性、真实性和客观性,并编写项目评估报告,由投资决策部门作出最终的投资决策。

2019年1月1日起实施的《国家发展改革委投资咨询评估管理办法》(发改投资规〔2018〕1604号,2022年4月修订)中规定,国家发展改革委在审批固定资产投资项目及其相关专项规划时,应当坚持"先评估、后决策"的原则,经相关工程咨询单位咨询评估,在充分考虑咨询评估意见的基础上作出决策决定。

二、可行性研究的主要内容

可行性研究的内容可归纳为市场研究、技术研究和经济效益研究三个方面,它们分别从项目建设的必要性、技术上的可行性、经济上的合理性角度给出相应的研究结论。不同的工程项目因性质、行业、建设要求和建设条件各不相同,可行性研究的侧重点也会有所不同。可行性研究的重点内容包括以下几方面。

（一）市场预测分析

市场预测是对项目的产出品和所需的主要投入品的市场容量、价格、竞争力以及市场风险进行分析预测。市场预测的结果为确定项目建设规模与产品方案提供依据。市场预测分析的工作内容主要有以下五方面。

1. 产品市场现状调查

主要调查拟建项目同类产品的市场容量、价格以及市场竞争力现状,是进行市场预测的基础。

2. 国内外市场预测分析

国内外市场预测分析包括对产品的国内外市场供应与需求进行预测,得出产品市场供需平衡状况,分析产品发展空间以及地区间供需差距及贸易流向,预测供需变化趋势及发展前景。

3. 市场竞争力分析

首先需要根据产品市场分析和预测结果,选定目标市场;其次对主要产品在目标市场上相对于主要竞争对手的竞争力进行综合分析。

4. 产品的价格预测

主要分析产品在市场上的价格变化规律,预测在项目计算期内产品价格的变化趋势。

5. 市场风险分析

市场风险分析包括对市场风险进行识别、估计,并提出风险对策等工作。

（二）建设方案研究

建设方案研究是在市场预测分析的基础上,通过多方案比选,对项目建设方案进行构造和优化的过程,具体内容包括以下十二个方面。

1. 建设规模与产品方案研究

建设规模与产品方案研究是在市场预测的基础上,论证比选拟建项目的建设规模和产品方案,作为确定项目技术方案、设备方案、工程方案、原材料燃料供应方案及投资估算的依据。

2. 技术方案选择

（1）生产方法的选择。研究与项目产品相关的国内外各种生产方法的优缺点与发展趋势,拟采用的生产方法是否与采用的原材料相适应,拟采用生产方法的技术来源的可得性,生产方法是否符合节能和清洁生产的要求等。

（2）工艺流程方案选择。研究工艺流程方案对产品质量的保证程度,各工序之间的合理衔接,选择主要工艺参数,分析工艺流程的柔性安排等。

(3) 技术方案的比选论证。比选内容包括技术的先进程度、可靠程度、对产品质量性能的保证程度、对原材料的适应性、对工艺流程的合理性等。

3. 设备方案选择

(1) 研究提出所需主要设备的规格、型号和数量。

(2) 研究提出项目所需主要设备的来源与投资方案。

(3) 对于拟引进国外设备的项目,应提出设备供应方式,选用超大、超重、超高的设备时应提出相应的运输和安装的技术措施方案。

4. 工程方案选择

在确定技术方案和设备方案的基础上,需要围绕工艺生产装置,在建筑、结构、供水、供电、供热和维修等方面选择工程配套方案。对于一般工业项目来说,主要研究厂房、工业窑炉、生产装置等建筑物、构筑物的建筑特征、结构形式、基础工程方案、抗震设防以及特殊建筑要求等。

5. 场址方案选择与建设条件分析

场址选择是指在已确定的建设地区和地点范围内,进行具体坐落位置选择,并绘制厂址地理位置图。建设条件分析则包括对建设地点的自然条件、社会经济条件、交通条件、公用工程配套条件、用地条件、生态环境条件等进行分析。

6. 原材料与燃料动力供应

原材料与燃料动力供应,即对项目所需的原材料、辅助材料和燃料及动力的品种、规格、成分、数量、价格、来源及供应方式进行研究和论证,以确保项目建成后正常生产运营,并为计算生产运营成本提供依据。

7. 总图运输

总图运输,是指在已选定的场址范围内,研究生产系统、公用工程、辅助工程及运输设施的平面和竖向布置以及工程方案。

项目总图布置应根据项目的生产工艺流程或者使用功能的需要及其相互关系,结合场地和外部环境条件,对项目各个组成部分的位置进行合成。

场内外运输方案应根据建设规模、产品方案、技术方案确定的主要投入品和产出品的品种、数量、特性、流向制定。

公用工程与辅助工程是为项目主体工程正常运转服务的配套工程。公用工程主要有给水、排水、供电、通信、供热、通风等工程;辅助工程主要有维修、化验、检测、仓储等工程。在可行性研究阶段,公用工程与辅助工程应与主体工程同时进行研究。

8. 环境保护

在确定场址方案和技术方案过程中,需要调查研究项目的环境条件,对拟建项目影响环境的因素进行识别和分析,分析项目在生产过程中的主要污染源和污染物,提出环境保护和治理的措施及方案,并对环境保护方案进行比选和优化。

9. 劳动安全、卫生与消防

劳动安全、卫生与消防,是指在已确定的技术方案和工程方案的基础上,分析论证在建设和生产过程中存在的对劳动者和财产可能产生的不安全因素,并提出相应的防范措施。

10. 节能和节水措施

对于能源消耗量较大的项目,应提出节约能源措施,并对能耗指标进行分析。节水措施;对于水资源消耗量较大的项目,应提出节水措施,并对水耗指标进行分析。

11. 项目组织与人力资源配置

项目组织与人力资源配置,是指对项目的组织机构设置、人力资源配置、员工培训等内容进行研究,比选和优化方案。

12. 建设进度计划

为了科学组织建设过程中各阶段的工作,合理安排建设资金,在项目工程建设方案确定之后,应提出项目的建设工程和实施进度方案,保证项目按期建成投产,发挥投资效益。

(三)投资估算与资金筹措

投资估算是在项目的建设规模、建设方案及项目实施进度基本确定的基础上,对项目投入总资金和建设期内分年资金需要量的估计和测算,它是制定融资方案、进行经济评价、编制初步设计概算的依据。本章第二节将详细介绍项目投资估算的方法。

在投资估算的基础上,需要分析拟建项目的资金渠道、融资模式、融资结构、融资成本和融资风险,提出和比选项目的融资方案。

(四)财务评价

项目财务评价又称为项目财务分析,是在国家现行财税制度和市场价格体系下,分析预测项目的财务效益与费用,计算财务评价指标,考察项目的盈利能力、偿债能力,据以判断项目的财务可行性。第五章第二节将详细介绍项目财务评价方法。

(五)国民经济评价

国民经济评价又可称为国民经济分析,是按合理配置资源的原则,采用影子价格等国民经济评价参数,从国民经济角度考察投资项目所耗费的社会资源和对社会的贡献,从而评价投资项目的经济合理性。第五章第三节将详细介绍项目国民经济评价方法。

(六)社会评价

社会评价是分析拟建项目对当地社会的影响和当地社会条件对项目的适应性和可接受程度,评价项目的社会可行性。第五章第五节将详细介绍项目社会评价方法。

(七)风险评价

风险评价是对拟建项目在建设和运营中潜在的主要风险因素进行综合分析和识别,以揭示风险来源,判别风险程度,提出规避风险的对策,降低风险损失。第五章第四节将详细介绍项目不确定性分析和风险分析的具体方法。

(八) 研究结论与建议

在前述各项研究论证的基础上,还需要进行进一步的归纳总结,择优提出推荐方案,并对推荐方案进行总体论证。

第二节 工程项目投资估算

投资估算是进行项目技术经济评价和投资决策的基础。在项目建议书阶段、初步可行性研究阶段和详细可行性研究阶段,都应编制投资估算。项目投资估算应参考造价管理部门颁布的投资估算指标,依据工程所在地的市场价格水平,结合项目的建设规模、产品方案和工程技术方案,全面反映工程项目的全部投资。

一、投资估算文件的组成

投资估算文件可以单独成册,也可以与可行性研究报告或项目建议书统一装订成册。根据《建设项目投资估算编审规程》(CECA/GC1—2015)的规定,单独成册的投资估算文件一般由封面、签署页、编制说明、投资估算分析、总投资估算表、单项工程估算表和主要技术经济指标等内容组成。

1. 编制说明

投资估算编制说明一般包括如下内容:工程概况;编制范围;编制方法;编制依据;主要技术经济指标;有关参数、率值的选定;特殊问题的说明(包括采用新技术、新材料、新设备和新工艺等);采用限额设计的工程,对投资额和投资分解的说明;采用方案比选的工程,对方案比选的估算和对经济指标的说明;资金筹措方式等。

2. 投资估算分析

投资估算分析应包括以下四方面内容。

(1) 工程投资比例分析。一般民用项目要分析土建及装修、给排水、消防、采暖、通风空调、电气等主体工程和道路、广场、围墙、大门、室外管线、绿化等室外附属/总体工程占建设项目总投资的比例;一般工业项目要分析主要生产系统(需列出各生产装置)、辅助生产系统、公用工程(给排水、供电和通信、供气、总图运输等)、服务性工程、生活福利设施、厂外工程等占建设项目总投资的比例。

(2) 费用构成占比分析,是指建筑工程费、设备购置费、安装工程费、工程建设其他费用、预备费占建设项目总投资比例分析;引进设备费用占全部设备费用的比例分析等。

(3) 影响投资的主要因素分析。

(4) 与类似工程项目投资额的比较分析。

3. 总投资估算表

总投资估算包括汇总的单项工程估算、工程建设其他费用、预备费和建设期利息等。项目总投资估算汇总表的格式参见表 4-1。

表 4-1 项目总投资估算汇总表

序号	工程和费用名称	估算价值(万元)					技术经济指标			
		建筑工程费	设备及工具器具购置费	安装工程费	其他费用	合计	单位	数量	单位价值	比例(%)
	建设项目总投资									
	建设投资									
一	工程费用									
(一)	主要生产系统									
1	××车间									
2	××车间									
3	……									
(二)	辅助生产系统									
1	××××									
2	××××									
3	……									
(三)	公用工程									
1	××××									
2	××××									
3	……									
(四)	服务工程									
1	××××									
2	××××									
3	……									
(五)	生活福利设施									
1	××××									
2	××××									
3	……									
(六)	外部工程									

续 表

序号	工程和费用名称	估算价值(万元)					技术经济指标			
		建筑工程费	设备及工具器具购置费	安装工程费	其他费用	合计	单位	数量	单位价值	比例(%)
1	××××									
2	××××									
3	……									
二	工程建设其他费									
1	……									
2	……									
三	预备费									
1	基本预备费									
2	涨价预备费									
四	建设期利息									
五	流动资金									
	比例(%)									

4．单项工程投资估算

单项工程投资估算应按建设项目划分的各个单项工程分别计算组成工程费用的建筑工程费、设备购置费及安装工程费。单项工程投资估算汇总表的格式参见表 4-2。

表 4-2 单项工程投资估算汇总表

序号	工程和费用名称	估算价值(万元)					技术经济指标			
		建筑工程费	设备及工具器具购置费	安装工程费		其他费用	合计	单位	数量	单位价值	比例(%)
				安装费	主材费						
一	工程费用										
(一)	主要生产系统										
1	××车间										
	一般土建及装修										
	给排水										
	采暖										

续 表

序号	工程和费用名称	估算价值(万元)					技术经济指标			
		建筑工程费	设备及工具器具购置费	安装工程费		其他费用	合计	单位	数量	单位价值	比例(%)
				安装费	主材费						
	通风空调										
	照明										
	工艺设备及安装										
	工艺金属结构										
	工艺管道										
	工艺筑炉及保湿										
	工艺非标准件										
	变配电设备及安装										
	仪表设备及安装										
	……										
	小计										
	……										
2	×××										
	……										

5. 工程建设其他费用估算

工程建设其他费用估算应按预期将要发生的工程建设其他费用种类,逐项详细计算其费用金额。

6. 主要技术经济指标

在编制投资估算时,应根据项目特点,计算并分析整个建设项目、各单项工程和主要单位工程的主要技术经济指标。

二、投资估算的编制方法

项目投资估算包括静态投资估算、动态投资估算和流动资金估算三个部分。静态投资估算内容包括工程费用(含建筑安装工程费用、设备及工具器具购置费用)估算、工程建设其他费用估算和基本预备费估算,动态投资估算内容包括涨价预备费估算和建设期利息估算。涨价预备费和建设期利息的计算方法详见本书第二章。这里主要介绍静态投资估算和流动资金估算的编制方法。

(一) 静态投资估算的编制方法

1. 可行性研究各阶段静态投资估算编制方法的选择

在可行性研究的不同阶段都要进行相应的投资估算,但不同阶段编制的投资估算,其精度要求也有所不同,采用的编制方法也会有所不同。

(1) 在项目建议书阶段(或初步可行性研究阶段),对投资估算的精度要求较低,一般可采取简单方法进行估算,如生产能力指数法、系数估算法、比例估算法和混合法等。在条件允许时,也可以采用指标估算法。

(2) 详细可行性研究阶段的投资估算原则上应采用指标估算法;对于对投资有重大影响的主体工程应估算出分部分项工程量,参考相关综合定额(概算指标)或概算定额,编制主要单项工程的投资估算。

2. 生产能力指数法

生产能力指数法是根据已建成的类似建设项目或装置的投资额和生产能力以及拟建项目或装置的生产能力,粗略估算拟建项目静态投资额的方法。计算公式为:

$$C_2 = C_1 \left(\frac{Q_2}{Q_1}\right)^x \cdot f \tag{4-1}$$

式(4-1)中,C_1 为已建成的类似工程项目或装置的投资额;C_2 为拟建工程项目或装置的投资额;Q_1 为已建成的类似工程项目或装置的生产能力;Q_2 为拟建工程项目或装置的生产能力;f 为不同时期、不同地点的定额、单价、费用变更和其他差异的综合调整系数;x 为生产能力指数,$0 \leqslant x \leqslant 1$。

生产能力指数法的关键是生产能力指数的确定。不同性质的项目,x 的取值是不同的,一般要结合行业特点确定,并应有可靠的例证。

若拟建项目或装置与类似项目或装置的规模相差不大,生产规模比值在 0.5~2,则指数 x 的取值近似为 1。若拟建项目或装置与类似项目或装置的规模相差不大于 50 倍,且拟建工程项目规模的扩大仅靠增大设备规格来达到时,则 x 取值为 0.6~0.7;若是靠增加相同规格设备的数量来达到时,x 取值为 0.8~0.9。

采用生产能力指数法估算投资,优点是计算简单、速度快,但要求类似工程的资料可靠、条件基本相同,否则误差就会增大。这种方法主要适用于设计深度不足、设计定型并系列化、行业内相关指数等基础资料完备的情况。

3. 系数估算法

系数估算法是以拟建项目主体工程费或主要设备购置费为基数,以其他辅助配套工程费占主体工程费或主要设备购置费的百分比为系数,估算拟建项目静态投资额的方法。这种方法主要应用于设计深度不足、拟建项目与类似项目的主体工程费或主要设备购置费比重较大、行业内相关系数等基础资料完备的情况。

系数估算法的计算公式为:

$$C = E(1 + f_1 P_1 + f_2 P_2 + f_3 P_3 + \cdots) + I \tag{4-2}$$

式(4-2)中，C 为拟建项目的静态投资额；E 为拟建项目按当时当地价格计算的主体工程费或主要设备购置费；P_1、P_2、P_3、…、P_n 为已建成类似项目中辅助配套工程费占主体工程费的百分比，或已建成类似项目中建筑安装费及工程建设其他费用占主要设备费的百分比（当 E 为主要设备购置费时）；f_1、f_2、f_3、…、f_n 为由于建设时间、地点因素引起的定额、价格、费用标准等差异的综合调整系数；I 为拟建项目的其他有关费用。

4. 比例估算法

比例估算法是先逐项估算出拟建项目主要设备购置费，再根据已知的同类建设项目主要设备购置费占整个建设项目的投资比例，估算拟建建设项目相关投资额的方法。本办法主要应用于设计深度不足，拟建项目与类似建设项目的主要设备购置费比重较大，行业内相关系数等基础资料完备的情况。

比例估算法的计算公式为：

$$C = \frac{1}{K} \sum_{i=1}^{n} Q_i P_i \qquad (4-3)$$

式(4-3)中，C 为拟建项目的静态投资额；K 为已建项目主要设备购置费占静态投资的比例；n 为主要设备种类数；Q_i 为第 i 种主要设备的数量；P_i 为第 i 种主要设备的购置单价（到厂价格）。

5. 混合法

混合法是根据主体专业设计的阶段和深度，投资估算编制者所掌握的国家、地区、行业或部门相关投资估算基础资料和数据，对一个拟建项目采用生产能力指数法与比例估算法混合，或系数估算法与比例估算法混合，估算拟建项目静态投资额的方法。

6. 指标估算法

指标估算法是指以单位工程或单项工程为单位，依照各种具体工程和费用的造价指标（如投资估算指标或概算指标等），对各单位工程或单项工程投资进行估算，再估算建设其他费用及预备费，汇总得出建设项目总投资的方法。指标估算法的具体步骤如下。

(1) 按建设内容纵向划分为各个主要生产系统、辅助生产系统、公用工程、服务性工程、生活福利设施以及各项其他工程费用。

(2) 按费用性质横向划分为建筑工程、设备购置、安装工程等。

(3) 根据各种具体的投资估算指标，进行各单位工程或单项工程投资的估算。以建筑工程费用估算为例，不同的专业工程有不同的计算方法。

① 工业与民用建筑物以平方米或立方米为单位，套用规模相当、结构形式和建筑标准相适应的投资估算指标或类似工程造价资料进行估算；构筑物以延长米、平方米、立方米或座为单位，套用技术标准、结构形式相适应投资估算指标或类似工程造价资料进行估算。当无适当估算指标或类似工程造价资料时，可采用计算主要实物工程量套用相关综合定额或概算定额进行估算。

② 大型土石方、总平面竖向布置、道路及场地铺砌、室外综合管网和线路、围墙大门等，分别以立方米、平方米、延长米或座为单位，套用技术标准、结构式相适应的投资估算指标或类似工程造价资料进行估算。当有适当估算指标或类似工程造价资料时，可用计

算主要实物工程量套用相关综合定额或概算定额进行估算。

③ 矿山井巷开拓、露天剥离工程、坝体堆砌等,分别以立方米、延长米为单位,套用技术标准、结构形式、施工方法相适应的投资估算指标或类似工程造价资料进行估算。当无适当估算指标或类似工程造价资料时,可采用计算主要实物工程量套用相关综合定额或概算定额进行估算。

④ 公路、铁路、桥梁、隧道、涵洞设施等,分别以公里(铁路、公路)、100平方米桥面(桥梁)、100平方米断面(隧道)、道(涵洞)为单位,套用技术标准、结构形式、施工方法相适应的投资估算指标或类似工程资料进行估算。

(4) 汇集编制成拟建项目的各个单项工程费用和拟建项目的工程费用估算。

(5) 按相关规定估算工程建设其他费用、预备费、建设期利息等,形成拟建项目总投资。

(二) 流动资金估算

流动资金估算一般采用分项详细估算法,个别情况或者小型项目可采用扩大指标法。

1. 分项详细估算法

分项详细估算法是根据资金周转额和周转速度之间的关系,对构成流动资金的各项流动资产和流动负债分别进行估算。其中,流动资产的主要包括应收账款、预付账款、存货和现金;流动负债的主要包括应付账款和预收账款。计算公式为:

$$流动资金 = 流动资产 - 流动负债 \tag{4-4}$$

$$流动资产 = 应收账款 + 预付账款 + 存货 + 现金 \tag{4-5}$$

$$流动负债 = 应收账款 + 预收账款 \tag{4-6}$$

$$流动资金本年增加额 = 本年流动资金 - 上年流动资金 \tag{4-7}$$

进行流动资金估算首先要计算各项流动资产和流动负债的年最低周转次数,然后再分项估算占用资金额。

(1) 周转次数的计算。

周转次数是指流动资金的各个构成项目在一年内完成转化的次数。

$$周转次数 = \frac{365}{最低周转天数} \tag{4-8}$$

各类流动资产和流动负债的最低周转天数可参照同类企业的平均周转天数并结合项目特点确定。若周转次数已知,可按下式计算各项流动资金的平均占用额:

$$各项流动资金平均占用额 = \frac{周转额}{各项流动资产周转次数} \tag{4-9}$$

(2) 各项流动资产的估算。

① 应收账款估算。应收账款是指企业对外销售商品、提供劳务尚未收回的资金。应收账款的周转额应为全年赊销销售收入。在流动资金估算时,可用销售收入代替赊销收入。计算公式为:

$$应收账款 = \frac{年销售收入}{应收账款周转次数} \tag{4-10}$$

② 预付账款估算。预付账款是指企业为购买各类材料、半成品或服务所预先支付的款项,计算公式为:

$$预付账款 = \frac{外购商品或服务年费用}{预付账款周转次数} \tag{4-11}$$

③ 存货估算。存货是企业为销售或者生产耗用而储备的各种物资,主要有原材料、辅助材料、燃料、低值易耗品、维修备件、包装物、在产品、自制半成品和产成品等。为了简化计算,在投资估算中仅需考虑外购原材料、燃料、其他材料、在产品和产成品,并分项进行计算。计算公式为:

$$存货 = 外购原材料、燃料 + 其他材料 + 在产品 + 产成品 \tag{4-12}$$

$$外购原材料、燃料占用资金 = \frac{年外购原材料、燃料费用}{原材料、燃料周转次数} \tag{4-13}$$

$$其他材料 = \frac{年其他材料费用}{其他材料周转次数} \tag{4-14}$$

$$在产品 = \frac{年外购原材料、燃料费 + 年工资及福利费 + 年修理费 + 年其他制造费用}{在产品周转次数} \tag{4-15}$$

$$产成品 = \frac{年经营成本 - 年其他营业费用}{产成品周转次数} \tag{4-16}$$

④ 现金估算。项目流动资金中的现金是指为维持正常生产运营必须预留的货币资金,包括企业库存现金和银行存款。计算公式为:

$$现金 = \frac{年工资及福利费 + 年其他费用}{现金周转次数} \tag{4-17}$$

年其他费用 = 制造费用 + 管理费用 + 销售费用 − (以上三项费用中所含的工资及
　　　　　　福利费、折旧费、摊销费、修理费)

$$\tag{4-18}$$

(3) 各项流动负债估算。

流动负债是指将在一年(含一年)或者超过一年的一个营业周期内偿还的债务,包括短期借款、应付票据、应付账款、预收账款、应付工资、应付福利费、应付股利、应交税金、其他暂收应付款项、预提费用和一年内到期的长期借款。在项目投资估算中,流动负债的估算只考虑应付账款和预收账款两项。计算公式为：

$$应付账款 = \frac{外购原材料、燃料及其他材料年费用}{应付账款周转次数} \quad (4-19)$$

$$预收账款 = \frac{年预收营业收入金额}{预收账款周转次数} \quad (4-20)$$

根据流动资金各项估算结果，可编制流动资金估算表。

2. 扩大指标法

扩大指标估算法是根据销售收入、经营成本、总成本费用等与流动资金的比例关系来估算流动资金的方法。计算公式为：

$$年流动资金额 = 年费用基数 \times 各类流动资金率 \quad (4-21)$$

根据现有同类企业的实际资料，可求得各种流动资金率指标，亦可依据行业或部门给定的参考值或经验确定比率。常用的估算基数有销售收入、经营成本、总成本费用和固定资产投资等。该方法简便易行，但准确度不高。

此外，对铺底流动资金有要求的工程项目，应按国家或行业的有关规定计算铺底流动资金。铺底流动资金一般按项目建成后所需全部流动资金的30%计算。

本章小结

（1）工程项目可行性研究一般分为四个阶段：机会研究阶段、初步可行性研究阶段、详细可行性研究阶段以及项目评估与决策阶段。

（2）可行性研究的内容可归纳为市场研究、技术研究和经济效益研究三个方面，它们分别从项目建设的必要性、技术上的可行性、经济上的合理性角度给出相应的研究结论。

（3）投资估算文件可以单独成册，也可以与可行性研究报告或项目建议书统一装订成册。单独成册的投资估算文件一般由封面、签署页、编制说明、投资估算分析、总投资估算表、单项工程估算表和主要技术经济指标等内容组成。

（4）静态投资估算的编制方法包括生产能力指数法、系数估算法、比例估算法、混合法和指标估算法等。

流动资金估算一般采用分项详细估算法，个别情况或者小型项目可采用扩大指标法。

关 键 词

可行性研究　投资估算

本章练习题

1. （简答题）工程项目可行性研究一般可分为哪几个阶段？每个阶段的工作内容和要求有何不同？
2. （简答题）投资估算文件一般由哪些内容组成？
3. （简答题）静态投资估算的方法有哪些？
4. （简答题）如何采用分项详细估算法进行流动资金估算？
5. （计算题）某拟建项目在进行投资估算时，有如下数据及资料：该拟建工业项目年生产能力为 400 万吨，与其同类型的某已建项目年生产能力为 200 万吨，设备投资额为 4 000 万元；经测算，设备投资的综合调价系数为 1.2；该已建项目中建筑工程、安装工程及其他费用等占设备投资的百分比分别为 60%、30% 和 6%，相应的综合调价系数为 1.2、1.1、1.05；基本预备费按设备购置费、建筑工程费、安装工程费和其他费用之和的 8% 计算。

问题：

（1）用生产能力指数法估算该拟建项目的设备投资额。已知生产能力指数 $n=0.5$。
（2）确定固定资产投资中的静态投资估算值。

第五章 项目经济评价与社会评价方法

> **学习目标**
>
> 学习了本章后,你应该能够:
> 1. 熟悉财务评价和国民经济评价的区别,了解工程项目经济评价应遵循的基本原则;
> 2. 了解财务评价基础数据与参数选择方法,熟悉财务费用与效益估算方法,掌握财务分析的过程、内容和方法;
> 3. 了解经济效益与费用的内容,了解项目投资经济费用效益流量表的编制方法,掌握国民经济评价指标的计算方法,了解区域经济与宏观经济影响分析方法;
> 4. 熟悉项目不确定性分析和风险分析的方法;
> 5. 了解投资项目社会评价的内容与方法。

工程项目在建设和运营过程中,不仅会产生一定的经济效益,也会形成一定的社会、环境效益和影响。要对项目的经济效益进行考察与评价,就要进行项目的经济评价;对项目的环境效益和影响进行考察与评价就是项目的环境评价;对项目大的社会影响进行考察和评价,就是项目社会评价。本章第一节至第四节将详细介绍工程项目经济评价方法,第五节将介绍项目社会评价方法。

第一节 工程项目经济评价概述

一、工程项目经济评价的内容

项目经济评价是项目前期研究工作的重要内容,它是根据国民经济和社会发展以及行业、地区发展规划的要求,在项目初步方案的基础上,采用科学、规范的分析方法,对拟建项目建设期、生产期内投入产出诸多经济因素进行调查、预测、研究、计算和验证,对其财务可行性和经济合理性进行分析和论证,作出全面评价,为项目的科学决策提供经济方面的依据。

项目经济评价包括财务评价(也称财务分析)和国民经济评价(也称经济分析)。财务评价是在国家现行财税制度和价格体系的前提下,从项目的角度出发,计算项目范围内的财务效益和费用,编制财务分析报表,分析项目的盈利能力和清偿能力,评价项目在财务上的可行性。国民经济评价是在合理配置社会资源的前提下,从国家经济整体利益的角度出发,计算项目对国民经济的贡献,分析项目的经济效率、效果和对社会的影响,评价项目在宏观经济上的合理性。

项目经济评价的内容及侧重点,应根据项目性质、项目目标、项目投资者、项目财务主体以及项目对经济与社会的影响程度等具体情况选择确定。对于费用效益计算比较简单,建设期和运行期比较短,不涉及进出口平衡等一般项目,如果财务评价的结论能够满足投资决策需要,可不进行国民经济评价;对于关系公众利益、国家安全和市场不能有效配置资源的经济和社会发展项目,除应进行财务评价外,还应进行国民经济评价。

对于财务评价结论和国民经济评价结论均可行的项目,可予以通过,反之予以否定;对于财务评价结论可行,但国民经济评价结论不可行的项目,一般应予否定;对于关系公共利益、国家安全和市场不能有效配置资源的经济和社会发展项目,如果国民经济评价结论可行,但财务评价结论不可行,应重新考虑方案,必要时可提出经济优惠措施的建议,使项目具有财务生存能力。

二、财务评价和国民经济评价的区别

(一)评价的角度不同

财务评价是从财务角度考察货币收支和盈利状况及借款偿还能力,以确定投资行为的财务可行性。国民经济评价是从国家整体的角度考察项目需要付出的代价和对国家的贡献,即国民经济效益,用以确定投资行为的宏观可行性。

(二)效益和费用的组成不同

财务评价是根据项目的实际收支确定项目直接发生的效益和费用。而国民经济评价是着眼于项目对社会提供的有用产品和服务及项目所耗费的全社会的有用资源来考察项目的效益和费用,项目引起的间接效益与费用(外部效果),也要进行计算和分析。比如在财务评价中,税金、利息和补贴等作为实际的、直接的收入和支出,均应计为项目的费用和收入;而在国民经济评价中,税金、国内贷款利息和补贴等不计为项目的费用和效益。

(三)所采用的价格体系不同

财务评价应采用以市场价格体系为基础的预测价格,国民经济评价应采用以影子价格体系为基础等的预测价格。

影子价格是商品或生产要素的任何边际变化对国家的基本社会经济目标所做贡献的价值。影子价格并非现行的市场价格和计划价格,而是反映投入物与产出物真实经济价值,反映市场供求状况和资源的稀缺程度,使资源得到合理配置的价格,它是从全社会角度衡量商品或生产要素投入或产出的成本与效益。

（四）主要参数不同

财务评价采用的是官方汇率,并以因行业而异的基准收益率作为折现率;国民经济评价采用的是影子汇率和社会折现率。

影子汇率是指单位外汇的经济价值,区别于外汇的财务价格和市场价格。在项目国民经济评价中使用影子汇率,是为了正确计算外汇的真实经济价值,它反映外汇对于国家的真实价值,影子汇率代表着外汇的影子价格。

社会折现率是项目经济效益要求的最低经济收益率,代表着社会投资所要求的最低收益率水平,在国民经济评价中,它既是衡量经济内部收益率的基准值,也是计算项目经济净现值的折现率,使项目经济可行性和方案比选的主要判据。在实践中,国家根据宏观调控意图和现实经济状况,制定发布统一的社会折现率。

三、工程项目经济评价应遵循的基本原则

1. "有无对比"原则

"有无对比"是指"有项目"相对于"无项目"的对比分析。"无项目"状态指不对该项目进行投资时,在计算期内,与项目有关的资产、费用与收益的预期发展情况;"有项目"状态指对该项目进行投资后,在计算期内,资产、费用与收益的预计情况。

"有无对比"是项目经济评价中费用与效益识别的基本原则,可以排除由于项目以外的原因产生的效益和费用。在识别项目的效益和费用时,"有无对比"的差额（即增量效益和增量费用）才是项目投资的净收益,才是由于项目增加的效益和费用。

在"有项目"与"无项目"两种情况下,效益和费用的计算范围、计算期应保持一致,具有可比性。

2. 效益与费用计算口径对应一致的原则

将效益与费用限定在同一个范围内,才有可能进行比较,计算的净收益才是项目投入的真实回报。

3. 收益与风险权衡的原则

投资人最关心的是效益指标,但如果对项目风险因素考虑不全面,对风险可能造成的损失估计不足,项目往往有可能失败。收益与风险权衡的原则提示投资者在进行投资决策时,不仅看到效益,也要关注风险,权衡得失利弊后再行决策。

4. 定量分析与定性分析相结合,以定量分析为主的原则

经济评价的本质就是要对拟建项目在整个计算期的经济活动,通过效益与费用的计

算,对项目经济效益进行分析和比较。一般来说,项目经济评价要求尽量采用定量指标,但对一些不能量化的经济因素,不能直接进行数量分析,此时应进行定性分析,并与定量分析结合起来进行评价。

5. 动态分析与静态分析相结合,以动态分析为主的原则

动态分析是指利用资金时间价值的原理对现金流量进行的分析;静态分析是指在对现金流量进行分析时不考虑资金时间价值,直接对效益和费用进行计算分析。项目经济评价要以动态指标为主;而一般的静态财务和经济指标只能作为辅助指标。

第二节 项目财务评价

项目财务评价可分为三个步骤,即财务评价基础数据与参数选取、财务效益与费用估算和财务分析。

一、财务评价基础数据与参数选择

基础数据与参数选取是财务评价的重要基础,数据与参数选取的合理性直接影响财务评价的结论。

(一)财务价格体系的确定

在项目财务评价中,必须以市场价格体系为基础,对整个计算期内投入物与产出物的价格进行预测,也就是要对价格的变动情况进行预测。影响价格变动的原因有两类:一是由于市场供求、价格政策、劳动生产率的变化等引起的商品价格比例的相对变化;二是由于通货膨胀或通货紧缩引起的所有商品价格的普遍变化。根据所考虑的变动因素不同,财务价格的形式可以分为三类。

(1)固定价格,是指在项目生产运营期内不考虑价格相对变动和通货膨胀影响的不变价格,即用基准年的价格水平,计算产品销售收入和原材料、燃料动力费用。

(2)只考虑相对变动因素的变动价格。这种价格只考虑相对价格变动因素,不考虑通货膨胀的影响。按这种不考虑通货膨胀因素的财务价格计算得出的项目现金流量可被称为实际现金流量。

(3)既考虑相对变动因素、又考虑通货膨胀因素的变动价格。按此种财务价格计算得出的项目现金流量可被称为名义现金流量。

在进行财务评价时,选择财务价格形式的一般做法有以下两种。

(1)由于在投资估算中已经预留了建设期涨价预备费,因此可采用固定价格计算投资费用。生产运营期的投入物与产出物可根据具体情况选取合适的财务价格形式进行财务评价。

(2)在进行财务分析中的盈利能力分析时,原则上应采用"只考虑相对变动因素的变动价格"计算不含通货膨胀因素的盈利性指标,不反映通货膨胀因素对盈利能力的影响。相应地,在计算动态评价指标时,也使采用不含通货膨胀因素的折现率(一般被称为实际折现率)。

上述做法是国际上通行的做法,在实践中有一定的合理性。

利率和通货膨胀率的关系通常用费雪等式表示:

$$(1+名义利率)=(1+实际利率)\times(1+通货膨胀率) \quad (5-1)$$

式(5-1)中,名义利率是指含通货膨胀因素的利率,实际利率是指不含通货膨胀因素的利率。在经济评价中,费雪等式中的实际利率可以理解为不含通货膨胀因素的实际折现率,名义利率可以理解为含通货膨胀因素的名义折现率。

实际上,由于通货膨胀率难以预测,一般在分析中会假定在项目寿命期内,所有价格各年预期通货膨胀率是完全相同的。设某项目第 t 年名义净现金流量为 $(CI-CO)_{mt}$,实际净现金流量为 $(CI-CO)_{st}$,名义折现率为 r,实际折现率为 i,各类价格各年通货膨胀率均为 f。则该年净现金流量的现值为:

$$P=\frac{(CI-CO)_{mt}}{(1+r)^t}=\frac{(CI-CO)_{st}(1+f)^t}{(1+i)^t(1+f)^t}=\frac{(CI-CO)_{st}}{(1+i)^t} \quad (5-2)$$

式(5-2)表明,在假设所有价格各年预期通货膨胀率完全相同时,不论在价格中是否考虑通货膨胀因素,预计现金流量现值都相同。故在实践中进行盈利能力分析时,一般不考虑通胀因素,仅考虑相对变动因素预测实际现金流量,并用实际折现折现。但由于折旧抵税不随通货膨胀变动而变动,实际上应属于名义现金流量,上述做法将其作为实际现金流量可能会导致一定的误差。

(3)在进行财务分析中的清偿能力分析时,如果预测计算期内可能存在较为严重的通货膨胀,所采用的财务价格既要考虑相对变动因素、又要考虑通货膨胀因素,以反映通货膨胀因素对偿债能力的影响。

(二)财务评价参数的设定

财务评价参数包括两类,一类是计算、衡量项目财务费用效益的各类计算参数,二是判定项目财务可行性的判据参数。

1. 计算参数

财务评价的计算参数主要用于计算项目财务费用和效益,具体包括建设期价格上涨指数、各种取费系数或比率、税率、利率和汇率等。多数计算参数具有鲜明的行业特点,可在有关行业实施细则中查阅。

2. 判据参数

财务评价的判据参数主要用于判断项目财务效益的高低,比较和筛选项目,判断项目的财务可行性。判断项目盈利能力的参数主要包括财务基准收益率以及总投资收益率、资本金净利率等指标的基准值和参考值;判断项目偿债能力的参数主要包括利息备付率、偿债备付率、资产负债率、流动比率、速动比率等指标的基准值或参考值。

国家行政主管部门统一测定并发布的行业财务基准收益率，在政府投资项目以及按政府要求进行经济评价的建设项目中必须采用；国家有关部门（行业）发布的供项目财务分析使用的总资产收益率、项目资本金净利润率、利息备付率和偿债备付率等指标的基准或参考值，在各类建设项目的经济评价中可参考选用。

3. 财务基准收益率的测定

财务基准收益率是财务评价中最关键的判据参数，是项目在财务上是否可行的最低要求。它是计算财务净现值时使用的折现率，同时也是项目财务内部收益率指标的基准与判据。

若本行业没有发布行业基准收益率，评价人员应在分析一定时期国家和行业发展战略、发展规划、产业政策、资源供给、资金时间价值、项目目标等情况的基础上，结合行业特点、资本构成等因素综合测定。财务基准收益率可采用资本资产定价模型法、加权平均资金成本法、典型项目模拟法、德尔菲法等方法进行测定。

二、财务费用与效益估算

财务效益与费用估算是财务分析重要的基础工作，正确的财务评价结论必须在全面、准确的相关数据支持下才能得出。项目的财务效益是指项目实施后所获得的营业收入，财务费用则包括项目投资、成本费用和税金等支出。在确定项目融资方案前，可先对项目投资（不含建设期利息）、营业收入和经营成本进行估计。当需要继续进行融资后财务分析时，可在初步融资方案的基础上再进行建设期利息的估算，通过还本付息计算求得运营期各年的利息。

在本书第四章中已经介绍了项目投资估算的编制内容与方法，这里将重点介绍运营期财务效益和费用的估算方法。

（一）运营期财务效益的估算

对于经营性项目来说，运营期的财务效益是指销售产品取得的销售收入，或提供劳务、服务取得的营业收入。对于国家鼓励发展的经营性项目，可以获得增值税的优惠，先征后返的增值税应记作补贴收入，作为财务效益进行核算。

计算销售与营业收入首先要在正确估计各年的生产能力利用率的基础上合理确定产品或服务的价格，并确定产品或服务适用的流转税率。

对于适用增值税的项目，估算运营期内投入与产出时可采用不含增值税的价格，也可采用含增值税的价格。但在当前消费型增值税的背景下，更适宜采用含增值税的价格。营业收入及增值税估算表如表 5-1 所示。

表 5-1 营业收入及增值税估算表　　　　　　　　　　　　（单位：万元）

序号	项目	合计	计算期					
			1	2	3	4	……	n
1	营业收入							
1.1	产品 A 营业收入							
	单价							
	数量							
	销项税额							
1.2	产品 B 营业收入							
	单价							
	数量							
	销项税额							
	……							
2	增值税							
	销项税额							
	进项税额							

（二）成本费用的估算

成本费用是指项目生产运营支出的各种费用。按成本与产量的关系，成本费用可分为固定成本和变动成本；按财务评价的特定要求，成本费用有总成本费用和经营成本之分。值得注意的是，在编制项目的各类现金流量表时，应使用经营成本列入现金流出。

1. 总成本费用与经营成本

（1）总成本费用。总成本费用是指在运营期内的一定时期（项目评价中一般指一年）为生产和销售产品提供劳务发生的全部费用。在项目评价中，总成本费用的估算方式有如下两种。

① 生产成本加期间费用估算法。

$$总成本费用 = 生产成本 + 期间费用 \tag{5-3}$$

$$生产成本 = 直接材料费 + 直接燃料和动力费 + 直接工资 + 其他直接支出 + 制造费用 \tag{5-4}$$

$$期间费用 = 管理费用 + 营业费用 + 财务费用 \tag{5-5}$$

采用这种方法估算总成本费用时，需要先将各类生产费用分配给各种产品，然后再估算管理费用、营业费用和财务费用，并相加。

② 生产要素估算法。

$$\begin{aligned}总成本费用 =&\ 外购原材料、燃料和动力费＋工资及福利费＋折旧费 \\ &+摊销费＋修理费＋财务费用＋其他费用\end{aligned} \quad (5-6)$$

这种方法是从估算各种生产要素费用入手,汇总总成本费用,不需要将各种要素费用分配给各种产品,也不必计算内容各生产环节之间的成本转移,也较容易计算可变成本和固定成本。

(2) 经营成本。经营成本是财务分析中现金流量分析中所使用的特定概念,是项目现金流量表中运营期现金流出的主体部分。经营成本是指总成本费用扣除固定资产折旧费、摊销费、财务费用(主要为贷款利息)后的成本费用。经营成本的计算公式如下:

$$\begin{aligned}经营成本 =&\ 外购原材料、燃料和动力费＋工资及福利费＋修理费 \\ &+其他费用\end{aligned} \quad (5-7)$$

式(5-7)中,其他费用是指从制造费用、管理费用和营业费用中扣除了折旧费、摊销费、修理费、工资及福利费以后的其他部分。

在计算经营成本时扣除折旧和摊销的原因是:折旧和摊销属于非付现成本,不应计入现金流出。

在计算经营成本时扣除利息的原因是:利息属于债务融资成本,不应计入经营成本。在进行项目财务评价时,如果进行融资前分析,项目的各项融资成本是通过基准折现率统一反映的。在进行项目融资后分析时,债务本金及利息偿还要在各年现金流出中单独列项。

2. 固定成本和变动成本

在进行盈亏平衡分析时,需要将总成本费用分解为固定成本和可变成本。固定成本是指不随产品产销量变化而变化的成本费用,包括折旧费、摊销费、修理费、工资福利费、运营期发生的贷款利息等。可变成本是指随产品产销量变化而呈正比例变化的成本费用,包括外购原材料、燃料及动力费和计件工资等。此外,在项目运营期有很多成本费用的发生额虽受产销量变动的影响,但其变动的幅度并不同产量的变动保持严格的比例关系,被称为半变动成本或混合成本。在进行盈亏平衡分析时,需将半变动成本进一步分解为固定成本和可变成本,使产品的成本费用最终划分为固定成本和可变成本。

3. 成本费用估算表的编制

分项估算上述各项成本费用后,就应编制相应的成本费用估算表,包括总成本费用估算表和各分项成本估算表。采用生产要素法编制的总成本费用估算表如表5-2所示。此外需要编制的辅助报表还有外购原材料估算表、外购燃料和动力费估算表、固定资产折旧费估算表、无形资产和其他资产摊销估算表和工资及福利费估算表等。

表 5-2　总成本费用估算表(生产要素法)　　　　（单位：万元）

序号	项目	合计	计算期					
			1	2	3	4	……	n
1	外购原材料费							
2	外购燃料及动力费							
3	工资及福利费							
4	修理费							
5	其他费用							
6	经营成本(1+2+3+4+5)							
7	折旧费							
8	摊销费							
9	利息支出							
10	总成本费用合计(6+7+8+9)							
	其中：可变成本							
	固定成本							

三、财务分析

财务分析是项目经济评价的重要组成部分。对于经营性项目而言，财务分析是在项目财务效益与费用估算的基础上进行，编制财务分析报表，计算财务指标，分析项目的盈利能力、偿债能力和财务生存能力，判断项目的财务可行性，明确项目对财务主体的价值以及对投资者的贡献，为投资决策、融资决策以及银行审贷提供依据。

（一）财务分析的过程

项目决策可分为投资决策和融资决策两个层次。投资决策主要考察项目净现金流的价值是否大于其投资成本，融资决策主要考察资金筹集方案能否满足要求。根据投资决策和融资决策的不同需要，财务分析可分为融资前分析和融资后分析。

1. 融资前财务分析

财务分析一般应先进行融资前分析，即在不考虑债务融资条件下进行的财务分析。在融资前分析结论满足要求的情况下，初步设定融资方案，再进行融资后分析，即在设定的融资方案基础上进行的财务分析。在项目初期研究阶段，也可进行融资前分析。

融资前分析一般只需进行盈利能力分析，针对项目投资现金流量（不区分资金来源），计算项目投资内部收益率、净现值，也可计算投资回收期指标。

2. 融资后财务分析

融资后财务分析主要分别针对项目资本金现金流量和投资各方现金流量进行分析,包括盈利能力分析、偿债能力分析和财务生存能力分析等内容。融资后分析是比选融资方案,进行项目融资决策和投资者最终作出出资决策的依据。

(二)基本财务分析报表的编制

财务分析需编制一系列报表,以此为基础计算各种评价指标。用于财务评价的基本报表包括各类现金流量表、利润与利润分配表、财务计划现金流量表、资产负债表和借款还本付息估算表等。

1. 现金流量表

在某一时点流入或流出项目的资金称为项目的现金流量。在同一时点上的现金流入量和现金流出量的代数和称为净现金流量,记为 NCF。建设项目的现金流量表就是将项目计算期内各年的现金流入和现金流出按照各自发生的时点顺序排列,用表格的形式反映,用以计算各项财务评价指标,进行项目财务盈利能力分析。财务分析中使用的现金流量表包括如下三类。

(1) 项目投资现金流量表(见表 5-3)。项目投资现金流量表是融资前进行现金流量分析所使用的报表。融资前现金流量分析是以全部投资为计算基础的,考察的是项目全部投资的营利能力。因此融资前现金流量分析又被称为全部投资现金流量分析。

在进行融资前投资现金流量分析时,现金流量应主要包括营业收入、建设投资、流动资金、经营成本、销售税及附加和所得税。由于融资前现金流量分析是站在全部投资角度进行的,与融资方案无关,因此应剔除利息的影响,贷款利息支出不列入现金流出。表 5-3 中所列经营成本已扣除利息部分。

表 5-3 项目投资现金流量表 （单位:万元）

序号	项目	合计	计算期					
			1	2	3	4	……	n
1	现金流入							
1.1	营业收入							
1.2	补贴收入							
1.3	回收固定资产余额							
1.4	回收流动资金							
2	现金流出							
2.1	建设投资(不含建设期利息)							
2.2	流动资金							
2.3	经营成本							
2.4	销售税金及附加							

续 表

序号	项目	合计	计算期					
			1	2	3	4	……	n
2.5	维持营运投资							
3	所得税前净现金流量（1—2）							
4	累计所得税前净现金流量							
5	调整所得税							
6	所得税后净现金流量（3—5）							
7	累计所得税后净现金流量							

(2) 项目资本金现金流量表（见表5-4）。项目资本金现金流量表是在项目融资后，从项目权益投资者的整体角度编制的现金流量表，用以考察项目给权益投资者带来的收益水平。表5-4中除了将各年投入项目的资本金作为现金流出，各年还本付息也作为现金流出。依据表5-4可计算项目资本金盈利能力指标。

表5-4 项目资本金现金流量表　　　　　　　　　　　　（单位：万元）

序号	项目	合计	计算期					
			1	2	3	4	……	n
1	现金流入							
1.1	营业收入							
1.2	补贴收入							
1.3	回收固定资产余额							
1.4	回收流动资金							
2	现金流出							
2.1	项目资本金							
2.2	借款本金偿还							
2.3	借款利息偿还							
2.4	经营成本							
2.5	销售税金及附加							
2.6	所得税							
2.7	维持营运投资							
3	净现金流量							

(3) 投资各方现金流量表（见表5-5）。投资各方现金流量表是从投资者的不同角

度,分别编制的现金流量表,考察项目给投资者带来的收益水平。一般情况下,若投资各方利益分配是按股本比例分配利润、亏损及风险的,则投资各方的收益水平是相同,因此没有必要分别计算各方的内部收益率。

表5-5 投资各方现金流量表　　　　　　　　　　　　　　　（单位:万元）

序号	项目	合计	计算期					
			1	2	3	4	……	n
1	现金流入							
1.1	实际分配利润							
1.2	资产处置收益分配							
1.3	租赁费收入							
1.4	技术转让或使用收入							
1.5	其他现金流入							
2	现金流出							
2.1	实缴资本							
2.2	租赁资产支出							
2.3	其他现金流出							
3	净现金流量(1-2)							

2. 利润与利润分配表

利润分配表是反映项目计算期内各年营业收入、总成本费用、利润总额等情况以及所得税后利润的分配,主要用于计算项目盈利能力指标。

3. 财务计划现金流量表

财务计划现金流量表反映项目计算期内各年的投资、融资及经营活动的现金流入和现金流出,用于计算累计盈余资金,分析项目的财务生存能力。财务计划现金流量表的格式见表5-6。

表5-6 财务计划现金流量表　　　　　　　　　　　　　　　（单位:万元）

序号	项目	合计	计算期					
			1	2	3	4	……	n
1	经营活动净现金流量(1.1-1.2)							
1.1	现金流入							
1.1.1	营业收入							
1.1.2	增值税销项税额							
1.1.3	补贴收入							

续 表

序号	项目	合计	计算期					
			1	2	3	4	……	n
1.1.4	其他收入							
1.2	现金流出							
1.2.1	经营成本							
1.2.2	增值税进项税额							
1.2.3	销售税金及附加							
1.2.4	所得税							
1.2.5	其他流出							
2	投资活动净现金流量(2.1−2.2)							
2.1	现金流入							
2.2	现金流出							
2.2.1	建设投资							
2.2.2	维持运营投资							
2.2.3	流动资金							
2.2.4	其他流出							
3	筹资活动净现金流量(3.1−3.2)							
3.1	现金流入							
3.1.1	项目资本金投入							
3.1.2	建设投资借款							
3.1.3	流动资金借款							
3.1.4	债券							
3.1.5	短期借款							
3.1.6	其他流入							
3.2	现金流出							
3.2.1	各种利息支出							
3.2.2	偿还债务本金							
3.2.3	应付利润(股利分配)							
3.2.4	其他流出							
4	净现金流量(1+2+3)							
5	累计盈余资金							

4. 资产负债表

资产负债表综合反映项目计算期内各年末资产、负债和所有者权益的增减变化及对应关系,用以考察项目资产、负债、所有者权益的结构是否合理,进行清偿能力分析。

5. 借款还本付息计划表

借款还本付息计划表是反映项目计算期内各年借款本金偿还和利息支付情况,用于计算偿债能力指标。格式见表 5-7。

表 5-7 借款还本付息计划表 （单位:万元）

序号	项目	合计	计算期					
			1	2	3	4	……	n
1	借款 1							
1.1	期初借款余额							
1.2	当期还本付息							
	其中:还本							
	付息							
1.3	期末借款余额							
2	借款 2							
2.1	期初借款余额							
2.2	当期还本付息							
	其中:还本							
	付息							
2.3	期末借款余额							
3	债券							
3.1	期初债务余额							
3.2	当期还本付息							
	其中:还本							
	付息							
3.3	期末债务余额							
4	借款和债券合计							
4.1	期初余额							
4.2	当期还本付息							
	其中:还本							
	付息							
4.3	期末余额							

续 表

序号	项目	合计	计算期					
			1	2	3	4	……	n
计算指标	利息备付率							
	偿债备付率							

(三) 财务分析的内容

1. 财务盈利能力分析

项目财务盈利能力分析的主要指标包括财务内部收益率（FIRR）、财务净现值（FNPV）、投资回收期（P_t）、总资产收益率（ROI）、项目资本金净利润率（ROE）等指标。财务盈利能力分析指标的计算方法详见第三章。在进行财务分析时，可根据项目的特点和分析目的进行指标选用。

2. 偿债能力分析

项目偿债能力分析的主要指标包括利息备付率（ICR）、偿债备付率（DSCR）和资产负债率（LOAR）等。偿债能力分析指标的计算方法详见第三章。

3. 财务生存能力分析

项目财务生存能力分析亦称资金平衡分析。项目在运营期间，能够持续生存的必要条件是确保得到足够的净现金流量。在财务分析中应编制财务计划现金流量表（见表5-6），综合考察项目计算期内各年的投资活动、融资活动和经营活动所产生的各项现金流入和流出，计算净现金流量和累计盈余资金，分析项目是否有足够的净现金流量维持正常运营。若项目具有较大的经营净现金流量，说明项目实现自身资金平衡的可能性较大，不会过分依赖短期融资来维持运营。反之，若项目不能产生足够的经营净现金流量，或经营净现金流量为负值，说明维持项目正常运行会遇到财务上的困难，可能无法实现自身的资金平衡，有可能要靠短期融资来维持经营。

保证项目具有财务生存能力的必要条件是各年累计盈余资金不出现负值。在整个运营期间，若个别年份的净现金流量出现负值是可以允许的，但不能允许任一年份的累计盈余资金出现负值。一旦出现负值就应适当地进行短期融资。

对于非经营性项目，财务分析应主要分析项目的财务生存能力。

第三节 国民经济评价

国民经济评价也称经济分析。在市场经济条件下，大部分项目通过财务评价可以满足投资决策的要求。但是有些项目的财务价格扭曲，现金流量不能全面真实地反映其经济价值，财务成本不能包含项目对资源的全部消耗，财务效益不能包含产出的全部经济效果的项目,需要进行经济费用效益分析,从国民经济角度评价项目是否可行,并作为项目决策的重要依据之一。

以下类型项目应做国民经济评价:①具有垄断特征的项目,如电力、电信、交通运输等行业的项目;②产出具有公共产品特征的项目;③外部效果显著的项目;④资源开发项目;⑤涉及国家经济安全的项目;⑥受过度行政干预的项目。

国民经济评价的研究内容主要是进行经济效益和费用识别和计算,编制项目投资经济费用效益流量表,计算国民经济评价指标,并进行方案比选。

一、经济效益与费用的内容

一个项目的经济效益是指项目对国民经济所作的贡献,包括项目的直接效益和间接效益;项目的经济费用是指国民经济为项目付出的代价,包括项目的直接费用和间接费用。

(一)直接效益和直接费用

直接效益是指由项目产出物直接生成,并在项目范围内计算的经济效益,一般表现为增加项目产出物或服务数量以满足国内需求的效益;替代效益较低的相同或类似企业的产出物或服务,使被替代企业减产或停产从而减少国家有用资源耗费或损失效益;增加出口或减少进口从而增加或节约的外汇等。

直接费用是指由于项目使用投入物形成,并在项目范围内计算的费用。一般表现为其他部门为本项目提供投入物;需要扩大生产规模所耗费的资源费用;减少对其他项目或最终消费投入物的供应而放弃的效益;增加进口或减少出口从而耗用或减少外汇。

(二)间接效益和间接费用

在直接效益和直接费用中,项目对国民经济作出的贡献与国民经济为项目付出的代价并未全部得到反映,如项目使用技术的扩散效益、产业关联效果以及项目对环境造成的影响等。这部分由项目引起的、在财务评价中没有得到直接反映的效益和费用被称为项目的间接效益和间接费用,统称为外部效果。为了防止外部效果计算扩大化,一般只应计算一次相关效果。

环境及生态影响的外部效果是经济费用效益分析必须加以考虑的一种特殊形式外部效果,应尽可能对项目所带来的环境影响的效益和费用(损失)进行量化和货币化,将其列入经济现金流。

(三)转移支付

从国民经济角度看,项目的某些财务收益和支出并没有造成资源的实际增加或者减少,而是国民经济内部的"转移支付",不计做项目的经济效益和费用。转移支付主要包括:项目向政府缴纳的税费;项目向国内银行及国内其他金融机构支付的贷款利息和获取的存款利息;政府给予项目的补贴。从国民经济角度来看,这些支付并不构成社会资源的实际消耗或增加,因此不能视为项目的经济费用和效益。

二、影子价格的确定

在国民经济评价中,为了真实反映项目对国民经济所作的贡献和付出的代价,原则上应使用影子价格确定效益和费用。影子价格是指依据一定原则制定的,能够反映投入物和产出物真实经济价值,反映市场供求状况,反映资源稀缺程度,使资源得到合理配置的价格。

(一) 市场定价货物的影子价格

货物的市场价格可以近似反映其真实价格。在进行国民经济评价时,可以将市场价格加上或者减去运杂费等作为项目投入物或产出物的影子价格。

1. 外贸货物的影子价格

外贸货物是指其生产或使用将直接或间接影响国家进出口的货物,包括:项目产出物中直接出口、间接出口和替代出口者;项目投入物中直接进口、间接进口或减少出口者。外贸货物的影子价格应以可能发生的口岸价格为基础确定。计算公式为:

$$出口产出物的影子价格(出厂价) = 离岸价(FOB) \times 影子汇率 - 出口费用 \quad (5-8)$$

$$进口投入物的影子价格(到厂价) = 到岸价(CIF) \times 影子汇率 + 进口费用 \quad (5-9)$$

式(5-8)和式(5-9)中的进口或出口费用是指货物进出口环节在国内所发生的所有相关费用,包括运输费用、储运、装卸、运输保险等各种费用支出及物流环节的各种损失、损耗等。

2. 非外贸货物的影子价格

非外贸货物是指其生产或使用将不影响国家进出口的货物。非外贸货物的影子价格以国内市场价格为基础测定。计算公式如下:

$$投入物影子价格(到厂价) = 市场价格 + 国内运杂费 \quad (5-10)$$

$$产出物影子价格(出厂价) = 市场价格 - 国内运杂费 \quad (5-11)$$

(二) 政府调控价格货物的影子价格

某些产品或服务并不完全由市场机制决定价格,而是由政府调控价格,如电价、铁路运价和水价等。政府调控价格的形式包括政府定价、指导价、最高限价和最低限价等。政府调控价格不能真实反映产品或服务的价值。因此在国民经济评价中,这些产品或服务的价格不能简单地以政府调控价格确定,而应采取特殊的方法。测定政府调控价格货物影子价格的方法有以下三个。

(1)成本分解法。对某种货物的成本进行分解并用影子价格进行调整换算,得到该货物的分解成本,应包括这种货物的制造生产所耗费的全部社会资源的价值,如物料投入、人工、土地和资本投入的机会成本等,这些资源耗费的价值均应按影子价格计算。

(2)消费者支付意愿法。按消费者为获得某种商品或服务所愿意付出的价格,确定影子价格。

(3)机会成本法。产品或服务的机会成本是指将其用于本项目以外的其他替代方案时,所有替代方案产生的收益中最大者。

(三)特殊投入物的影子价格

项目的特殊投入物主要包括项目在建设和运营中使用的劳动力、土地和自然资源等。这些特殊投入物影子价格的确定方法有以下三个。

1. 劳动力的影子价格——影子工资

影子工资是指国民经济为项目使用的劳动力所付出的真实代价,由劳动力机会成本和劳动力转移而引起的新增资源耗费两部分构成。劳动力机会成本是指若劳动力不就业于该项目,而从事其他生产经营活动所创造的最大效益;新增资源耗费是指项目使用的劳动力由于就业或迁移而增加的城市管理费和城市交通等基础设施投资费用。

2. 土地的影子价格

土地用于某拟建项目后,就不能再用于其他用途。土地的影子价格就是指由于土地不能用于其他用途而放弃的国民经济效益,以及国民经济为其增加的资源消耗。值得注意的是,项目占用的土地不论是否支付费用,均应计算影子价格。项目占用的农业、林业、牧业、渔业以及其他生产性用地,其影子价格应按照其未来对社会可提供的消费产品的支付意愿及改变土地用途而发生的新增资源消耗进行计算;项目所占用的住宅、休闲用地等非生产性用地,若市场完善,应根据市场交易价格估算其影子价格,无市场交易价格或市场机制不完善的,应根据支付意愿价格估算其影子价格。

3. 自然资源的影子价格

项目使用的矿产资源、水资源、森林资源等都是对国家资源的占用和消耗。项目投入的自然资源,无论在财务上是否付费,在经济费用效益分析中都必须测算其经济费用,即影子价格。矿产等不可再生资源的影子价格按资源的机会成本计算,水和森林等可再生资源的影子价格按资源再生费用计算。

三、项目投资经济费用效益流量表的编制

在进行经济效益费用分析时,应在经济费用效益估算的基础上编制经济费用效益流量表(或称为项目投资经济费用效益流量表),见表5-8。经济费用效益流量表有两种编制方法。

(一)在财务评价基础上调整编制

在编制经济费用效益流量表时,可以在财务分析的基础上,将财务现金流量转换为

反映真正资源变动状况的经济费用效益流量。其编制步骤如下七方面。

① 剔除运营期财务现金流量中不反映真实资源流量变动状况的转移支付因素,包括销售税金及附加、增值税、国内借款利息等。

② 计算外部效益与外部费用。对于可货币化的外部效益和费用,应计入经济费用效益流量;对于难以进行货币化的外部效益和费用,应尽可能采用其他量纲进行量化;难以量化的,进行定性描述,以全面反映项目的产出效果。

③ 用影子价格和影子汇率调整建设投资各项组成,并剔除其中的涨价预备费、税金、国内借款建设期利息等转移支付项目。

④ 调整流动资金,将流动资产和流动负债中不反映实际资源耗费的有关现金、应收、应付、预收、预付款项,从流动资金中剔除。

⑤ 调整经营费用,用影子价格调整主要原材料、燃料及动力费用、工资及福利费等。

⑥ 调整营业收入。对于具有市场价格的产出物,以市场价格为基础计算其影子价格;对于没有市场价格的产出物,以支付意愿或接受补偿意愿的原则计算期影子价格。

⑦ 调整外汇价值,国民经济评价各项销售收入和费用中的外汇部分,应用影子汇率进行调整,计算外汇价值。

(二) 直接进行国民经济费用效益流量的识别和计算

某些行业的项目需要直接进行国民进行评价,判断项目的经济合理性。编制过程如下:①确定国民经济计算范围;②测算各种投入物和产出物的影子价格,并在此基础上对各项国民经济效益和费用进行估算;③编制国民经济费用效益流量表。

表 5-8　项目国民经济费用效益流量表　　　　　　　(单位:万元)

序号	项目	合计	计算期					
			1	2	3	4	……	n
1	效益流量							
1.1	项目销售(营业)收入							
1.2	回收固定资产余值							
1.3	回收流动资金							
1.4	项目间接效益							
2	费用流量							
2.1	建设投资							
2.2	流动资金							
2.3	经营费用							
2.4	项目间接费用							
3	净效益流量(1-2)							

四、国民经济评价指标的计算

(一) 经济净现值

经济净现值(ENPV)是指按照社会折现率将计算期内各年的经济净效益流量折现到建设期初的现值之和。计算公式如下:

$$ENPV = \sum_{t=1}^{n}(B-C)_t(1+i_s)^{-t} \tag{5-12}$$

式(5-12)中,B 为国民经济效益流量;C 为国民经济费用流量;$(B-C)_t$ 为第 t 年的国民经济净效益流量;i_s 为社会折现率;n 为计算期。

在经济费用效益分析中,若项目的经济净现值大于或等于零,表明项目可以达到符合社会折现率的效益水平,认为该项目从经济资源配置的角度来说是可以被接受的。具体来说,$ENPV$ 等于零,表示国家为项目付出的代价可以得到符合社会折现率要求的社会盈余;$ENPV$ 大于零,表明项目除了可到符合社会折现率要求的社会盈余之外,还可以得到以现值计算的超额社会盈余。

(二) 经济内部收益率

经济内部收益率(EIRR)是指项目在计算期内净效益流量的现值累计等于零时的折现率,它表示项目占用资金所获得的动态收益率。其表达式为:

$$\sum_{t=1}^{n}(B-C)_t(1+EIRR)^{-t} = 0 \tag{5-13}$$

如果经济内部收益率等于或大于社会折现率,表明项目资源配置的经济效率达到了可以接受的水平。

(三) 经济效益费用比

经济效益费用比(R_{BC})是指在计算期内效益流量的现值与费用流量的现值的比率,是国民经济费用效益分析的辅助评价指标。计算公式如下:

$$R_{BC} = \frac{\sum_{t=1}^{n}B_t(1+i_s)^{-t}}{\sum_{t=1}^{n}C_t(1+i_s)^{-t}} \tag{5-14}$$

式(5-14)中,R_{BC} 为效益费用比;B_t 为第 t 期的经济效益;C_t 为第 t 期的经济费用。

若效益费用比大于1,说明从国民经济角度分析,该项目的资源配置效率达到了可接受的水平。

五、区域经济与宏观经济影响分析

区域经济影响分析是指从区域经济的角度出发,分析项目对所在区域乃至更大范围的经济发展的影响。宏观经济影响分析是指从国民经济整体的角度出发,分析项目对国家宏观经济各方面的影响。区域经济与宏观经济影响分析通常是以专题研究的形式提出,在分析中应遵循系统性、综合性、定性和定量分析相结合等原则。

(一)区域经济与宏观经济影响分析的含义和范围

直接影响范围限于局部区域的项目应进行区域经济影响分析,直接影响国家经济全局的项目应进行宏观经济影响分析。具体而言,具备下列部分或全部特征的特大型建设项目,应进行区域经济或宏观经济影响分析。

(1)项目投资巨大、工期超长(跨五年计划或十年规划)。

(2)项目实施前后对所在区域或国家的经济结构、社会结构以及群体利益格局等有较大改变。

(3)项目导致技术进步和技术转变,引发关联产业或新产业群体的发展变化。

(4)项目对生态与环境影响大,范围广。

(5)项目对国家经济安全影响较大。

(6)项目对区域或国家财政收支影响较大,项目的投入或产出对进出口影响大。

(7)其他对区域经济或宏观经济有重大影响的项目。

(二)区域经济与宏观经济影响分析的内容

区域经济与宏观经济影响分析应立足于项目的实施能够促进和保障经济有序高效运行和可持续发展,分析重点应是项目与区域发展战略和国家长远规划的关系。分析内容应包括直接贡献和间接贡献、有利影响和不利影响。

1. 直接贡献

项目对区域经济或宏观经济的直接贡献通常表现在:促进经济增长,优化经济结构,提高居民收入,增加就业,减少贫困,扩大进出口,改善生态环境,增加地方或国家财政收入,保障国家经济安全等方面。

2. 间接贡献

项目对区域经济或宏观经济的间接贡献表现在:促进人口合理分布和流动,促进城市化,带动相关产业,克服经济瓶颈,促进经济社会均衡发展,提高居民生活质量,合理开发、有效利用资源,促进技术进步,提高产业国际竞争力等方面。

3. 不利影响

项目对区域经济或宏观经济的不利影响包括:非有效占用土地资源、污染环境、损害生态平衡、危害历史文化遗产;出现供求关系与生产格局的失衡,引发通货膨胀;冲击地方传统经济;产生新的相对贫困阶层及隐性失业;对国家经济安全可能带来的不利影响等。

(三)区域经济与宏观经济影响分析的指标体系

区域经济与宏观经济影响分析的指标体系宜由下列总量指标、结构指标、社会与环境指标和国力适应性指标构成。

(1)经济总量指标反映项目对国民经济总量的贡献,包括增加值、净产值、纯收入、财政收入等经济指标。

(2)经济结构指标反映项目对经济结构的影响,主要包括三次产业结构、就业结构等指标。

(3)社会与环境指标主要包括就业效果指标、收益分配效果指标、资源合理利用指标和环境效果指标等。

(4)国力适应性指标表示国家的人力、物力和财力承担重大项目的能力,一般用项目使用的资源占全部资源总量的百分比或财政资金投入占财政收入或支出的百分比表示。

以上各项指标应与国家统计部门的统计口径一致。

第四节 不确定性分析与风险分析

一、不确定性分析与风险分析的含义

(一)项目不确定性分析

不确定性是指人们对事物未来的状态不能确定地掌握的特性。项目经济评价所采用的数据大部分都来自预测和估算,具有一定程度的不确定性。为了尽量避免投资决策的失误,有必要进行不确定性分析。项目不确定性分析就是考察项目投资、产品销售价格、销售量、经营成本和项目计算期等因素变化时,对项目经济评价指标产生的影响。通过对拟建项目具有较大影响的不确定性因素进行分析,计算基本变量的增减变化引起项目财务或经济效益指标的变化,找出最敏感的因素及其临界点,使项目的投资决策建立在较为稳妥的基础上。

(二)项目风险分析

从理论上来说,风险是指在一定条件下和一定时期内,可能发生的各种结果的变动程度。风险通常可用方差、标准差和变异系数等指标来衡量。风险不仅可以带来超出预期的损失,也可能带来超出预期的收益。但在实践中一般认为,风险是指未来发生不利事件的可能性。发生损失的可能性越大,项目的风险就越大。

工程项目风险是指由于不确定性的存在导致项目实施后偏离项目财务和国民经济预期目标的可能性。由于人们对未来事务认识的局限性、可获信息的有限性以及未来本

身的不确定性,使得项目的实施结果可能偏离预期目标,从而使项目的效益低于或高于预期,导致项目投资"有风险"。

项目经济评价中的风险分析,就是在市场预测、技术方案、工程方案、融资方案中已进行的初步风险分析的基础上,通过对风险因素的识别,采用定性或定量的方法估计各风险因素发生的可能性即对项目的影响程度,揭示影响项目成败的关键风险因素,提出项目风险预警和相应的对策,为投资决策服务。项目风险分析还有助于在可行性研究过程中,通过信息反馈,改进或优化项目设计方案,直接起到降低项目风险的作用。风险分析的程序包括风险因素识别、风险估计、风险评价与风险防范应对。

(三) 项目不确定性分析与风险分析的关系

从项目不确定性分析与项目风险分析的定义可以看出,两者存在密切的联系。相对于项目不确定分析,项目风险分析涉及的内容更全面,因此广义而言,项目风险分析可以包含项目不确定性分析。但在实践中,两者往往有着不同的侧重点。项目不确定分析更偏重于盈亏平衡分析和敏感性分析;而项目风险分析更偏重于分析不确定性因素发生的可能性及其给项目带来的经济影响程度,并进行风险预警,提出风险防范对策。

二、不确定性分析的方法

不确定性分析主要包括盈亏平衡分析、敏感性分析和概率分析方法,其中盈亏平衡分析只用于财务评价,而敏感性分析同时适用于财务评价和国民经济评价。

(一) 盈亏平衡分析

1. 盈亏平衡分析的含义及分类

盈亏平衡分析是指通过计算项目达产年的盈亏平衡点(BEP),分析项目收入与成本的平衡关系,判断项目对产出品数量变化的适应能力和抗风险能力。盈亏平衡点是项目盈利和亏损的转折点,即在这一点上,销售(营业)收入等于总成本费用,实现盈亏平衡。

在进行盈亏平衡分析时,要将成本划分为固定成本和变动成本,将产量或者销售量作为不确定因素,假定产销量一致,根据产量、成本、售价和利润相互间的函数关系,计算盈亏平衡时所对应的产量或销售量。盈亏平衡点越低,表示项目适应市场变化的能力越强,抗风险能力也越强。

根据成本、收益与产量之间是否呈线性关系,盈亏平衡分析可分为线性和非线性盈亏平衡分析;根据是否考虑资金时间价值,分为静态和动态盈亏平衡分析。

2. 线性盈亏平衡分析

(1) 线性盈亏平衡分析的假设条件。在不考虑资金时间价值,且假定成本、收益与产量之间呈线性关系时,盈亏平衡分析称为静态线性盈亏平衡分析。在项目经济评价中一般仅进行线性盈亏平衡分析。线性盈亏平衡分析有如下四个假设条件。

① 产量等于销售量,即当年生产的产品在当年全部销售出去。

② 产量变化时，单位变动成本保持不变，从而总成本费用是产量的线性函数。

③ 产量变化时，产品售价保持不变，从而销售收入是销售量的线性函数。

④ 按单一产品计算，当生产多种产品时，应换算为单一产品，不同产品之间的销售比例保持不变。

（2）盈亏平衡点的计算。项目经济评价中最常使用的是以产量和生产能力利用率表示的盈亏平衡点。

① 以产量表示的盈亏平衡点。

首先将总成本分为固定成本和变动成本。以 C_T 表示年总成本，C_F 表示年总固定成本，C_V 表示年总变动成本，C_N 表示单位产品的变动成本和销售税金及附加之和，N 表示年总产量，则企业产品的成本函数为：

$$C_T = C_F + C_V = C_F + C_N \times N \tag{5-15}$$

其次，以 S 表示销售收入，P 表示单位产品售价，则销售收入函数为：

$$S = PN \tag{5-16}$$

当盈亏平衡时，销售收入等于总成本，即

$$C_F + C_N \times N^* = PN^*$$

$$BEP(产量) = N^* = \frac{C_F}{P - C_N} \tag{5-17}$$

项目评价中常使用盈亏平衡分析图表示分析结果。如图 5-1 所示。

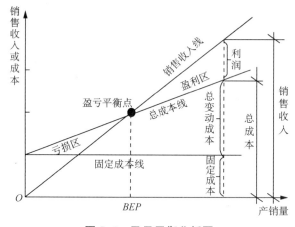

图 5-1 盈亏平衡分析图

【例 5-1】 某拟建生产企业设计年产 3 万吨化工原料，发生生产成本 1 000 万元，其中固定成本为 100 万元，单位变动成本、销售税金及附加之和为 300 元/吨，单位产品售价为 400 元/吨。销售收入和成本费用均采用含税价格表示。求项目投产后的盈亏平衡点产量。

解： $C_F = 100$ 万元，$P = 400$ 元/吨，$C_N = 300$ 元/吨

$$BEP(产量) = N^* = \frac{C_F}{P - C_N}$$

$$= \frac{100}{400 - 300} = 1(万吨)$$

从计算中可以看出,若项目投产后用户订购量由 3 万吨降至 1 万吨,该企业仍可以保本经营,在市场销售量大幅度降低情况下有较强的抗风险能力。

② 以生产能力利用率表示的盈亏平衡点。

以生产能力利用率表示的盈亏平衡点是指项目不发生亏损时所必须达到设计生产能力的百分比。若以 N_0 表示项目设计生产能力,$N^* = BEP$(产量),则有:

$$BEP(生产能力利用率) = \frac{N^*}{N_0} = \frac{C_F}{N_0(P - C_N)} \times 100\% \tag{5-18}$$

接上例,得:

$$BEP(生产能力利用率) = \frac{1}{3} = 33.33\%$$

也就是说,项目开工率只要达到设计生产能力的 33.33%,企业可以保本,说明项目在投产后生产条件发生意外变化时,有较强的抗风险能力。

3. 盈亏平衡分析的优缺点

盈亏平衡分析是对投资项目不确定性的一种较好的分析方法,易于理解、便于投资者进行方案比较的优点。此外,它还有利于确定企业合理的生产规模和降低企业固定成本。但盈亏平衡分析方法也有其不足之处,它不是全寿命分析,且通常进行的线性分析建立在产销平衡和线性关系假设基础上,不太符合实际。

(二)敏感性分析

1. 敏感性分析的概念

敏感性分析是项目投资评价中应用十分广泛的一种技术。当某个项目的有关参数不确定,其变化的概率也不能确知,只知道其变化的范围时,就需要进行敏感性分析。敏感性分析是通过预测分析工程项目的主要不确定因素(包括投资、成本、价格、建设工期、折现率等)发生变化时,对经济效果评价指标(如净现值、内部收益率、还款期等)的影响,从中找到敏感因素,并确定其影响程度,采取措施限制敏感因素的变动范围,以达到降低风险的目的。当主要不确定因素发生微小变动时,经济评价指标发生很大幅度的变动,则认为该因素是敏感的;反之,当主要不确定因素发生很大变动时,经济评价指标才会有所变动,则认为该因素是不敏感的。

敏感性分析有单因素敏感性分析和多因素敏感性分析两种。单因素敏感性分析是对单一不确定因素变化的影响进行分析,即假设各不确定性因素之间相互独立,每次只考察一个因素,其他因素保持不变,以分析这个可变因素对经济评价指标的影响程度和敏感程度,是敏感性分析的基本方法。多因素敏感性分析是在两个或两个以上互相独立的不确定因素同时变化时,分析这些变化的因素对经济评价的影响程度和敏感程度。通常情况下,经济评价中只要求进行单因素敏感性分析。

2. 敏感性分析的步骤

单因素敏感性分析一般按以下步骤进行。

(1) 确定敏感性分析指标。项目经济评价有一整套指标体系,敏感性分析可选定其中一个或几个主要指标进行分析。分析指标的确定,一般是根据项目特点、不同的研究阶段、实际需求情况和指标的重要程度来选择,与进行分析的目标和任务有关。

如果进行敏感性分析的目的是分析方案状态和参数变化对投资回收快慢的影响,则可以选用投资回收期作为分析指标;如果主要分析产品价格波动对超额净收益的影响,则可选用净现值作为分析指标;如果主要分析投资大小对资金回收能力的影响,则可选用内部收益率指标等。

(2) 选择需要分析的不确定性因素。严格说来,影响方案经济效果的因素都在某种程度上带有不确定性。但事实上,并没有必要对所有不确定因素都进行敏感性分析,只需要选择一些主要的影响因素进行分析。选择的原则有两条:①预计这些因素在其可能变动的范围内对经济评价指标的影响较大;②在确定性经济分析中采用的该因素的数据准确性不大。

对于一般投资项目来说,通常选择的敏感性分析影响因素有:项目投资、项目寿命年限、经营成本、产品价格、产销量、项目建设年限、基准折现率、项目寿命期末的资产残值等。

(3) 分析每个不确定性因素的波动程度及其对经济效果指标可能带来的增减变化情况。

① 首先,根据实际情况设定所选定的不确定因素的变动幅度(其他因素固定不变),比如±5%、±10%、±15%、±20%等。对于不便用百分数表示的因素,比如建设工期,可采用延长一段时间表示,如延长一年。

② 其次,计算不确定性因素每次变动对经济评价指标的影响。

③ 对每一个因素的每一变动,均重复以上计算,然后将各个因素变动及评价指标的变动结果用表或图的形式表示出来,以便于测定敏感因素。敏感性分析如图 5-2 所示(以内部收益率指标为例)。图中每一条斜线的斜率反映内部收益率对该不确定因素的敏感程度,斜率绝对值越大,敏感度越高。一张图可以同时反映多个因素的敏感性分析结果。

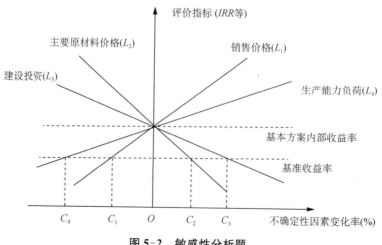

图 5-2 敏感性分析题

(4) 计算敏感性系数,确定敏感性因素。由于各因素的变化都会引起经济指标的一定变化,但其影响程度却各不相同。有些因素可能仅发生小幅度的变化就能引起经济评价指标发生大的变动,而另一些因素即使发生了较大幅度变化,对经济评价指标的影响也不是太大。我们将前一类因素称为敏感性因素,后一类因素称为非敏感性因素。

衡量变量因素敏感程度的常用指标是敏感性系数(又称灵敏度),其数学表达式为:

$$敏感性系数(\beta) = \frac{|评价指标值变动百分比|}{|不确定因素变动百分比|} = \frac{|\Delta Y_j|}{|\Delta F_i|} = \frac{\left|\frac{Y_{j1}-Y_{j0}}{Y_{j0}}\right|}{|\Delta F_i|} \quad (5-19)$$

式(5-19)中,ΔY_j 为第 j 个指标受变量因素变化影响后的变化幅度(变化率);ΔF_i 为第 i 个不确定因素的变化幅度(变化率);Y_{j1} 为第 j 个指标受变量因素变化影响后所达到的指标值;Y_{j0} 为第 j 个指标未受变量因素变化影响时的指标值。

敏感性系数越大,说明该因素敏感程度越高。

【例 5-2】 某项目进行方案的敏感性分析,其基础数据如表 5-9 所示。假设产销平衡,且不考虑所得税影响,试就项目经营成本、寿命期和折现率对净现值指标进行单因素敏感性分析。

表 5-9 敏感性分析基础数据

变量与参数	投资 I	寿命期 n	年度收入 R	年度经营成本 C	残值 S	折现率 i
数据	210 万元	10 年	80 万元	40 万元	20 万元	9%

解: 首先计算基本方案的 NPV:

$$NPV = -210 + (80-40)(P/A, 9\%, 10) + 20(P/F, 9\%, 10)$$
$$= 55.15(万元)$$

设三个不确定因素均按 ±10%、±20%、±30% 变动,可得计算结果如表 5-10 所示,并可绘制敏感性分析图,如图 5-3 所示。

表 5-10 敏感性分析计算表(NPV)

变化因素 \ 变化率	−30%	−20%	−10%	0%	10%	20%	30%
年度经营成本 C(万元)	132.17	106.50	80.83	55.15	29.48	3.81	−21.86
寿命期 n(年)	2.26	21.43	39.02	55.15	69.96	83.54	96.00
折现率 i(%)	91.12	78.34	66.38	55.15	44.62	34.73	25.43

根据公式(5-17),可计算出三个不确定因素的敏感性系数,如表 5-11 所示,可知净现值对三个主要因素的敏感性排序为:经营成本＞寿命期＞折现率。

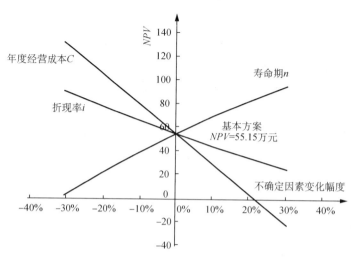

图 5-3 敏感性分析图(NPV)

表 5-11 敏感性系数表

	−30%	−20%	−10%	0%	10%	20%	30%	平均值
经营成本 C（万元）	4.654 3	4.654 3	4.654 3	—	4.654 3	4.654 3	4.654 3	4.654 3
寿命期 n（年）	3.196 8	3.057 3	2.925 6	—	2.684 1	2.573 2	2.468 5	2.817 6
折现率 i（%）	2.173 7	2.102 1	2.034 4	—	1.909 4	1.851 6	1.796 7	1.978 0

（5）临界点的计算。临界点是指项目允许不确定因素向不利方向变化的极限值。例如，当产品价格下降到某值时，净现值刚好等于零，或内部收益率刚好等于基准收益率，此点称为产品价格下降的临界点。当不确定因素的变化超过了临界点所表示的不确定因素的极限变化时，项目将由可行变为不可行。临界点一般采用不确定因素相对于基本方案的变化率或其对应的具体数值表示。图 5-2 中，每条斜线与基准收益率线的相交点所对应的不确定性因素变化率（即图 5-2 中的 C_1、C_2、C_3、C_4 等）即为该因素的临界点。

（三）概率分析

概率分析是使用概率研究预测各种不确定性因素和风险因素的发生对项目评价指标影响的一种定量分析方法。一般是计算项目净现值的期望值及净现值大于等于零时的累计概率。累计概率值越大，说明项目承担的风险越小。也可以通过模拟法测算项目评价指标（如内部收益率）的概率分布。根据项目特点和实际需要，有条件时应进行概率分析。

在敏感性分析中，有一个基本假设是各个不确定因素发生变化的概率是相同的。但实际上，任何项目中的各个不确定因素在未来依某一幅度变化的概率是不会相同的。一个敏感性大而发生概率很低的因素，对项目的影响有可能小于一个敏感性小而发生概率大的因素。因此,为了正确判断项目的风险,有必要进行概率分析。

概率分析的方法很多,这些方法大多是以项目经济评价指标(主要是 NPV)的期望值的计算为基础。决策树法也是概率分析中常用的方法。

三、风险分析方法

项目经济评价中的风险分析应首先从认识风险特征入手去识别风险因素;其次根据需要和可能选择适当的方法估计风险程度,可以只对单个风险因素的风险程度进行估计,也可以对项目整体风险进行估计;然后提出针对性的风险对策;最后将项目风险进行归纳,并提出风险分析的结论。

(一)项目风险因素的识别

风险识别是风险分析的第一步,是整个风险管理系统的基础。它是运用系统论的方法对项目进行全面考察,找出潜在的风险因素,对其进行比较和分类,判断各种风险因素发生的可能性以及对项目的影响程度。风险识别的过程通常分为四个步骤。

1. 确定风险因素,建立风险因素的初步清单

在可行性研究阶段,建设项目风险主要来源于以下几个方面。

(1)法律、法规及政策变化。主要指国内外政治经济条件发生重大变化或者法律、法规、政策作出重大调整,项目原定目标难以实现甚至无法实现。

(2)市场状况变化。包括由于市场供求的变化、竞争对手的竞争策略调整、项目产品和主要原材料的实际价格与预测价格发生较大偏离等情况。

(3)资源开发与利用。主要是指资源开发项目的储量、品位、可采储量、工程量等与预测发生较大偏离,导致项目开采成本增加,产量降低或者开采期缩短。

(4)技术的可靠性。项目所采用技术的先进性、可靠性、适用性和经济性与原方案发生重大变化,导致项目生产能力利用率降低,生产成本增加,产品质量达不到预期的要求等。

(5)工程方案、条件的变化。工程地质条件、水文地质条件与预测发生重大变化,导致工程量增加、投资增加、工期延长等。

(6)融资方案。项目资金来源的可靠性、充足性和及时性不能保证,导致项目延期甚至被迫终止,利率、汇率变化也会导致融资成本的提高。

(7)组织管理。由于项目组织结构和管理机制不合理,或者主要管理者能力不足,导致项目不能按计划建成投产、投资超出估算。

(8)环境与社会。包括由于项目选址不当、项目环保措施不当,导致建成后对社区和生态带来严重影响。

(9)配套设施。交通运输、供水、供电等主要外部协作配套条件发生重大变化,给项目建设和运营带来困难。

确定风险因素应根据项目的特点选用适当的方法进行。常用的方法包括问卷调查

法、专家调查法和情景分析法等,在此基础上建立项目风险因素调查表。初步清单中应明确列出客观存在的和潜在的各种风险,它是通过对一系列调查表进行深入研究和分析而制定。

2. 确立各种风险事件并推测其结果

根据初步风险清单中开列的各种重要的风险来源,推测与其相关联的各种可能的结果,包括收益和损失、时间与成本、人身伤害、自然灾害等。

3. 进行风险分类

对风险进行分类有两个目的。首先,通过对风险进行分类能加深对风险的认识和理解;其次,通过分类,认清了风险的性质,从而有助于制定风险控制对策。常见的分类方法是若干个目录组成框架形式,每个目录中都列出不同种类的风险,并针对各个风险进行全面审查。

4. 建立风险目录摘要

通过建立风险目录摘要,可将项目可能面临的风险汇总并列出轻重缓急,让人们能全面了解项目总体风险。

(二)风险估计

风险估计又称风险衡量、风险测定等。它是在风险识别之后,通过定量分析方法测度风险发生的可能性以及对项目的影响程度。衡量风险时应考虑两个方面问题:损失发生的频率(或发生的次数)以及这些损失的严重性,而损失的严重性比起发生的频率或次数更为重要。

1. 客观概率与主观概率

风险估计分为主观概率估计和客观概率估计两种。在项目评价中,由于不可能获得足够时间与资金对某一可能性作大量的试验,很难计算出该事件发生的客观概率,因此项目前期的风险估计一般都是由决策者和专家对事件出现的可能性作出主观估计。

2. 风险因素概率分布的确定

衡量风险的潜在损失的最重要的方法是研究风险的概率分布,这也是概率分析的基础。例如,将原材料价格作为概率分析的风险因素时,需要测定原材料价格可能区间和在可能区间内发生变化的概率。

确定概率分布时,需注意充分利用已获得的各种信息进行估测。在信息获得不够充分的条件下则需要根据主观判断和近似的方法确定概率分布。在项目可行性研究中通常采用历史数据推定法或专家调查法确定变量的概率分布。历史数据推定法是通过调查收集历史数据或类似项目数据,并进行统计分析,最终归纳出变量可能出现的状态及概率分布。专家调查法有很多种,通常采用的是特尔菲法。

3. 评价指标概率分布的确定

评价指标概率分布可采用理论计算方法或者模拟方法。风险因素概率服从离散型分布的,可采用理论计算法,即根据数理统计原理,计算出评价指标的相应数值、概率分布、期望值、方差和标准差等;当随机变化的风险因素较多,或风险因素变化值服从连续分布,不能用理论计算法时,可采用模拟计算方法,如蒙特卡洛模拟法等。

(三)风险评价

风险评价是对项目风险进行的综合分析,是依据风险对项目经济目标的影响程度进行风险分级和排序的过程。它是在项目风险识别和估计的基础上,通过建立项目风险的系统评价模型,列出各种风险因素概率及概率分布,找到项目的关键风险,确定项目的整体风险水平,为如何处置这些风险提供科学依据。风险评价的判别标准有两种。

一是以经济指标的累计概率和标准差为判别标准。以净现值为例,财务或经济净现值大于和等于零的累计概率越大,则项目风险越小;标准差越小,风险越小。

二是以综合风险等级为判别标准。风险等级的划分既要考虑风险因素出现的可能性,又要考虑风险出现后对项目的影响程度。风险等级的划分标准并不唯一比如,在《建设项目经济评价方法与参数》中,风险被划分为5个等级。风险等级表述方式也很多样,一般选择矩阵列表法划分风险等级。例如,在《建设项目经济评价方法与参数》推荐的综合风险等级分类见表5-12。

表5-12 综合风险等级分类表

综合风险等级		风险影响的程度			
		严重	较大	适度	低
风险的可能性	高	K	M	R	R
	较高	M	M	R	R
	适度	T	T	R	I
	低	T	T	R	I

表5-12中综合风险等级分为K、M、T、R、I五个等级。K表示项目风险很强,出现这种风险就要放弃项目;M表示项目风险强,需要通过改变设计或采取补偿措施,修正拟议中的方案;T表示风险较强,设定某些指标的临界值,指标一旦达到临界值,就要变更设计或对负面的影响因素采取补救措施;R表示风险适度;I表示风险弱,可忽略。

(四)风险防范对策

风险分析的目的是研究如何降低风险程度或者规避风险,以减少风险损失。在风险估计和风险评价的基础上,应根据不同风险因素提出相应的规避和防范对策。在项目经济评价阶段,风险防范对策主要有以下几种方法。

1. 风险回避

风险回避主要是中断风险源,使其不会发生或遏制其发展,是彻底规避风险的一种做法。对于项目的可行性研究来说,这意味着可能彻底改变方案甚至否定项目。由于在回避风险的同时,也丧失了项目可能获利的机会,因此风险回避一般仅适用于两种情况:一是某种风险可能造成相当大的损失;二是风险防范代价过高,得不偿失。

2. 风险分担

当项目风险过大、投资人无法独立承担时,或者为了控制项目的风险源,可采取与其他企业合资或合作等方式,共担风险、共享收益。

3. 风险转移

风险转移是将项目可能发生风险的一部分转移出去的风险防范方式,包括保险转移和非保险转移两种。保险转移是向保险公司投保,将项目部分风险损失转嫁给保险公司承担,使自己免受损失。在项目评价过程中,非保险转移措施主要是通过工程分包或转包,将部分风险转移给承包方。

4. 风险自留

风险自留就是将风险留给自己承担,不予转移。在风险管理中这种手段有时是无意识的,但有时也是主动的,即经营者有意识、有计划地将若干风险主动留给自己。在这种情况下,说明风险承受人已经做好了处理风险的准备。

在项目评价过程中,这种方式适用于两种项目:(1)已知有风险存在,但可获得高额回报而甘愿冒险的项目;(2)项目风险损失较小,可自行承担风险损失的项目。

第五节 社 会 评 价

一、项目社会评价的概念和意义

仅从经济角度对工程项目进行评价并不足以对项目作出最优的选择的,还必须考虑项目对社会发展目标的贡献和影响,分析其利弊得失,使项目得以整体优化,以保证其顺利实施。

到目前为止,国内尚未形成一套完整的项目社会评价理论体系和评价方法,对社会评价内涵的理解也存在着一定的差异。按照2002年发布的《投资项目可行性研究指南》中的定义,社会评价旨在系统调查和预测拟建项目的建设、运营产生的社会影响和社会效益,分析项目所在地区的社会环境对项目的适应性和可接受程度,评价项目的社会可行性。

工程项目进行社会评价的意义在于以下三方面。

(1) 有利于国民经济发展目标与社会发展目标的协调一致,防止单纯追求项目的财务效益。

(2) 有利于项目与所在地区利益协调一致,减少社会矛盾和纠纷,促进社会稳定。

(3) 有利于避免或减少项目建设和运营的社会风险,提高投资效益。

任何投资项目都与人和社会有着密切的联系,因而从理论上讲,项目社会评价适合于各类投资项目的评价。然而,项目的社会评价难度大、要求高,并且需要一定的资金和时间投入,因此也不是任何项目都有必要进行社会评价。一般而言,社会评价主要是针对那些社会因素复杂、社会影响久远（具有重大负面社会影响或显著社会效益）、社会矛盾突出、社会风险较大、社会问题较多的项目，包括：当地居民受益较大的社会公益性项目；对人民生活影响较大的基础性项目；国家或地区的大中型骨干项目；需要大量居民迁移或者占用农田较多的水利枢纽项目、交通运输项目、矿产和油气田开发项目；扶贫项目；农村区域开发项目；文化教育、卫生等公益性项目等。

二、项目社会评价的内容

项目社会评价中包括了三个方面的内容：社会影响分析、项目与所在地区的互适性分析和社会风险分析。

（一）社会影响分析

项目社会影响分析的目的主要是分析项目对社会环境、社会经济方面可能产生的正面影响（即社会效益）和负面影响（即社会成本）。社会影响分析内容见表5-13。

表5-13 社会影响分析的内容

		社会因素	分析内容
项目社会影响分析	1	项目对所在地居民收入的影响	分析由于项目实施可能造成当地居民收入增加或者减少的原因、范围和程度；收入分配是否公平，是否扩大贫富收入差距；提出促进收入公平分配的措施建议
	2	对居民生活水平与生活质量的影响	分析项目实施后居民居住水平、消费水平、消费结构、人均寿命的变化及其原因
	3	对居民就业的影响	分析项目的建设和运营对当地居民就业结构和就业机会的正面和负面影响
	4	对不同利益群体的影响	分析项目的建设和运营将使哪些人受益或受损以及对受损群体的补偿措施和途径
	5	对脆弱群体的影响	分析项目的建设和运营对当地妇女、儿童、残疾人利益的正面或负面影响
	6	对地区文化、教育、卫生的影响	分析项目可能引起的当地文化教育水平、卫生健康程度的变化以及对当地人文环境的影响
	7	对地区基础设施、社会服务容量和城市化进程的影响	分析项目是否可能增加和占用当地的基础设施以及产生的影响
	8	对少数民族习俗习惯和宗教的影响	分析项目是否符合国家的民族和宗教政策，是否充分考虑了当地民族风俗习惯、生活方式或者宗教信仰，是否会引发民族矛盾、宗教纠纷等

（二）互适性分析

互适性分析是分析项目能否为当地的社会环境、人文条件所接纳以及当地政府、居民支持项目存在与发展的程度，考察项目与当地社会环境的相互适应关系。分析内容主要包括以下三方面。

(1) 分析与项目直接相关的利益群体对项目建设和运营的态度及参与程度,选择可以促进项目成功的各利益群体的参与方式,对可能阻碍项目存在与发展的因素提出防范措施。

(2) 分析项目所在地区的各类组织对项目建设和运营的态度,可能在哪些方面、在多大程度上对项目给予支持和配合。

(3) 分析预测项目所在地区现有技术、文化状况能否适应项目建设和发展。

(三) 社会风险分析

项目社会风险分析是对可能影响项目的各种社会因素进行识别和排序、选择影响面大、持续时间长,并容易导致较大矛盾的社会因素进行预测,分析可能出现这种风险的社会环境和条件。

三、项目社会评价的方法

投资项目社会评价涉及的内容比较广泛,面临的社会问题比较复杂,能够量化的尽量进行定量分析,不能量化的则要根据项目地区的具体情况和投资项目本身的特点进行定性分析。对于经济和环境方面的评价,现在已经形成了一套比较系统的数量评价指标,而对社会方面的评价而言,则主要还是以定性分析为主。

1. 有无对比分析法

有无对比分析法首先要调查在没有拟建项目的情况下,项目地区的社会状况,并预测项目建成后对该地区社会状况的状况,通过对比分析,确定拟建项目所引起的社会变化,即各种效益与影响的性质和程度。

2. 逻辑框架分析法

社会评价用逻辑框架分析法分析事物的因果关系,通过分析项目的一系列相关变化过程,明确项目的目标及其相关联的先决条件,来改善项目的设计方案。

3. 利益群体分析法

利益群体是指与项目有直接或间接的利害关系,并对项目的成功与否有直接或间接影响的所有有关各方,如项目的受益人、受害人与项目有关的政府组织和非政府组织等。利益群体分析法首先要确定项目利益群体一览表,然后评估利益群体对项目成功所起的重要作用并根据项目目标对其重要性作出评价,最后提出在实施过程中对各利益群体应采取的步骤。

本 章 小 结

(1) 项目经济评价包括财务评价(也称财务分析)和国民经济评价(也称经济分析)。

在评价角度、效益和费用的组成、所采用的价格体系和主要参数等方面,财务评价和国民经济评价均不同。不论是财务评价还是国民经济评价,都应遵循以下原则:"有无对比"原则;效益与费用计算口径对应一致的原则;收益与风险权衡的原则;定量分析与定性分析相结合,以定量分析为主的原则;动态分析与静态分析相结合,以动态分析为主的原则。

(2) 财务评价可分为三个步骤,即财务评价基础数据与参数选取、财务效益与费用估算和财务分析。根据投资决策和融资决策的不同需要,财务分析可分为融资前分析和融资后分析。财务分析需编制一系列报表,以此为基础计算各种评价指标。用于财务评价的基本报表包括各类现金流量表、利润与利润分配表、财务计划现金流量表、资产负债表和借款还本付息估算表等。项目财务盈利能力分析的主要指标包括财务内部收益率($FIRR$)、财务净现值($FNPV$)、投资回收期(Pt)、总资产收益率(ROI)、项目资本金净利润率(ROE)等指标。项目偿债能力分析的主要指标包括利息备付率(ICR)、偿债备付率($DSCR$)和资产负债率($LOAR$)等指标。

(3) 国民经济评价中要进行国民经济效益与费用分析,包括直接效益和间接效益、直接费用和间接费用。进行国民经济评价应在经济费用效益估算的基础上编制国民经济费用效益流量表;国民经济评价指标包括经济净现值、经济内部收益率和经济效益费用比。

(4) 不确定性分析主要包括盈亏平衡分析、敏感性分析和概率分析方法。项目评价中的风险分析过程包括风险识别、风险估计、风险评价和风险防范对策等步骤。

(5) 投资项目的社会评价中包括了三个方面的内容:社会影响分析、项目与所在地区的互适性分析和社会风险分析。社会评价方法包括有无对比分析法、逻辑框架分析法和利益群体分析法等。

关 键 词

项目经济评价　财务评价　现金流量表　国民经济评价　不确定性分析　盈亏平衡分析　敏感性分析　风险分析　社会评价

本 章 练 习 题

1. (单选题)某建设项目生产单一产品,已知建成后年固定成本为800万元,单位产品的销售价格为1 300元,单位产品的材料费用为320元,单位产品的变动加工费和税金分别为115元和65元,则该建设项目产量的盈亏平衡点为(　　)件。

　　A. 7 143　　　　　B. 8 163　　　　　C. 6 154　　　　　D. 10 000

2. (单选题)影子价格是商品或生产要素的任何边际变化对国家的基本社会经济目

标所做贡献的价值,因而影子价格是(　　)。

A. 市场价格

B. 反映市场供求状况和资源稀缺程度的价格

C. 计划价格

D. 理论价格

3. (单选题)在对项目进行盈亏平衡分析时,各方案的盈亏平衡点生产能力利用率如下,则抗风险能力较强的是(　　)。

A. 45%　　　　B. 60%　　　　C. 80%　　　　D. 90%

4. (单选题)基准折现率是指(　　)。

A. 投资要求达到的最高收益率　　　　B. 投资要求达到的最低收益率

C. 投资要求达到的适中收益率　　　　D. 投资要求达到的标准收益率

5. (单选题)关于经济净现值的说法中正确的是(　　)。

A. 若经济净现值大于零,则财务净现值肯定大于零

B. 若财务净现值大于零,则经济净现值肯定大于零

C. 若项目的经济净现值大于或等于零,表明该项目从经济资源配置的角度来说是可以被接受的

D. ENPV 大于零,表明项目可以得到以现值计算的超额财务收益

6. (单选题)某项目预计正常年份的利润总额为 200 万元,所得税率为 25%。每年列入总成本费用中的长期借款利息为 35 万元,流动资金借款利息为 22 万元,折旧、摊销 30 万元,还本金额为 100 万元,则该项目当年的偿债备付率为(　　)。

A. 0.96　　　　B. 1.15　　　　C. 1.51　　　　D. 1.70

7. (简答题)财务分析应从哪些方面进行?计算哪些财务评价指标?

8. (简答题)盈亏平衡分析和敏感性分析的含义是什么?如何进行?

第六章 工程项目建设实施阶段的投资控制

> **学习目标**
>
> 学习了本章后,你应该能够:
> 1. 熟悉设计概算和施工图预算的编制方法和过程;掌握设计方案优选的技术经济方法(全寿命费用分析法和价值工程法);
> 2. 掌握工程量清单计价的原理和编制内容;熟悉建设工程承包合同的三种计价方式;
> 3. 熟悉合同价款调整内容,掌握合同价款期中结算的内容,了解竣工结算与支付的内容,掌握如何用挣值法进行投资偏差分析;
> 4. 了解竣工结算编制和报批。

第一节 工程项目设计阶段的投资控制

一般工业与民用建设项目的设计可按初步设计和施工图设计两阶段进行,称为"两阶段设计";对于技术上复杂而又缺乏设计经验的项目,可按初步设计、技术设计和施工图设计三个阶段进行,称为"三阶段设计"。在不同的设计阶段,建设项目投资的表现形式也不同,可分为设计概算和施工图预算。

在工程项目建设过程中,设计阶段是项目投资管理的重要阶段。不同的项目设计方案在项目投资以及交付使用后的经常开支费用(包括经营费用、日常维护修理费用、使用期内大修理和局部更新费用)方面存在很大差异。在设计过程中,业主可以通过设计招投标、设计方案的技术经济分析等手段,选择既满足工艺技术要求又经济合理的方案,达到控制投资的目的。而当设计方案已经确定,并有完整的施工图纸之后,各项控制工作对投资的影响程度就大大降低。特别是在施工合同价确定之后,投资控制的主要任务是以合同为依据,按工程进度办理结算,以控制资金的使用。采取科学有效的措施,主动影响设计过程,可以达到理想的投资效果。

一、设计概算的编制

（一）设计概算的内容和相互关系

设计概算是指在投资估算的控制下,以初步设计文件为依据,按照规定的程序、方法和依据,对建设项目总投资及其构成进行的概略计算。采用两阶段设计的建设项目,初步设计阶段必须编制设计概算,它是初步设计文件的组成部分。采用三阶段设计的项目,技术设计阶段必须编制修正概算。

设计概算是设计文件的重要组成部分,是确定和控制建设项目全部投资的文件,是编制固定资产投资计划、签订承发包合同的依据,同时也是签订贷款合同、项目实施全过程投资控制管理以及考核项目经济合理性的依据。

对于有两个及两个以上单项工程的项目,设计概算按三级概算形式编制,即建设项目总概算、单项工程综合概算和单位工程概算,概算编制内容及相互关系如图6-1所示。只有一个单项工程的项目设计概算按二级概算形式编制,即建设项目总概算和单位工程概算。以下均以三级概算形式为例进行说明。

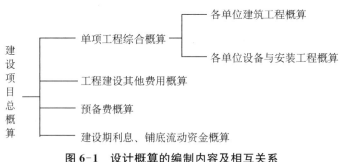

图6-1　设计概算的编制内容及相互关系

（二）单位工程概算的编制方法

单位工程概算是确定单项工程中的各单位工程建设费用的文件,是编制单项工程综合概算或总概算的依据。单位工程概算分为建筑工程概算和设备及安装工程概算两大类。建筑工程概算分为土建工程概算、给排水工程概算、采暖工程概算、通风工程概算、电气照明工程概算、工业管道工程概算、特殊构筑物工程概算等。设备及安装工程概算分为机械设备及安装工程概算、电气设备及安装工程概算等。

1. 建筑单位工程概算的编制方法

（1）概算定额法。概算定额法也称扩大单价法。当初步设计达到一定深度、建筑结构方案已经肯定时,可采用这种方法编制建筑工程概算。采用概算定额法编制概算,首先应根据概算定额编制扩大单位估价表(概算定额基价),然后用算出的扩大分部分项工程的工程量,乘以扩大单价,进行具体计算,其中工程量的计算是根据定额中规定的各个扩大分部分项工程内容,遵循定额中规定的计量单位、工程量计算规则及方法来进行。

采用概算定额法编制建筑工程概算比较准确,但计算比较烦琐。

(2) 概算指标法。当初步设计深度不够、不能准确地计算工程量,但工程采用的技术比较成熟而又有类似概算指标可以利用时,可采用概算指标来编制概算。

概算指标是按一定单位规定的,比概算定额更综合扩大的分部工程或单位工程的劳动、材料和机械台班的消耗量标准和造价指标。在建筑工程中,它往往按完整的建筑物、构筑物以 m^2、m^3 或座等为计量单位。

当设计对象在结构特征、地质及自然条件上与概算指标完全相同时,如基础埋深及形式、层高、墙体、楼板等主要承重构件相同,就可直接套用概算指标编制概算。

当设计对象的结构特征与某个概算指标有局部不同时,则需要对该概算指标进行修正,然后用修正后的概算指标进行计算。修正计算公式如下:

$$\text{单位造价修正指标} = \text{原指标单位} - \text{换出结构构件价值} + \text{换入结构构件价值} \tag{6-1}$$

$$\text{换出(换入)结构单价} = \text{换出(换入)结构构件工程量} \times \text{相应的概算定额地区单价} \tag{6-2}$$

(3) 类似工程预决算法。当工程设计对象与已建或在建工程相类似,结构特征基本相同,或者概算定额和概算指标不全,就可以采用这种方法编制单位工程概算。

类似工程预决算法是以原有的相似工程的预决算为基础,按编制概算指标的方法,求出单位工程的概算指标,再按概算指标法编制建筑工程概算。

利用类似工程预决算法应考虑到设计对象与类似预算的设计在结构与建筑上的差异、地区工资的差异、材料预算价格的差异、施工机械使用费的差异和企业管理费的差异等。其中结构设计与建筑设计的差异可参考修正概算指标的方法加以修正,而其他的差异则需编制修正系数。

计算修正系数时,先求类似预算的人工工资、材料费、机械使用费等在全部价格中所占比重,然后分别求其修正系数,最后求出总的修正系数,用总修正系数乘以类似预算的价值,就可以得到概算价值。计算公式如下:

$$\text{工资修正系数 } K_1 = \frac{\text{编概算地区人工工资标准}}{\text{类似工程所在地区人工工资标准}} \tag{6-3}$$

$$\text{材料预算价格修正系数 } K_2 = \frac{\sum(\text{类似工程各主要材料量} \times \text{编概算地区材料预算价格})}{\text{类似工程主要材料费用}} \tag{6-4}$$

$$\text{机械使用费修正系数 } K_3 = \frac{\sum(\text{类似工程各主要机械台班数} \times \text{编概算地区机械台班单价})}{\text{类似工程主要机械的使用费}} \tag{6-5}$$

$$\begin{matrix}\text{总修}\\ \text{正系数}\end{matrix} K = \frac{\text{类似预算}}{\text{工资比重}} \times K_1 + \frac{\text{类似预算}}{\text{材料费比重}} \times K_2 + \frac{\text{类似预算}}{\text{机械费比重}} \times K_3 \quad (6-6)$$

当设计对象与类似工程的结构有部分不同时,就应增减工程价值,然后再求出修正后概算价值,计算公式如下:

$$\text{修正后的概算价值} = \left(\begin{matrix}\text{类似预}\\ \text{算直接费}\end{matrix} \times \begin{matrix}\text{总修}\\ \text{正系数}\end{matrix} \pm \begin{matrix}\text{结构}\\ \text{增减值}\end{matrix} \right) \times (1 + \text{综合费率}) \quad (6-7)$$

2. 设备及安装单位工程概算的主要编制方法

(1) 设备购置概算的编制方法。设备购置费由设备原价和设备运杂费组成。在编制概算时,国产标准设备原价可根据设备型号、规格、性能、材质、数量及附带的配件,向制造厂家询价,或向设备、材料信息部门查询;国产非标设备原价,可用每台设备估价指标(元/台)乘以设备台数,或每吨设备估价指标(元/吨)乘以设备吨重进行确定。设备运杂费按规定的运杂费率计算。

(2) 设备安装工程概算的编制方法。

① 预算单价法。当初步设计有详细设备清单时,可直接按预算价编制设备安装单位工程概算。根据计算的设备安装工程量,乘以安装工程预算综合单价,经汇总求得。用预算单价法编制概算,计算比较具体,精确性较高。

② 扩大单价法。当初步设计的设备清单不完备,或仅有成套设备的质量时,可采用主体设备、成套设备或工艺线的综合扩大安装单价编制概算。

③ 概算指标法。当初步设计的设备清单不完全或安装预算单价及扩大综合单价不全,无法采用预算单价法和扩大单价法时,可采用概算指标编制概算。常用的概算指标形式包括两类:一是按设备费的百分比计算安装工程费用,适用于价格波动不大的定型产品和通用产品;二是按每吨设备安装费指标计算安装工程费用,适用于设备价格波动较大的非标准设备和引进设备的安装工程概算。

(三) 单项工程综合概算的编制方法

单项工程综合概算是确定一个单项工程所需建设费用的文件,是根据单项工程内各专业单位工程概算汇总编制而成的。按三级概算形式,单项工程综合概算的组成内容如图 6-2 所示。

综合概算以单项工程所属的单位工程概算为基础,采用综合概算表进行编制,分别按各单位工程概算汇总成若干个单项工程综合概算。综合概算表是根据单项工程内的各个单位工程概算等基本资料,按照统一规定的表格进行编制的。

对单一的、具有独立性的单项工程建设项目,按二级编制形式编制,不需编制单项工程综合预算,直接编总概算。

(四) 项目总概算的编制方法

建设项目总概算是确定整个建设项目从筹建到竣工验收所需全部费用的文件,它是由各个单项工程综合概算以及工程建设其他费用、预备费和其他专项费用(包括建设期利息和铺底流动资金)概算汇总编制而成的。

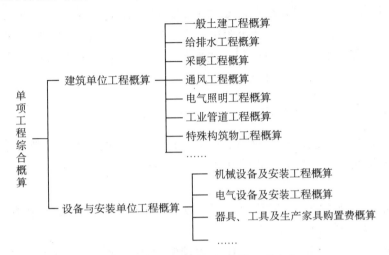

图 6-2　单项工程综合概算的组成内容

总概算文件一般主要包括编制说明和总概算表。编制说明内容包括项目概况、主要技术经济指标、资金来源、编制依据、其他需要说明的问题以及总说明附表。总概算表中列出的建设项目概算总投资的内容包括工程费用、工程建设其他费用、预备费、建设期利息和铺底流动资金等。

项目总概算的组成内容如图 6-3 所示。

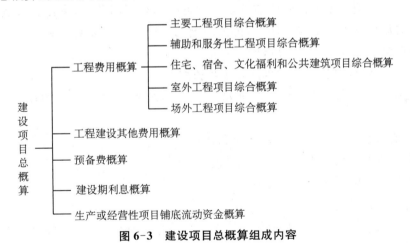

图 6-3　建设项目总概算组成内容

二、施工图预算

(一)施工图预算的含义和组成

施工图预算是确定建筑安装工程预算造价的文件,它是以施工图设计为依据,并根据预算定额、取费标准以及项目所在地区人工、材料、机械台班价格进行编制的。施工图预算是施工图设计阶段合理确定和有效控制工程项目投资的重要依据。

与设计概算的编制过程相似,施工图预算是由单位工程设计预算、单项工程综合预算和建设项目总预算三级预算逐级汇总组成的。由于施工图预算是以单位工程为单位编制,按单项工程综合而成,所以施工图预算编制的关键在于编好单位工程施工图预算。这里仅就单位工程施工图预算的编制方法作详细介绍。单项工程综合预算和建设项目总预算的编制方法与设计概算相同。

(二)施工图预算的编制方法

尽管建筑安装工程包含的专业类别很多,各类工程的内容和施工方法各不相同,但施工图预算的编制方法主要有单价法和实物量法两种。

1. 单价法

单价法是编制施工图预算时广泛采用的方法。用单价法编制施工图预算,可使用工料单价法,也可采用综合单价法。

工料单价法,又称定额单价法,是用事先编制好的分项工程单位估价表中的工料单价来编制施工图预算的方法。工料单价是指包含人工费、材料费和施工机具使用费的定额基价。

综合单价法,又称工程量清单单价法,是根据招标人按照国家统一的工程量计算规则提供工程数量,采用综合单价的形式计算工程造价的方法。综合单价是指除人工费、材料费和施工机具使用费之外还包括管理费和利润的单价。

本书仅以工料单价为例说明单价法编制施工图预算的步骤。采用工料单价法编制施工图预算时,要把分项工程单位估价表中的各项工程工料单价,乘以相应的分项工程工程量,汇总后得到单位工程直接费,再按规定的程序计算企业管理费、规费和税金,最后汇总得到单位工程施工图预算造价。

用工料单价法编制施工图预算的基本步骤如下。

(1) 编制前的准备工作。包括两个方面:一是组织准备;二是资料的收集和现场情况的调查。

(2) 熟悉图纸、预算定额以及单位估价表。

(3) 了解施工组织设计和施工现场情况。

(4) 划分工程项目和计算工程量。

(5) 套用预算定额单价。

(6) 编制工料分析表。工料分析是依据定额或单位估价表,计算各分项工程人工和各种材料的实物消耗量,并将主要材料汇总成表。

(7) 计算主材费。因为许多定额项目基价为不完全价格,未包括主材费用在内,这种情况下需要单独计算出主材费。

(8) 按计价程序计算企业管理费、利润、规费和税金,并计算汇总工程造价。

用工料单价法计算单位工程直接费的计算公式为:

$$单位工程施工图预算造价 = \sum \left(分项工程量 \times 分项工程工料单价 \right) + 企业管理费 + 利润 + 规费 + 税金 \tag{6-8}$$

2. 实物量法

实物量法是依据施工图纸、预算定额项目划分及工程量计算规则,先计算出分部分项工程量,然后套用预算定额来编制施工图预算的方法。具体做法是:先依据施工图纸计算出各分项工程量,分别套取预算定额(实物量定额),计算出单位工程所需的各种人工、材料、施工机械台班的消耗量,再分别乘以当时当地各种人工、材料、施工机械台班的实际单价,计算出人工费、材料费和施工机具使用费。企业管理费、利润、规费和税金等的计算方法与单价法相同。

用实物量法编制施工图预算的主要计算公式为:

$$\begin{aligned}
单位工程人工、材料、机具使用费 = & \sum \left(工程量 \times 材料预算定额单位用量 \times 当时当地材料预算价格 \right) \\
& + \sum \left(工程量 \times 人工预算定额单位用量 \times 当时当地人工工资单价 \right) \\
& + \sum \left(工程量 \times 施工机械台班预算定额单位用量 \times 当时当地机械台班单价 \right)
\end{aligned} \tag{6-9}$$

可以看出,实物量法和单价法的最大区别在于中间步骤,也就是计算人工费、材料费和施工机械使用费这三种费用之和的方法不同。采用实物量法时,在计算出工程量后,不直接套用预算定额单价,而是将量价分离,先套用相应预算人工、材料、机械台班定额用量,并汇总出各类人工、材料和机械台班的消耗量,再分别乘以相应的人工、材料和机械台班的实际单价,得出单位工程的人工费、材料费和机械使用费。

采用实物法编制施工图预算的优点是:由于所用的人工、材料和机械台班的单价都是当时当地的市场价格,所以编制出的预算能比较准确地反映当时当地工程价格水平,不需要调价。

三、设计方案优选的技术经济方法

在工程项目设计阶段,项目投资方可通过设计招投标、设计方案竞选和限额设计等方法进行设计优选,也可以通过项目全寿命费用分析和价值工程方法等技术经济分析方法进行方案优选等。

在设计方案优选时进行技术经济分析的目的是按照经济效果评价原则,采用科学的方法,用一个或一组主要指标对设计方案的项目功能、投资、工期和设备、材料、人工消耗等方面进行定量与定性分析相结合的综合评价,从而择优确定技术经济效果好的设计方案。本节将介绍几种常用于设计方案优选的技术经济分析方法。

(一)全寿命费用分析法

在工程项目设计阶段,设计方案的选择往往对投产后的产出效益无直接影响,而对工程投资及其投产后的经营费用、修理费用影响较大。在这种情况下,设计方案技术经济分析中只需比较各方案的全寿命费用大小。全寿命费用分析方法分为最小费用法、费用现值法、费用年值法三种。

1. 最小费用法

最小费用法,又称计算费用法,是使用最广泛的技术经济分析方法。它是以货币表示的计算费用来反映设计方案对物化劳动和活化劳动量消耗的多少,进而评价设计方法优劣的方法。该方法的计算公式为:

$$年计算费用 = 投资总额 \times 投资效果系数 + 年生产成本 \quad (6-10)$$

$$项目总计算费用 = 投资总额 + 年生产成本 \times 标准投资回收期 \quad (6-11)$$

式(6-10)中,投资效果系数是标准投资回收期的倒数。根据计算结果,计算费用最小的设计方案为最佳方案。

【例 6-1】 某工程项目共有三个设计方案,有关资料见表 6-1。标准投资回收期为 5 年。试用最小费用法进行方案选择。

解:依据公式(6-10),有:

$$甲方案的年计算费用 = 5\ 000 \times \frac{1}{5} + 1\ 600 = 2\ 600(万元)$$

$$甲方案的总计算费用 = 5\ 000 + 1\ 600 \times 5 = 13\ 000(万元)$$

三个方案的计算费用结果如表 6-1 所示。表中计算结果显示,甲方案的计算费用最低,是最佳方案。

表 6-1 最小费用法计算表 (单位:万元)

设计方案	投资总额	年生产成本	年计算费用	项目总计算费用
甲方案	5 000	1 600	2 600	13 000
乙方案	6 000	1 450	2 650	13 250
丙方案	5 600	1 520	2 640	13 200

最小费用法的计算较为简单,但同时也存在明显的缺陷:该方法是静态分析,没有考虑资金的时间价值;该方法只考虑了投资回收期内的生产成本,忽略了投资回收后的成本,因此不是真正的全寿命分析方法。

2. 费用现值法

费用现值法是将不同设计方案的投资现值与年运行成本现值相加,比较现值之和的大小。费用现值和最小的方案为最佳方案。这种方法适合于具有相同寿命期设计方案的比较。费用现值的计算公式为:

$$PC = \sum_{t=0}^{n}(C_t + V_t)(1+i)^{-t} - S \times (1+i)^{-n} \quad (6-12)$$

式(6-12)中,PC 为方案的费用现值;C_t 为第 t 年的投资;V_t 为第 t 年的运行费用;S

为项目残值；i 为基准收益率；n 为项目计算期。

【例 6-2】 某工程在进行工艺管道设计时提出两种方案。A 方案的投资额为 1 000 万元，年运行成本为 400 万元，预计残值为 200 万元；B 方案的投资额为 1 500 万元，年运行成本为 300 万元，预计残值为 100 万元。两种设计方案下，工程的寿命期相同，均为 8 年，项目的基准收益率为 10%。两方案的费用现值计算如下：

$$PC_A = 1\,000 + 400 \times (P/A, 10\%, 8) - 200 \times (P/F, 10\%, 8)$$
$$= 1\,000 + 400 \times 5.334\,9 - 200 \times 0.466\,5 = 3\,040.66(万元)$$
$$PC_B = 1\,500 + 300 \times (P/A, 10\%, 8) - 100 \times (P/F, 10\%, 8)$$
$$= 1\,500 + 300 \times 5.334\,9 - 100 \times 0.466\,5 = 3\,053.82(万元)$$

A 方案的费用现值较低，故应选择 A 方案。

2. 费用年值法

费用年值法是将不同设计方案的投资与年运行成本折算成与其等值的各年年末等额成本，费用年值最低的设计方案为最佳方案。无论项目寿命期是否相同，都可以使用这种方法。该方法的计算公式为：

$$AC = \left(\sum_{t=0}^{n}(C_t + V_t)(1+i)^{-t} - S \times (1+i)^{-n} \right)(A/P, i, n) \qquad (6\text{-}13)$$

式(6-13)中，AC 为方案的费用年值。

【例 6-3】 某工程有两个设计方案，甲方案投资为 1 800 万元，寿命期为 6 年，年运行成本为 550 万元，预计残值为 200 万元；乙方案投资为 2 600 万元，寿命期为 10 年，年运行成本为 400 万元，预计残值为 300 万元。项目的基准收益率为 15%。两方案的费用年值计算如下：

$$AC_甲 = [1\,800 + 550 \times (P/A, 15\%, 6) - 200 \times (P/F, 15\%, 6)] \times (A/P, 15\%, 6)$$
$$= (1\,800 + 550 \times 3.784 - 200 \times 0.432) \times \frac{1}{3.784}$$
$$= 1\,002.85(万元)$$
$$AC_乙 = [2\,600 + 400 \times (P/A, 15\%, 10) - 300 \times (P/F, 15\%, 10)] \times (A/P, 15\%, 10)$$
$$= (2\,600 + 400 \times 5.019 - 300 \times 0.247) \times \frac{1}{5.019}$$
$$= 903.27(万元)$$

乙方案的费用年值较低，故应选择乙方案。

（二）价值工程

1. 价值工程的基本概念

价值工程(value engineering，VE)又称价值分析(value analysis，VA)。价值工程是以产品或项目的功能分析为核心，以提高产品或项目的价值为目的，寻求以较低的寿命周期成本实现产品或项目的必要功能的一项有组织的创造性活动。价值工程涉及功能、寿命周期成本和价值等三个基本要素,其关系可以用公式表示为:

$$价值(V) = \frac{产品或作业具有的功能(F)}{获取该功能的全寿命周期成本(C)} \quad (6-14)$$

(1) 价值。价值是指产品或项目(价值分析的对象)具有的功能与获取该功能的寿命周期成本的比值。它不是研究对象的使用价值、经济价值或交货价值,而是研究对象的比较价值。

(2) 功能。功能是指产品或项目所具有的性能或属性。对产品或项目进行功能分析是价值工程的核心。用户购买任何产品或项目,不是购买产品或项目的形态,而是购买其功能。具有相同功能但成分或结构不同的产品,其成本一般是不相同的。价值工程就是通过对实现功能的不同手段的比较,抓住功能这一实质,寻找最经济合理的途径,达到保证功能,降低成本,提高价值的目的。

功能的确定主要考虑三方面因素:①功能本身必须适合用户的某种需求;②功能必须符合用户的条件和环境;③功能必须适合用户的承受能力。

(3) 全寿命周期成本。项目全寿命周期成本是指产品或项目在寿命期内(包括从研制、生产到销售、使用的全过程)发生的全部费用,即

$$C = C_1 + C_2 \quad (6-15)$$

式(6-15)中,C_1 为研制、生产费用;C_2 为使用费用(扣除净残值)。

在一定范围内,研制、生产费用和使用费用存在此消彼长的关系。随着产品或项目的功能水平提高,产品或项目的研制、生产费用 C_1 增加,使用费用 C_2 降低;反之,产品或项目的功能水平降低,其研制、生产费用 C_1 降低,但使用费用 C_2 会增加。因此,当功能水平逐步提高时,寿命周期成本 $C = C_1 + C_2$ 呈 U 形变化,如图 6-4 所示。价值工程的目的是在满足功能的前提下,寻求最低的全寿命周期成本,即 C 为最小值 $C_{\min}$。此时所对应的功能 F^* 为最适宜的功能水平。

2. 提高价值的五种途径

根据公式(6-14)可知,价值工程的基本原理是 $V = F/C$,这不仅反映出了产品或项目的价值与功能、获取此功能所耗成本之间的关系,而且也为提高价值提供了有效途径。

(1) $F \uparrow, C \rightarrow$:在产品或项目的全寿命周期成本不变的条件下,通过提高产品的功能,达到提高价值的目的。

(2) $F \rightarrow, C \downarrow$:在保证产品或项目功能不变的前提下,通过降低全寿命周期成本,达到提高价值的目的。

(3) $F \downarrow, C \downarrow \downarrow$:产品或项目的功能略有下降,但全寿命周期成本大幅度降低,从而使产品或项目的价值提高。

(4) $F \uparrow \uparrow, C \uparrow$:产品或项目的全寿命周期成本略有上升,但功能大幅度提高,从而使产品或项目的价值提高。

(5) $C \downarrow, F \uparrow$:在提高产品或项目功能的同时,降低全寿命周期成本,大大提高产品

或项目的价值。这是提高产品或项目价值的最为理想的途径。

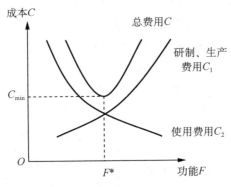

图 6-4　全寿命周期成本曲线

3. 价值工程的工作程序

在开展价值工程活动时,一般需划分为4个阶段,即准备阶段、分析阶段、创新阶段和实施阶段。每个阶段又可细分为若干步骤,共计12个步骤。价值工程的一般工作程序见表6-2。在实践中可针对企业和分析对象的实际情况灵活执行,对工作程序进行适当调整。

表 6-2　价值工程的一般工作步骤

阶段	步骤	阶段	步骤
准备阶段	1. 对象选择	创新阶段	7. 方案创新
	2. 组成价值工程工作小组		8. 方案评价
	3. 制订工作计划		9. 提案编写
分析阶段	4. 收集整理信息资料	实施阶段	10. 审批
	5. 功能分析		11. 实施与检查
	6. 功能评价		12. 成果鉴定

下面将就价值工程工作程序中的四项重要工作(即价值工程对象选择、功能分析、功能评价和方案评价)进行详细介绍。

(1) 价值工程对象选择。价值工程是就某些具体对象开展的有针对性的分析评价和改进。一项产品往往是由很多零件(或要素、环节)组成,因此不可能、也不需要对它们的功能做全面分析。在价值工程对象选择时应抓住主要矛盾,价值工程的对象选择过程就是逐步收缩研究范围、寻找目标、确定重点问题的过程。能否正确地选择价值工程对象,是价值工程活动收效大小的关键。价值工程对象选择的原则是:优先考虑对企业生产经营有重要影响或对国计民生有重大影响的产品或项目;在改善价值上有较大潜力(如产量大、质量差、成本高、消耗大、结构复杂等),可取得较大经济效益的产品或项目。

价值工程对象选择往往要兼顾定性分析和定量分析,常用的方法有经验分析法、百分比法、ABC分析法、强制确定法和最合适区域法。这里主要介绍强制确定法。

强制确定法又称FD法,在选择价值工程的对象、进行功能评价和方案评价中都可以使用。强制确定法是根据价值系数的大小确定价值工程活动对象的方法。当一个产品或项目由多种部件或分部分项工程组成,且其重要程度各不相同时常用该种方法。应用这种方法时应先求出分析对象的功能评价系数和成本系数,然后求出二者的比值,即价值系数,最后依据价值系数的大小确定价值工程活动的对象。

① 功能评价系数。功能评价系数是通过一对一的比较后,给各个功能或零部件打分而求得的。用强制确定法确定零件功能评价系数时,通常可采用0-1评分法,即先把零件排列成矩阵,再对零件功能的重要程度进行两两比较,功能重要的得1分,不重要的得0分;然后,把零件的功能得分累计起来,除以全部零件的功能得分总数,即为该零件功能评价系数:

$$零件功能评价系数 = \frac{某零件功能得分值}{全部零件功能得分合计} \tag{6-16}$$

功能评价系数定量地说明了每一个零件在全部零件中的功能重要程度。0-1评分一般由5~15个熟悉产品或零件的人员参与,各自独立打分。为防止功能得分累积为零的情况发生,通常采用将各零件功能累积得分各加1分的方法予以修正,在计算各零件的功能评价系数。表6-3是某位对某产品几种零件功能评价结果。

表6-3 功能评价系数表(某位评分者)

零件名称	A	B	C	D	E	F	G	H	功能得分	修正后的功能得分	功能评价系数
A	×	1	1	0	1	1	1	1	6	7	0.194 4
B	0	×	1	0	1	1	1	1	5	6	0.166 7
C	0	0	×	0	1	1	1	0	3	4	0.111 1
D	1	1	1	×	1	1	1	1	7	8	0.222 2
E	0	0	0	0	×	0	1	0	1	2	0.055 6
F	0	0	0	0	1	×	1	0	2	3	0.083 3
G	0	0	0	0	0	0	×	0	0	1	0.027 8
H	0	0	1	0	1	1	1	×	4	5	0.138 9
合计									28	36	1.000 0

根据所有评分者的评分分别计算功能评价系数,进行平均计算得出零件最终的功能评价系数。

② 成本系数。零件成本系数的确定方法是:首先,确定各个零件的目前成本,将各个零件成本相加得出总成本;其次,再将各个零件成本除以总成本,即得出各零件的成本系数。公式为:

$$零件成本系数 = \frac{该零件目前成本}{全部零件成本} \tag{6-17}$$

成本系数计算的具体过程详见表6-4的第4栏和第5栏。

③ 价值系数。各零件功能评价系数和成本系数求出后,可计算零件的价值系数,公式如下:

$$价值系数 = \frac{零件功能评价系数}{零件成本系数} \qquad (6-18)$$

表 6-4 是零件价值系数计算表。由表 6-4 可见,零件价值系数有的等于 1,有的大于 1,有的小于 1。按照"多能多得"原则,一般情况下,零件成本比重应与其功能水平相平衡协调,即价值系数应等于 1 或接近 1。若价值系数小于 1(如零件 B、C、E、F、G),即功能评价系数低于成本系数,说明该零件功能重要性较小,而所占成本较高,存在降低成本的潜力,在开展价值工程活动时,应选为分析研究的对象;若价值系数大于 1,说明功能较高或成本过低,应视情况剔除不必要功能,或在重要功能上适当增加成本,以确保重要功能的实现;若价值系数等于 1 或接近 1,就意味着功能的重要性与成本比重相当,这种情况一般不作为价值工程对象。

表 6-4 零件价值系数计算表

零件名称	修正后的功能得分	功能评价系数	目前成本（元）	成本系数	价值系数	选择结果
A	7	0.194 4	100	0.156 3	1.243 8	
B	6	0.166 7	150	0.234 4	0.711 2	√
C	4	0.111 1	80	0.125 0	0.888 8	√
D	8	0.222 2	120	0.187 5	1.185 1	
E	2	0.055 6	40	0.062 5	0.889 6	√
F	3	0.083 3	70	0.109 4	0.761 4	√
G	1	0.027 8	30	0.046 9	0.592 8	√
H	5	0.138 9	50	0.078 1	1.778 5	
合计	36	1.000 0	640	1.000 0		

(2) 功能分析。功能分析是价值工程活动的核心,决定着价值工程活动的有效程度。价值工程的主要目的,就是要在功能分析的基础上,探索功能要求,通过创新获得以最低成本可靠地实现这些功能的手段和方法,提高对象的价值。通过功能分析,可以加深对分析对象的理解,明确分析对象功能的性质和相互关系,从而调整功能结构,使功能结构平衡,功能水平合理。

① 功能定义与分类。功能分析在进行功能分析时,要对功能进行定义和分类。功能定义就是用简单明确的语言表述价值工程对象的作用或效用,通常用一个动词加一个名词表述,如梁的功能是"传递荷载"。依据功能的不同特性,可将功能分成以下四类。

功能按其重要程度,可分为基本功能和辅助功能。基本功能是产品的主要功能,对实现产品的使用目的起着最主要和必不可少的作用。辅助功能是次要功能,是为了实现基本功能而附加的功能。

功能按照其实用性也可分为实用功能和非实用功能。实用功能必须承担产品或项目所要求实现的效用,非实用功能是指使供需双方愉悦(更多的是顾客愉快)的效用。

从功能性质角度进行分类,可分为使用功能和美学功能。使用功能是从功能的内涵上反映其使用属性,是一种动态功能;美学功能是从产品外观反映功能的艺术属性,是一种静态的外观属性。

从用户需求的角度进行分类,产品或项目的功能可分为必要功能和不必要功能。必要功能是用户要求的功能;不必要功能是指不符合用户要求的功能。不必要功能又可分为多余功能、重复功能和过剩功能。

② 功能整理。功能整理是把各个功能之间的相互关系加以系统化,找出各局部功能相互之间的逻辑关系,并排列成一个体系,用图表形式明确产品的功能系统。功能整理的目的是确认功能定义的准确性,明确各功能之间的相互关系,明确必要功能和不必要功能、基本功能和辅助功能等。图 6-5 是功能系统图的一般模式。

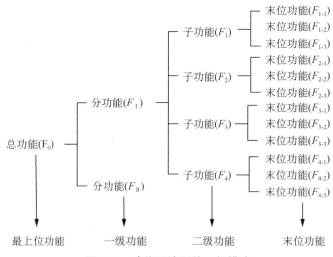

图 6-5 功能系统图的一般模式

(3) 功能评价。在价值工程方法中,实施功能评价的情况有两种,一是对原有分析对象进行改进,二是作为方案创新的评价依据。这里主要分析第一种情况,此时功能评价的目的是探究分析对象各项功能的价值,找出低价值的功能区域,以明确需要改进的具体功能范围,并确定功能目标成本。功能分析的具体过程如下四方面。

① 确定各项功能现实成本。功能的现实成本是将分析对象的实际成本分配到各项功能上去。

② 确定分析对象目标成本。目标成本是指可靠地实现所需功能的最低成本,通过对分析对象的现实成本与能完成同样功能的类似外部成本进行比较而定。

③ 计算功能价值系数。功能价值系数的计算有绝对值计量法和相对值计量法两种。采用绝对值计量法的公式为:

$$功能价值系数 V = \frac{功能评价值 F}{功能实现成本 C} \quad (6-19)$$

相对值计量法的公式为：

$$功能价值系数 V_i = \frac{功能评价系数 F_i}{功能成本系数 C_i} \quad (6-20)$$

前面谈到的强制确定法亦可用于功能价值系数的确定。

功能价值系数的计算结果分为如下三种情况。

第一，功能价值系数等于1，说明评价对象的功能重要程度与成本比重相匹配，可以认为功能目前的成本是合理的。

第二，价值系数小于1，则表明目前成本偏高，应将评价对象列为改进对象，改进目标主要是降低成本。

第三，价值系数大于1，其原因可能有三种：一是目前成本偏低，不能满足评价对象实现其应有功能的要求，这时改进方向是增加成本；二是存在功能过剩的问题，改进方向是降低功能水平；三是客观上存在功能重要而成本消耗较少的情况，从而无须改进。

④ 功能成本改进的期望值。当确定了分析对象的目标成本和功能评价系数之后，即可计算功能成本改进期望值。例如，若整体功能的目标成本为 5 000 元，而功能 F^* 的功能评价系数为 0.2，则功能 F^* 的目标成本即为 $5\,000 \times 0.2 = 1\,000$(元)。若 F^* 的现实成本为 1 500 元，则其成本改进期望值为 $1\,000 - 1\,500 = -500$(元)。

(4) 方案评价。在方案创新阶段提出的方案是多种多样的，能否付诸实施，就必须对各个方案进行评价。方案评价就是评定方案的优劣，衡量的标准是价值的高低，而不仅仅是功能或成本的高低，即应以功能与成本的比率作为最终的评价标准。因此，方案评价就是从众多的备选方案中，选出价值最高的可行方案。方案评价一般包括概略评价和详细评价两个步骤，内容都包括技术评价、经济评价和社会评价三个方面内容。

第二节　工程项目发承包阶段的投资控制

一、工程量清单计价

采用工程量清单方式计价和报价是国际上通行的做法。2003 年，建设部和国家质监总局联合发布了《建设工程工程量清单计价规范》，其中对工程量清单的组成、项目划分、工程量计算规则等问题作了明确的规定；2008 年、2013 年又分别针对执行中存在的问题进行了修编。这对进一步规范工程量清单计价行为具有十分重要的意义。

（一）工程量清单计价原理

1. 工程量清单的概念

工程量清单是载明建设工程分部分项工程项目、措施项目和其他项目的名称和相应数量以及规费和税金项目等内容的明细清单。在不同阶段，又可分别称为招标工程量清单和已标价工程量清单等。

（1）招标工程量清单，是指招标人依据国家标准、招标文件、设计文件以及施工现场实际情况编制的，随招标文件发布供投标报价的工程量清单。招标工程量清单是工程量清单计价的基础，应作为编制招标控制价、投标报价、计算或调整工程量、施工索赔等的依据之一。其基本功能是作为信息的载体，为投标人提供必要的信息，为投标人创造一个公开、公平、公正的竞争环境。

（2）已标价工程量清单，是指构成合同文件组成部分的投标文件中已标明价格，经算术性错误修正（如有）且承包人已确认的工程量清单。

2. 工程量清单的作用

（1）在招投标阶段，招标工程量清单为投标人提供了一个平等竞争的基础。工程量清单列出了将要求投标人完成的工程项目及其相应工程实体的数量，为投标人提供拟建工程的基本内容、实体数量和质量要求等信息。这使所有投标人所掌握的信息相同，受到的待遇是客观、公正和公平的。

（2）在招标投标过程中，工程量清单是工程计价的依据。招标人根据工程量清单编制招标工程的招标控制价；投标人按照工程量清单所表述的内容，依据企业定额计算投标价格，自主填报工程量清单所列项目的单价与合价。

（3）工程量清单是工程款拨付和最终结算的依据。发包人根据承包人完成工程量清单规定内容的情况，以投标时在工程量清单中所报的单价作为支付工程进度款和进行结算的依据。

（4）工程量清单是调整工程量、进行工程索赔的依据。在发生工程变更、索赔、增加新的工程项目等情况时，可以选用或者参照工程量清单中的分部分项工程或计价项目与合同单价来确定变更项目或索赔项目的单价和相关费用。

（5）工程量清单是业主投资控制的有效手段。采用工程量清单计价的工程，业主能够及时了解由于工程变更、物价波动等因素对投资带来的影响，通过方案比较，选择恰当的处理方式。

3. 工程量清单计价的适用范围

工程量清单计价适用于建设工程发承包及其实施阶段的计价活动。

（1）依照《建设工程工程量清单计价规范》的规定，使用国有资金投资的建设工程发承包，必须采用工程量清单计价。

① 国有资金的投资项目包括全部使用国有资金投资或国有资金投资为主的建设工程项目。国有资金投资为主的工程建设项目是指国有资金占投资总额50%以上，或虽不足50%但国有投资者实质上拥有控股权的工程建设项目。

② 国有资金投资的工程建设项目包括使用国有资金投资和国有融资投资的工程建设项目。

使用国有资金投资项目的范围包括：使用各级财政预算资金的项目；使用纳入财政管理的各种政府性专项建设基金的项目；使用国有企事业单位自有资金，并且国有资产投资者实际拥有控制权的项目。

国家融资项目的范围包括：使用国家发行债券所筹资金的项目；使用国家对外借款或者担保所筹资金的项目；使用国家政策性贷款的项目；国家授权投资主体融资的项目；国家特许的融资项目。

（2）非国有资金投资的建设工程，宜采用工程量清单计价。

（3）不采用工程量清单计价的建设工程，应执行清单计价规范除工程量清单等专门性规定外的其他规定。

4. 工程量清单计价过程

工程量清单计价是以工程量清单为依据，在工程发承包、施工和竣工交付阶段，对工程造价及其构成内容进行预测、估计和计算的活动。其过程包括以下几方面。

（1）招标人编制招标工程量清单。在工程招投标阶段，由招标人依照工程量清单计价规范、施工图纸等资料设置清单项目，按工程量计算规则计算各个清单项目工程量。

（2）招标人编制招标控制价。招标控制价是招标人根据国家或省级、行业建设主管部门颁发的有关计价依据和办法，以及拟定的招标文件和招标工程量清单，结合工程具体情况编制的招标工程的最高投标限价。《建设工程工程量清单计价规范》（GB 50500—2013）规定，国有资金投资的工程建设项目应实行工程量清单招标，招标人必须编制招标控制价。

（3）投标人编制投标报价。投标人在工程招标发包过程中，按照招标文件及工程量清单的要求，结合工程特点、自身的施工技术、装备和管理水平，依据有关计价规定自主确定投标报价。

（4）承发包人进行合同价款调整和结算。在施工阶段，承发包双方依据合同约定、建设项目实际情况和相关法律法规，进行合同价款的调整、工程计量和工程结算。

5. 工程量清单的计价方式

实行工程量清单计价应采用综合单价法。这里的综合单价是指完成一个规定清单项目所需的人工费、材料和工程设备费、施工机具使用费和企业管理费、利润以及一定范围内的风险费用。不论分部分项工程项目、措施项目还是其他项目，其综合单价的组成内容均包括除规费、税金以外的所有金额。

（二）招标工程量清单的编制

1. 招标工程量清单的编制主体和内容

招标工程量清单应由具有编制能力的招标人或受其委托、具有相应资质的工程造价咨询人或招标代理人编制。根据《工程造价咨询企业管理办法》（住房和城乡建设部令第24号修正）的规定，工程造价咨询企业应当依法取得工程造价咨询资质，并在其资质许可的范围内从事工程造价咨询活动。

采用工程量清单方式招标的工程,招标人必须将工程量清单作为招标文件的组成部分,连同招标文件一并发(售)给投标人。招标人对编制的工程量清单的准确性和完整性负责,投标人依据招标工程量清单进行投标报价。

招标工程量清单应以单位(项)工程为单位编制,由分部分项工程项目清单、措施项目清单、其他项目清单、规费和税金项目清单组成。

2. 分部分项工程量清单的编制

分部分项工程量清单应载明项目编码、项目名称、项目特征、计量单位和工程量五个要件。这五个要件在分部分项工程量清单的组成中缺一不可。分部分项工程项目清单必须根据各专业工程现行的工程量计算规范,按规定的项目编码、项目名称、项目特征、计量单位和工程量计算规则进行编制。分部分项工程量清单与计价表的格式如表 6-5 所示。在编制招标工程量清单时,招标人只负责填列该表的前六项内容,在编制招标控制价时,再填入金额部分。

表 6-5　分部分项工程和单价措施项目清单与计价表

工程名称：　　　　　　　　　　　标段：　　　　　　　　　　第　页　共　页

序号	项目编码	项目名称	项目特征描述	计量单位	工程量	金额(元)		
						综合单价	合价	其中:暂估价
本页小计								
合　计								

(1) 项目编码。项目编码是指分部分项工程量清单项目名称的数字标识。有关规定有如下三方面。

① 分部分项工程量清单的项目编码,应采用 12 位阿拉伯数字表示,如图 6-6 范例所示。编码数字的含义是:第 1、2 位为专业工程代码(01——房屋建筑与装饰工程,02——仿古建筑工程,03——通用安装工程,04——市政工程,05——园林绿化工程,06——矿山工程,07——构筑物工程,08——城市轨道交通工程,09——爆破工程。以后进入国标的专业工程代码以此类推);第 3、4 位为分类顺序码;第 5、6 位为分部工程顺序码;第 7、8、9 位为分项工程名称顺序码;第 10、11、12 位为清单项目名称顺序码。

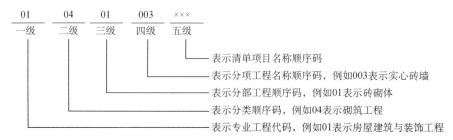

图 6-6　项目编码结构示例

② 项目编码的第 1~9 位应按计价规范附录中的规定设置,第 10~12 位应根据拟建工程的工程量清单项目名称设置。

③ 同一招标工程的项目编码不得有重复。当同一标段(或合同段)的一份工程量清单中含有多个单位工程,且工程量清单是以单位工程为编制对象时,应特别注意对项目编码第 10~12 位的设置不能有重码的规定。例如,一个标段(或合同段)的工程量清单中含有三个单位工程,每一个单位工程中都有项目特征相同的挖土方工程,在工程量清单中又需反映三个不同单位工程的挖沟槽土方工程量时,则第一个单位工程的挖沟槽土方的项目编码应为 010101003001,第二个单位工程的挖沟槽土方的项目编码应为 010101003002,第三个单位工程的挖沟槽土方的项目编码应为 010101003003,并分别列出各单位工程挖沟槽土方的工程量。

(2) 项目名称。分部分项工程量清单的项目名称应按相关工程计价规范附录中列出的项目名称,结合拟建工程的实际确定。分部分项工程项目清单的项目名称一般以工程实体命名,项目名称如有缺项,编制人应作补充,并报省级或行业工程造价管理机构备案。

(3) 项目特征。分部分项工程量清单的项目特征是确定一个清单项目综合单价不可缺少的重要依据。在编制工程量清单时,必须对项目特征进行准确和全面的描述。但有些项目特征用文字往往又难以准确和全面地描述清楚。因此,为达到规范、准确、全面描述项目特征的要求,在描述工程量清单项目特征时应按以下原则进行。

① 项目特征描述的内容应按计量规范的规定,结合拟建工程的实际,能满足确定综合单价的需要。

② 若采用标准图集或施工图纸能够全部或部分满足项目特征描述的要求,项目特征描述可直接采用详见××图集或××图号的方式。对不能满足项目特征描述要求的部分,仍应用文字描述。

(4) 计量单位。分部分项工程量清单的计量单位应按计价规范中规定的计量单位确定。在现行计量规范中有两个或两个以上计量单位时,应结合拟建工程项目的实际情况,选择其中一个作为计量单位。在同一个建设项目(或标段、合同段)中,有多个单位工程的相同项目计量单位必须保持一致。

(5) 工程量。分部分项工程量清单中所列工程量应按计价规范中规定的工程量计算规则进行计算。工程量以形成工程实体为准,并以完成后的净值来计算。

依据现行工程量清单计价规范,工程量计算规则可分为房屋建筑与装饰工程、仿古建筑工程、通用安装工程、市政工程、园林绿化工程、构筑物工程、矿山工程、城市轨道交通工程、爆破工程九大类。

3. 措施项目清单的编制

措施项目是为完成工程项目施工,发生于该工程施工准备和施工过程中的技术、生活、安全、环境保护等方面的项目。措施项目清单必须根据相关工程现行国家计量规范的规定编制,应根据拟建工程的实际情况列项。

措施项目可划分为如下两类。

（1）总价项目。总价项目在现行国家计量规范中无工程量计算规则，应以总价（或计算基础乘费率）计算，以"项"计价，如文明施工和安全防护、临时设施等。

措施项目中的"总价项目"仅列出项目编码、项目名称，未列出项目特征、计量单位和工程量计算规则，应按计价规范中规定的项目编码、项目名称确定。

（2）单价项目。单价项目可以根据工程图纸（含设计变更）和国家现行相关工程计量规范规定的工程量计算规则进行计量，以"量"计价，如脚手架、施工降水工程等。

措施项目中的"单价项目"列出了项目编码、项目名称、项目特征、计量单位、工程量。编制工程量清单时，应参照分部分项工程量清单编制的有关规定执行。

4. 其他项目清单的编制

其他项目清单是指分部分项工程项目清单、措施项目清单所包含的内容以外，因招标人的特殊要求而产生的与拟建工程有关的其他费用项目和相应数量的清单。其他项目清单应按照下列内容与要求列项。

（1）暂列金额。暂列金额是招标人在工程量清单中暂定并包括在合同价款中的一笔款项。它是用于施工合同签订时尚未确定或者不可预见的所需材料、设备、服务的采购，施工中可能发生的工程变更、合同约定调整因素出现时的合同价款调整以及发生的索赔、现场签证确认等的费用。

任何一种建设工程施工合同形式的理想状态是：合同价格就是其最终的竣工结算价格，或者至少两者应尽可能接近。但是工程建设自身的特点决定了工程的设计、业主的需求都可能随着工程进展不断地进行调整或优化，工程建设过程中也会存在一些不可预见或不能确定的因素，这些问题势必会导致合同价的调整，而暂列金额正是为这类不可避免的价格调整而设立的。

（2）暂估价。暂估价是招标人在工程量清单中提供的用于支付必然发生但暂时不能确定价格的材料、工程设备的单价以及专业工程的金额，包括材料暂估单价、工程设备暂估单价、专业工程暂估价。暂估价中的材料、工程设备暂估单价应根据工程造价信息或参照市场价格估算，列出明细表；专业工程暂估价应分不同专业，按有关计价规定估算，列出明细表。

（3）计日工。计日工是指在施工过程中，承包人完成发包人提出的工程合同范围以外的零星项目或工作，按合同中约定的单价计价的一种方式。计日工适用的所谓零星工作，一般是指合同约定之外的或者因变更而产生的、工程量清单中没有相应项目的额外工程，尤其是那些时间不允许事先商定价格的额外工作。

工程量清单中，计日工下应列出项目名称、计量单位和暂估数量。在施工中需要对完成零星工作所消耗的人工工时、材料数量、施工机械台班进行计量，并按照计日工表中填列的适用项目的单价进行计价支付。

（4）总承包服务费。总承包服务费是指总承包人为配合发包人进行的专业工程发包，对发包人自行采购的材料、工程设备等进行保管以及施工现场管理、竣工资料汇总整理等服务所需的费用。工程量清单中应列出总承包服务费的服务项目及其内容等。

5. 规费项目清单

规费项目清单应按照下列内容列项：社会保险费，包括养老保险费、失业保险费、医疗保险费、工伤保险费、生育保险费；住房公积金；工程排污费。若出现规范中未列的项目，应根据省级政府或省级有关权力部门的规定列项。

6. 税金项目清单

依照《建设工程工程量清单计价规范》(GB 50500—2013)的规定，税金项目清单应包括下列内容：营业税、城市维护建设税、教育费附加、地方教育附加。在建筑业实行营业税改征增值税后，工程量清单中对于税金的列项方式有所调整，税金项目主要是指增值税。

(三) 招标控制价的编制

1. 招标控制价的概念和编制意义

招标控制价是招标人根据国家或省级、行业建设主管部门颁发的有关计价依据和办法，以及拟定的招标文件和招标工程量清单，结合工程具体情况编制的招标工程的最高投标限价。

招标控制价与标底是两个不同的概念。根据《中华人民共和国招标投标法》第二十二条规定："招标人设有标底的，标底必须保密。"但实行工程量清单招标后，由于招标方式的改变，使标底保密这一法律规定逐渐淡化，无法发挥遏止哄抬标价的作用，个别省区市出现了工程招标时所有投标人的报价均高于标底的现象，给招标人投资带来了困扰。因此，为客观、合理地评审投标报价，避免哄抬标价，造成国有资产流失，招标人应编制招标控制价，作为招标人交易的最高价格。

《建设工程工程量清单计价规范》(GB 50500—2013)规定，国有资金投资的工程建设项目应实行工程量清单招标，招标人必须编制招标控制价。招标控制价按照计价规范的规定编制，不应上调或下浮。招标人应在发布招标文件时公布招标控制价，同时应将招标控制价及有关资料报送工程所在地（或有该工程管辖权的行业管理部门）工程造价管理机构备查。投标人的投标报价高于招标控制价的，其投标应予以拒绝。

招标控制价应由具有编制能力的招标人或受其委托具有相应资质的工程造价咨询人编制和复核。工程造价咨询人接受招标人委托编制招标控制价，不得再就同一工程接受投标人委托编制投标报价。

2. 招标控制价的编制内容与要求

招标控制价由分部分项工程费、措施项目费、其他项目费、规费和税金组成。各项费用的编制要求如下。

(1) 分部分项工程和措施项目中的单价项目，应根据拟定的招标文件和招标工程量清单项目中的特征描述及有关要求确定综合单价计算。综合单价中应包括招标文件中划分的应由投标人承担的风险范围及费用。招标文件中没有明确的，如是工程造价咨询人编制，应提请招标人明确；如是招标人编制，应予明确。

(2) 措施项目中的总价项目，应根据拟定的招标文件中的措施项目清单，按照《建设工程工程量清单计价规范》(GB 50500—2013)中的相关规定计算。

(3) 其他项目应按下列几方面规定计价：

①暂列金额应按招标工程量清单中列出的金额填写；②暂估价中的材料、工程设备单价应按招标工程量清单中列出的单价计入综合单价，暂估价中的专业工程金额应按招标工程量清单中列出的金额填写；③计日工应按招标工程量清单中列出的项目，根据工程特点和有关计价依据确定综合单价计算；④总承包服务费应根据招标工程量清单列出的内容和要求估算。

(4) 规费和税金应按工程量清单计价规范相应的规定计算。

二、合同价款的约定

(一) 合同计价方式

在工程招投标阶段，投资最终要以合同价款的形式确定。依照国际惯例，建设工程承包合同的计价方式可分为总价合同、单价合同和成本价酬金合同三种。工程项目采用不同的合同计价方式时，其价款约定方式也有差异。

1. 总价合同

总价合同是指支付给承包方的款项在合同中是一个规定的金额，即总价。它是以图纸和工程说明书为依据，由承包方与发包方商定。总价合同适用于工程内容和技术经济指标规定很明确的项目。总价合同的主要特征：一是合同价格根据事先确定的由承包方实施的全部任务，按承包方在投标报价中提出的总价确定；二是待实施的工程性质和工程量应在事先明确商定。

一般采用的总价合同形式为固定工程量总价合同，它是由发包方或其咨询单位将发包工程按图纸和规定、规范分解成若干分项工程，并计划工程量，由承包方据以标出分项工程单价，然后将分项工程单价与分项工程量相乘，得出分项工程总价，再将各个分项工程总价相加，即得出合同总价。

总价合同按其是否可以调值又可分为以下两种不同形式。

(1) 固定总价合同。这种合同的价格计算是以图纸及规定、规范为基础，承发包双方就承包项目协商一个固定的总价，由承包方一笔包死，不能变化。

采用这种合同，合同总价只有在设计和工程范围有所变更的情况下才能随之做相应的变更，除此之外，合同总价是不能变动的。这种情况下，承包方承担的风险较大，如物价波动、地质条件不利、气候条件恶劣等，因此价格中应考虑风险因素，合同价格一般会高些。通常适用于工期较短（如一年以内）的项目。

(2) 可调值总价合同。这种合同的总价一般也是以图纸及规定、规范为计算基础，但它是按招投标当时的物价水平进行计算的。这是一种相对固定的价格。在合同执行过程中，由于通货膨胀导致所用的工料成本增加达到某一限度时，对合同总价需进行相应的调值。可调值总价合同均明确列出有关调值的特定条款，往往是在合同特别说明书（亦称特别条款）中列明。调值工作必须按照这些特定的调值条款进行。

这种合同与不可调值总价合同不同之处在于，它对合同实施中出现的风险做了分摊,发包方承担了通货膨胀这一不可预测费用因素的风险,而承包方只承担了实施中实物工程量、成本和工期等因素的风险。

由于可调值总价合同中列明调值条款,所以工期在一年以上的项目较适于采用这种合同形式。

2. 单价合同

工程单价合同可分为两种不同形式。

(1) 估算工程量单价合同。这种合同是以工程量表和工程单价表为基础和依据来计算合同价格的。亦可称为计量估价合同。通常是由发包方委托设计单位或专业估算师提出总工程量估算表,即"工程量概算表"或"暂估工程量清单",列出分部分项工程量,由承包方以此为基础填报单价。最后工程的总价应按照实际完成工程量计算,由合同中分部分项工程单价乘以实际工程量,得出工程结算的总价。

采用这种合同时,要求实际完成的工程量与原估计的工程量之间不能有实质性的变更。因为承包方给出的单价是以相应的工程量为基础的,如果工程量大幅度增减可能影响工程成本。不过在实践中往往很难确定工程量究竟多大范围的变更才算实质性变更,这是这种合同形式的一个缺点。有些单价合同规定,如果实际工程量与报价表中的工程量相差超过±20%时,允许承包方调整合同单价。此外,也有些单价合同允许材料价格变动较大时承包方调整单价。

采用估计工程量单价合同可以使承包方对其投标的工程范围有一个明确的概念。这种合同一般适用于工程性质比较清楚,但任务及其要求标准不能完全确定的情况。

采用这种合同时,工程量是统一计算出来的,承包方只要经过复核并填上适当的单价就可以了,承担风险较小;发包方也只要审核单价是否合理即可,对双方都方便。目前国际上采用这种合同形式的比较多。

(2) 纯单价合同。采用这种形式的合同时,发包方只向承包方给出发包工程的有关分部分项工程以及工程范围,不需对工程量作任何规定。承包方在投标时只需对这种给定范围的分部分项工程作出报价即可,而工程量则按实际完成的数量结算。这种合同形式主要适用于没有施工图,工程量不明,却急需开工的紧迫工程。

3. 成本加酬金合同

成本加酬金合同是由业主向承包单位支付工程项目的实际成本,并按事先约定的某种方式支付酬金的合同类型。这种合同形式主要适用于工程内容及其技术经济指标尚未全面确定,投标报价的依据尚不充分的情况下,发包方因工期要求紧迫,必须发包的工程;发包方与承包方之间具有高度的信任,承包方在某些方面具有独特的技术、特长和经验的工程。成本加酬金合同一般分为以下几种形式。

(1) 成本加固定百分比酬金。这种合同价是业主对承包商支付的人工、材料和施工机械使用费和管理费等按实际成本全部据实补偿,同时按照实际直接成本的固定百分比付给承包商一笔酬金,作为承包商的利润。

这种合同价使工程总造价及付给承包商的酬金随工程成本增加而增加,不利于鼓励承包商降低成本,很少被采用。

(2) 成本加固定金额酬金。这种合同价与上述成本加固定百分比酬金合同价相似。其不同之处仅在于业主支付给承包商的酬金是一笔固定金额的酬金。

采用上述两种合同价方式时,为了避免承包商企图获得更多的酬金而对工程成本不加控制,往往在承包合同中规定一些"补充条款",以鼓励承包商节约资金,降低成本。

(3) 成本加奖罚。采用这种合同价,首先要确定一个目标成本,这个目标成本是根据粗略估算的工程量和单价表编制出来的。在此基础上,根据目标成本来确定酬金的数额,可以是百分数的形式,也可以是一笔固定酬金。然后,根据工程实际成本支出情况另外确定一笔奖金,当实际成本低于目标成本时,承包商除从业主获得实际成本、酬金支付外,还可根据成本降低额得到一笔奖金。当实际成本高于目标成本时,承包商仅能从发包商得到成本和酬金的支付。此外,视实际成本高出目标成本情况(如超出合同价的限额),有可能还要处以一笔罚金。除此之外,还可设工期奖罚。这种合同价形式可以促使承包商降低成本,缩短工期,而且目标成本随着设计的进展而加以调整,业主和承包商都不会承担太大风险,故应用较多。成本加奖罚合同的表达式为:

$$C = \begin{cases} C_d + F & \text{当} C_d = C_0 \text{时} \\ C_d + F + \Delta F & \text{当} C_d < C_0 \text{时} \\ C_d + F - \Delta F & \text{当} C_d > C_0 \text{时} \end{cases} \quad (6-21)$$

式(6-21)中,C 为合同价;C_d 为实际成本;C_0 为签订合同是双方约定的目标成本;F 为双方约定的酬金具体数额;ΔF 为奖罚金额,可以是百分数,也可以是绝对数,而且奖和罚可以不是同一计算标准。

(4) 最高限额成本加固定最大酬金。在这种合同价中,首先要确定限额成本、报价成本和最低成本,当实际成本没有超过最低成本时,承包商花费的成本费用及应得酬金等都可得到业主的支付,并与业主分享节约额;如果实际工程成本在最低成本和报价成本之间,承包商只能得到成本和酬金;如果实际工程成本在报价成本与最高限额成本之间,则只能得到全部成本;实际工程成本超过最高限额成本时,则超过部分发包方不予支付。这种合同价形式有利于控制工程投资,并能鼓励承包商最大限度地降低工程成本。其表达式如下:

$$C = \begin{cases} C_d + F + S & \text{当} C_d \leqslant C_l \text{时} \\ C_d + F & \text{当} C_l < C_d \leqslant C_t \text{时} \\ C_d & \text{当} C_t < C_d \leqslant C_h \text{时} \\ C_h & \text{当} C_h < C_d \text{时} \end{cases} \quad (6-22)$$

式(6-22)中,C_l 为最低成本;C_t 为报价成本;C_h 为限额成本;S 为承包商分享的节约额。

(二)《建设工程工程量清单计价规范》(GB 50500—2013)关于合同价款形式选择的规定

(1) 实行工程量清单计价的工程,应当采用单价合同。单价合同是指发承包双方约定以工程量清单及其综合单价进行合同价款计算、调整和确认的建设工程施工合同。单价合同约定的工程价款中所包括的工程量清单项目综合单价,在约定条件内是固定的、不予调整的,而工程量允许调整;工程量清单项目综合单价在约定条件外的,允许调整,但调整方式和方法应在合同中约定。

(2) 对于合同工期较短、建设规模较小、技术难度较低,且施工图设计已审查完备的建设工程,可以采用总价合同。总价合同是指总价包干或总价不变的合同,发承包双方约定以施工图及其预算和有关条件进行合同价款计算、调整和确认。除工程变更外,其工程量不予调整。

(3) 紧急抢险、救灾以及施工技术特别复杂的建设工程可以采用成本加酬金合同。成本加酬金合同是指发承包双方约定以施工工程成本再加合同约定酬金进行合同价款计算、调整和确认的建设工程施工合同。采用成本加酬金合同,承包人不承担任何价格变化的风险。

(三) 合同价款约定的内容

发承包双方应在合同条款中对下列事项进行约定。
(1) 预付工程款的数额、支付时间及抵扣方式。
(2) 安全文明施工措施的支付计划、使用要求等。
(3) 工程计量与支付工程进度款的方式、数额及时间。
(4) 工程价款的调整因素、方法、程序、支付方式及时间。
(5) 施工索赔与现场签证的程序、金额确认与支付时间。
(6) 承担计价风险的内容、范围以及超出约定内容、范围的调整办法。
(7) 工程竣工价款结算编制与核对、支付及时间。
(8) 工程质量保证(保修)金的数额、预扣方式及时间。
(9) 违约责任以及发生工程价款争议的解决方法及时间。
(10) 与履行合同、支付价款有关的其他事项等。

第三节 工程项目施工阶段投资控制

工程项目施工阶段的投资控制是工程建设项目全过程投资控制的重要组成部分。在工程项目施工,发承包双方要依据工程承包合同和工程施工过程中出现的实际情况,依照合同约定进行合同价款调整,并办理工程价款期中结算和竣工结算。项目管理方应根据投资控制目标,定期将投资实际值与目标值进行比较,发现投资偏差并分析其产生的原因。

一、合同价款调整

在合同履行期间,若发生法律法规变化、工程变更、物价变化、工程索赔等事项,工程发承包双方应当按照合同约定调整合同价款。经发承包双方确认的合同价款调整,作为追加(减)合同价款,应与工程进度款同期支付。如在工程结算期间发生合同价款调整,应在竣工结算款中支付。

(一)合同价款调整事项

《建设工程工程量清单计价规范》(GB 50500—2013)关于合同价款调整的主要规定如下几方面。

1. 法律法规变化

招标工程以投标截止日前28天,非招标工程以合同签订前28天为基准日,其后国家的法律法规、规章和政策发生变化引起工程造价增减变化的,发承包双方应当按照省级或行业建设主管部门或其授权的工程造价管理机构据此发布的规定调整合同价款。

因承包人原因导致工期延误的,上述调整时间在合同工程原定竣工时间之后,合同价款调增的不予调整,合同价款调减的予以调整。

2. 工程变更

工程变更是指工程实施过程中发生的如下情况从而引起合同条件的改变或工程量的增减变化:由发包人提出或由承包人提出经发包人批准的合同工程任何一项工作的增、减、取消,或施工工艺、顺序、时间的改变;设计图纸的修改;施工条件的改变;招标工程量清单的错、漏。

(1)分部分项工程费的调整。

工程变更引起已标价工程量清单项目或其工程数量发生变化,应按照下列规定调整单价。

① 已标价工程量清单中有适用于变更工程项目的,采用该项目的单价。但当工程变更导致该清单项目的工程数量发生变化超过15%时,应调整项目单价。具体调整原则与本节"工程量偏差"调价原则相同。

② 已标价工程量清单中没有适用但有类似于变更工程项目的,可在合理范围内参照类似项目的单价。

③ 已标价工程量清单中没有适用也没有类似于变更工程项目的,由承包人根据变更工程资料、计量规则和计价办法、工程造价管理机构发布的信息价格和承包人报价浮动率提出变更工程项目的单价,并报发包人确认后调整。承包人报价浮动率可按下列公式计算:

对于招标工程,承包人报价浮动率为:

$$L=(1-中标价/招标控制价)\times100\% \qquad (6-23)$$

对于非招标工程,承包人报价浮动率为:

$$L=(1-报价值/施工图预算)\times 100\% \qquad (6-24)$$

④ 已标价工程量清单中没有适用也没有类似于变更工程项目,且工程造价管理机构发布的信息价格缺价的,由承包人根据变更工程资料、计量规则、计价办法和通过市场调查等取得有合法依据的市场价格提出变更工程项目的单价,并报发包人确认后调整。

(2) 措施项目费的调整。

工程变更引起施工方案改变,并使措施项目发生变化,承包人提出调整措施项目费的,应事先将拟实施的方案提交发包人确认,并详细说明与原方案措施项目相比的变化情况。拟实施的方案经发承包双方确认后执行。这种情况下,应按照下列规定调整措施项目费。

① 安全文明施工费应按照实际发生变化的措施项目调整。

② 采用单价计算的措施项目费,按照实际发生变化的措施项目及(1)中所述原则确定单价。

③ 按总价(或系数)计算的措施项目费,按照实际发生变化的措施项目调整,但应考虑承包人报价浮动因素,即调整金额按照实际调整金额乘以承包人报价浮动率计算。

(3) 因非承包商原因删减合同工作的补偿。

如果发包人提出的工程变更,因为非承包人原因删减了合同中的某项原定工作或工程,致使承包人发生的费用或(和)得到的收益不能被包括在其他已支付或应支付的项目中,也未被包含在任何替代的工作或工程中,则承包人有权提出并得到合理的利润补偿。

3. 项目特征描述不符

发包人在招标工程量清单中对项目特征的描述,应被认为是准确的和全面的,并且与实际施工要求相符合。承包人应按照发包人提供的工程量清单,根据其项目特征描述的内容及有关要求实施合同工程,直到其被改变为止。

合同履行期间,出现实际施工设计图纸(含设计变更)与招标工程量清单任一项目的特征描述不符,且该变化引起该项目的工程造价增减变化的,应按照实际施工的项目特征重新确定相应工程量清单项目的综合单价,计算调整的合同价款。

4. 工程量清单缺项

合同履行期间,出现招标工程量清单项目缺项的,发承包双方应调整合同价款。招标工程量清单中出现缺项,造成新增工程量清单项目的,应按照工程变更有关规定确定单价,调整分部分项工程费。新增分部分项工程清单项目,引起措施项目发生变化的,也应计算调整措施费用。

5. 工程量偏差

工程量偏差是指承包人按照发包人提供的图纸实施工程,依照国家现行计量规范规定的工程量计算规则计算的应予计量的工程量与相应招标工程量清单项目列出的工程量之间的差额。合同履行期间如出现工程量偏差,发承包双方应调整合同价款。

当工程量增加15%以上时,其增加部分的工程量的综合单价应予调低;当工程量减

少 15% 以上时,减少后剩余部分的工程量的综合单价应予调高。此时,按下列公式调整结算分部分项工程费:

$$S = \begin{cases} 1.15Q_0 P_0 + (Q_1 - 1.15Q_0)P_1 & Q_1 > 1.15Q_0 \\ Q_1 P_1 & Q_1 < 0.85Q_0 \end{cases} \quad (6-25)$$

式(6-25)中,S 为调整后的某一分部分项工程费结算价;Q_0 为招标工程量清单中列出的工程量;Q_1 为最终完成的工程量;P_0 为承包人在工程量清单中填报的综合单价;P_1 为按照最终完成工程量重新调整后的综合单价。

式(6-25)中,调整后的综合单价 P_1 的确定方法有两种:一是由发承包双方协商确定;二是在招标控制价的基础上进行调整。

6. 计日工

合同工程以外的零星工作、零星项目采用计日工方式进行价款结算较为方便。发包人通知承包人以计日工方式实施的零星工作,承包人应予执行。采用计日工计价的任何一项变更工作,在该项变更的实施过程中,承包人应按合同约定提交有关报表和凭证送发包人复核。

7. 物价变化

合同履行期间,因人工、材料、工程设备、机械台班价格波动影响合同价款时,应根据合同约定调整合同价款。承包人采购材料和工程设备的,应在合同中约定主要材料、工程设备价格变化的范围或幅度;当没有约定,且材料、工程设备单价变化超过 5% 时,超过部分的价格应按照价格指数调整法或造价信息差额调整法计算调整材料、工程设备费。

若发生合同工程工期延误时,应分清责任,按照下列规定确定合同履行期的价格调整。

(1) 因非承包人原因导致工期延误的,计划进度日期后续工程的价格,应采用计划进度日期与实际进度日期两者的较高者。

(2) 因承包人原因导致工期延误的,计划进度日期后续工程的价格,应采用计划进度日期与实际进度日期两者的较低者。

8. 暂估价

在工程招标阶段已确认的材料、工程设备或专业工程项目,由于标准不明确,无法在当时确定准确价格,为了不影响招标效果,由发包人在招标工程量清单中给定一个暂估价。对暂估价的后续处理具体有以下四种情况。

(1) 给定暂估价的材料、工程设备属于依法必须招标的,应由发承包双方以招标的方式选择供应商,确定价格,并应以此为依据取代暂估价,调整合同价款。

(2) 给定暂估价的材料、工程设备不属于依法必须招标的,应由承包人按照合同约定采购,经发包人确认单价后取代暂估价,调整合同价款。

(3) 给定暂估价的专业工程不属于依法必须招标的,应按照工程变更相应条款的规定确定专业工程价款,并应以此为依据取代专业工程暂估价。

(4) 给定暂估价的专业工程依法必须招标的,应当由发承包双方依法组织招标选择专业分包人,并接受有管辖权的建设工程招标投标管理机构的监督。

9. 不可抗力

因不可抗力事件导致的人员伤亡、财产损失及其费用增加,发承包双方应按下列原则分别承担并调整合同价款和工期。

(1) 合同工程本身的损害、因工程损害导致第三方人员伤亡和财产损失以及运至施工场地用于施工的材料和待安装的设备的损害,应由发包人承担。

(2) 发包人、承包人人员伤亡应由其所在单位负责,并应承担相应费用。

(3) 承包人的施工机械设备损坏及停工损失,应由承包人承担。

(4) 停工期间,承包人应发包人要求留在施工场地的必要的管理人员及保卫人员的费用应由发包人承担。

(5) 工程所需清理、修复费用,应由发包人承担。

不可抗力解除后复工的,若不能按期竣工,应合理延长工期。发包人要求赶工的,赶工费用应由发包人承担。

10. 提前竣工(赶工补偿)

招标人应依据相关工程的工期定额合理计算工期,压缩的工期天数不得超过定额工期的20%,超过者应在招标文件中明示增加赶工费用。

发包人要求合同工程提前竣工的,应征得承包人同意后与承包人商定采取加快工程进度的措施,并应修订合同工程进度计划。发包人应承担承包人由此增加的提前竣工(赶工补偿)费用。

发承包双方应在合同中约定提前竣工每日历天应补偿额度,此项费用应作为增加合同价款列入竣工结算文件中,应与结算款一并支付。

11. 误期赔偿

承包人未按照合同约定施工,导致实际进度迟于计划进度的,承包人应赔偿发包人由此造成的损失,并应按照合同约定向发包人支付误期赔偿费。发承包双方应在合同中约定误期赔偿费,并应明确每日历天应赔额度。误期赔偿费应列入竣工结算文件中,并应在结算款中扣除。

12. 索赔

索赔是在工程合同履行过程中,合同当事人一方因非己方的原因而遭受损失,按合同约定或法规规定应由对方承担责任,从而向对方提出补偿的要求。索赔是合同双方依据合同约定维护自身合法利益的行为,其性质属于经济补偿行为,而非惩罚。当合同一方向另一方提出索赔时,应有正当的索赔理由和有效证据,并应符合合同的相关约定。

建设工程施工中的索赔是发承包双方行使正当权利的行为。承包人可以向发包人索赔,发包人也可以向承包人索赔。

索赔事件发生后,在造成费用损失的同时,往往会造成工期的变动。当承包人的费用索赔与工期索赔要求相关联时,发包人在作出费用索赔的批准决定时,应结合工程延期的情况综合作出费用索赔和工程延期的决定。

13. 现场签证

现场签证是指发包人现场代表（或其授权的监理人、工程造价咨询人）与承包人现场代表就施工过程中涉及的责任事件所作的签认证明。由于施工生产的特殊性，施工过程中往往会出现一些与合同约定不一致或未约定的事项，这时就需要发承包双方用书面的形式记录下来。现场签证工作完成后的 7 天内，承包人应按照现场签证内容计算价款，报送发包人确认后，作为增加合同价款，与进度款同期支付。

14. 暂列金额

暂列金额虽然列入合同价款，但并不属于承包人所有，也不必然发生，只能按照发包人的指示使用。只有按照合同约定实际发生了相关费用后，才能作为承包人的应得金额，纳入工程合同结算价款中。扣除经发承包双方确认的合同价款调整支付额后，暂列金额余额（如有）仍归发包人所有。

（二）因物价变化调整合同价款的方法

《建设工程工程量清单计价规范》（GB 50500—2013）规定，在合同履行过程中，由于物价变化，需对合同价款进行调整。承包人采购材料和工程设备的，如果在合同中未约定主要材料、工程设备价格变化的范围或幅度，且材料、工程设备单价变化超过 5% 时，应针对超过部分的价格计算调整材料、工程设备费。

因物价变化调整合同价款的方法包括价格指数调整法和造价信息差额调整法两种。

1. 价格指数调整法

因人工、材料和工程设备、施工机械台班等价格波动影响合同价格时，应按式（6-26）计算差额并调整合同价款：

$$\Delta P = P_0 \left[A + \left(B_1 \times \frac{F_{t1}}{F_{01}} + B_2 \times \frac{F_{t2}}{F_{02}} + B_3 \times \frac{F_{t3}}{F_{03}} + \cdots + B_n \times \frac{F_{tn}}{F_{0n}} \right) - 1 \right] \quad (6-26)$$

式（6-26）中，ΔP 为需调整的价格差额；P_0 为约定的付款证书中承包人应得到的已完成工程量的金额（此项金额应不包括价格调整、不计质量保证金的扣留和支付、预付款的支付和扣回；约定的变更及其他金额已按现行价格计价的，也不计在内）；A 为定值权重（即不调部分的权重）；B_1、B_2、B_3、…、B_n 为各可调因子的变值权重（即可调部分的权重），为各可调因子在投标函投标总报价中所占的比例；F_{t1}、F_{t2}、F_{t3}、…、F_{tn} 为各可调因子的现行价格指数，指约定的付款证书相关周期最后一天的前 42 天的各可调因子的价格指数；F_{01}、F_{02}、F_{03}、…、F_{0n} 为各可调因子的基本价格指数，指基准日期的各可调因子的价格指数。

以上价格调整公式中的各可调因子、定值和变值权重，以及基本价格指数及其来源，应在投标函附录价格指数和权重表中约定。价格指数应首先采用工程造价管理机构提供的价格指数，缺乏上述价格指数时，可用工程造价管理机构提供的价格代替。

【例 6-4】 某公路工程进行施工招标，投标截止日期为 20××年 7 月 1 日。发承包双方在合同中约定：工程价款结算时，采用价格指数调整法调整合同价款，可调因子为人工单价、钢材、水泥、沥青、砂石料以及机械使用费六项。各因子的权重及各期价格指数见表 6-6。由于缺乏人工费价格指数,表中以工程造价管理机构提供的人工单价代替。该工程于当年 8 月 15 日开工,8 月、9 月、10 月已完成工程量金额分别为 2 000 万元、4 500 万元和 6 400 万元。每月确认的变更金额已按现行价格计价。要求:计算 8 月份、9 月份和 10 月份因物价变化引起的合同价款调整金额。

表 6-6 调价因子的权重和价格指数

因 子	人工	钢材	水泥	沥青	砂石料	机械使用费	定值
6 月价格或指数	103 元/工日	93.22	106.87	90.15	85.45	115.78	—
7 月价格或指数	103 元/工日	95.18	109.52	95.23	87.29	119.31	—
8 月价格或指数	107 元/工日	102.78	118.33	100.22	95.78	122.56	—
9 月价格或指数	107 元/工日	109.66	121.56	109.37	99.39	126.98	—
10 月价格或指数	109 元/工日	116.95	126.47	111.56	97.23	120.16	—
权重	0.16	0.1	0.08	0.1	0.15	0.11	0.3

解:因每月确认的变更金额已按现行价格计价,故不必再考虑其调价问题。由于投标截止日期为当年 7 月 1 日,可知合同的基准日期为 6 月 3 日,所以 6 月份价格指数为各可调因子的基本价格指数。

1. 计算各月份需调整的价格差额。

8 月份需调整的价格差额

$$= 2\ 000 \times \left[0.3 + \left(0.16 \times \frac{107}{103} + 0.1 \times \frac{102.78}{93.22} + 0.08 \times \frac{118.33}{106.87} + 0.1 \times \frac{100.22}{90.15} \right.\right.$$
$$\left.\left. + 0.15 \times \frac{95.78}{85.45} + 0.11 \times \frac{122.56}{115.78} \right) - 1 \right]$$
$$= 121.59(万元)$$

9 月份需调整的价格差额

$$= 4\ 500 \times \left[0.3 + \left(0.16 \times \frac{107}{103} + 0.1 \times \frac{109.66}{93.22} + 0.08 \times \frac{121.56}{106.87} + 0.1 \times \frac{109.37}{90.15} \right.\right.$$
$$\left.\left. + 0.15 \times \frac{99.39}{85.45} + 0.11 \times \frac{126.98}{115.78} \right) - 1 \right]$$
$$= 410.77(万元)$$

10 月份需调整的价格差额

$$= 6\ 400 \times \left[0.3 + \left(0.16 \times \frac{109}{103} + 0.1 \times \frac{116.95}{93.22} + 0.08 \times \frac{126.47}{106.87} + 0.1 \times \frac{111.56}{90.15} \right.\right.$$
$$\left.\left. + 0.15 \times \frac{97.23}{85.45} + 0.11 \times \frac{120.16}{115.78} \right) - 1 \right]$$
$$= 627.44(万元)$$

2. 造价信息差额调整法

施工期内,因人工、材料和工程设备、施工机械台班价格波动影响合同价格时,人工、机械使用费按照国家或省、自治区、直辖市建设行政管理部门,行业建设管理部门或其授权的工程造价管理机构发布的人工成本信息、机械台班单价或机械使用费系数进行调整。需要进行价格调整的材料,其单价和采购数应由发包人复核,发包人确认需调整的材料单价及数量,作为调整合同价款差额的依据。

(三)索赔费用的计算方法

1. 索赔的分类

(1)按索赔主体分类。

按索赔主体不同,索赔可分为承包人索赔和发包人(业主)索赔。

承包人索赔是指由于发包人或其他方面的原因,致使承包人在项目施工中付出了额外的费用所造成的损失,承包商通过合法途径和程序,通过谈判、诉讼和仲裁,要求业主偿还其在施工中的费用损失或工期延长。承包人索赔常见的原因包括工程延误、加速施工、工程变更、不可预见的不利条件、合同终止和不可抗力等。发包人索赔是指由于承包人不履行或不完全履行合同约定的义务,或者由于承包人的行为使业主受到损失时,业主可以向承包商提出索赔。

发包人索赔的原因包括拖延竣工期限、施工缺陷、承包人放弃工程或合理地终止工程等。

在工程实践中,由于索赔大多是由承包人向发包人提出的,故若不作特别说明,索赔一般情况下是指承包人索赔。

(2)按索赔目的分类。

按索赔目的不同,索赔可分为工期索赔和费用索赔。工期索赔是指承包人依据合同约定,对于非因自身原因导致的工期延误向发包人提出工期顺延的要求。费用索赔是指承包人(或发包人)提出索赔以经济损失的补偿为目的,若获得批准,将会引起合同价款的调整。

对于不同原因引起的索赔事件,索赔结果可能是不同的。在有的情形下,工期和费用(含利润)可以同时得到合理补偿。但在其他情形下,工期索赔和费用索赔不一定能同时成立。例如,承包人因工程延误提出的索赔包括两种情况:一是工期的延误纯属业主和工程师方面的原因造成的,这时不仅应给承包商适当延长工期的权利,还应给予相应的费用补偿;二是工期的延误属于客观原因造成的(常见的有因异常恶劣气候条件或不可抗力导致的工期延误),承包人得到的补偿往往只有工期顺延,而得不到费用和利润的补偿。此外,若有些延误并不影响到关键路线施工,承包人也得不到延长工期的承补偿。

2. 赔偿方式

(1)承包人索赔的赔偿方式。根据合同约定,承包人认为非承包人原因发生的事件造成了承包人的损失,应按规定的程序向发包人提出索赔。发包人收到承包人的索赔通知书后,应按相应的程序处理。承包人接受索赔处理结果的,索赔款项应作为增加合同价款,在当期进度款中进行支付;承包人不接受索赔处理结果的,应按合同约定的争议解决方式办理。承包人要求赔偿时,可以选择下列一项或几项方式获得赔偿:延长工期;要求发包人支付实际发生的额外费用;要求发包人支付合理的预期利润;要求发包人按合同的约定支付违约金。

当承包人的费用索赔与工期索赔要求相关联时,发包人在作出费用索赔的批准决定时,应结合工程延期,综合作出费用赔偿和工程延期的决定。

(2) 发包人索赔的赔偿方式。根据合同约定,发包人认为由于承包人的原因造成发包人的损失,应按规定的程序向承包人提出索赔。发包人要求赔偿时,可以选择下列一项或几项方式获得赔偿:延长质量缺陷修复期限;要求承包人支付实际发生的额外费用;要求承包人按合同的约定支付违约金。

承包人应付给发包人的索赔金额可从拟支付给承包人的合同价款中扣除,或由承包人以其他方式支付给发包人。

3. 费用索赔的计算

(1) 索赔费用的组成要素。

索赔费用的组成要素可涉及人工费、材料费、施工机具使用费、施工现场管理费、总部管理费、利息和利润等。

① 人工费。涉及的情况主要包括:由于完成合同之外额外工作所增加的人工费;超出法定工作时间加班劳动所增加的人工费用;因非承包人原因导致工效减低所增加的人工费用;法定人工费增长;因非承包人原因导致工程停工时的窝工费等。

② 材料费。涉及的情况主要包括:索赔事件造成材料实际用量超过计划用量而增加的材料费;由于发包人原因导致工期延误期间的材料价格上涨和材料超期储存的费用。

③ 施工机具使用费。涉及的情况主要包括:完成合同之外的额外工作所增加的施工机具使用费;因非承包人原因导致工效减低所增加的施工机具使用费;因非承包人原因导致机械停工的台班停滞费(一般可按台班折旧费计算)。

④ 施工现场管理费。施工现场管理费是指由于承包人完成合同之外的额外工作,或因非承包人原因导致工程延误,承包公司工作场地所增加的管理费。

⑤ (企业)总部管理费。总部管理费由与各项承包工程无直接关系的费用构成。当某项工程拖延时,在该工程应摊销的总部管理费就得由其他工程负担,承包人就此可以提出费用索赔。

⑥ 利息。涉及的情况主要包括发包人拖延支付工程款、延迟退还保留金、错误扣款的利息,承包人垫资施工的垫资利息等。

⑦ 利润。可提出利润索赔的情况主要包括:工程范围变更;发包人提供的文件有缺陷或错误;发包人未能提供施工场地,以及因发包人违约导致的合同终止等。

⑧ 其他费用。

(2) 费用索赔的计算方法。

费用索赔的计算方法分为分项法、总费用法和修正总费用法等。

① 分项法,又称实际费用法,是按每个索赔事件所引起的费用损失项目分别计算索赔值的一种方法。这种方法比较烦琐,但能够比较客观反映承包人的实际损失。在实践中,绝大多数工程索赔均采用该方法。

② 总费用法是当发生多次索赔事件后,重新计算出该工程的实际总费用,再从这个

实际总费用中减去投标报价总费用,计算出索赔金额。

$$索赔金额 = 实际总费用 - 投标报价估算总费用 \tag{6-27}$$

采用这种方法计算出的索赔金额往往包含许多不合理因素,因此只有当多个索赔事件混杂在一起,难以准确地进行分项记录和资料收集,不易计算出具体的费用损失时,才采用总费用法进行索赔。为此实践中往往采用修正的总费用法。

③ 修正的总费用法是对总费用法的改进,即在总费用计算的原则上,去掉一些不合理因素,使其合理。修正方法是:将计算索赔款时段和工作项目限定于受影响的部分,并对投标报价费用重新进行核算。按修正后的总费用法计算索赔金额的公式如下:

$$索赔金额 = 某项工作调整后的实际总费用 - 该项工作报价费用 \tag{6-28}$$

二、合同价款期中结算

工程合同价款期中结算是指发承包双方根据合同约定,对合同工程在实施中进行的合同价款计算、调整和确认。期中结算又称中间结算,包括月度、季度、年度结算和形象进度结算。期中结算的过程包括工程预付款、工程计量和进度款三部分内容。

(一)预付款

预付款是发包人按照合同约定,在开工前预先支付给承包人用于购买合同工程施工所需的材料、工程设备以及组织施工机械和人员进场等的款项。预付款是发包人为解决承包人在施工准备阶段资金周转问题提供的协助,应专用于合同工程。

1. 预付款的支付比例

依照《建设工程工程量清单计价规范》(GB 50500—2013)的规定,包工包料工程的预付款的支付比例不得低于签约合同价(扣除暂列金额)的10%,不宜高于签约合同价(扣除暂列金额)的30%。预付款的总金额、分期拨付次数、每次付款金额、付款时间等,应根据工程规模、工期长短等具体情况,在合同中约定。

工程预付款的限额可参考式(6-29)确定:

$$工程预付款限额 = \frac{全年工程总价}{年度施工天数} \times 材料储备天数 \tag{6-29}$$

2. 预付款的扣回

发包人支付给承包人的预付款属于预支性质。工程开工后,随着工程进度款拨付数量的增加和工程所需主要材料储备的逐步减少,应按照合同条款中约定的时间、数额和比例,将已支付的预付款以抵充各期工程进度款的方式陆续扣回,直到扣回的金额达到合同约定的预付款金额为止。通常约定承包人完成合同价款的比例在20%~30%时,开始从进度款中按一定比例扣还工程预付款。

从理论上讲,扣款应是从未施工工程尚需的主要材料及构件的价值相当于工程预付

款数额时起扣,从每次结算工程价款中按材料比重扣抵工程价款,竣工前全部扣清。起扣点的计算公式为:

$$T = P - \frac{M}{N} \tag{6-30}$$

式(6-30)中,T 为起扣点,即开始扣回工程预付款时已完成的工程价款;P 为承包合同金额;M 为工程预付款;N 为主要材料费所占比重。

3. 安全文明施工费的支付

发包人应在工程开工后的 28 天内预付不低于当年施工进度计划的安全文明施工费总额的 60%,其余部分应按照提前安排的原则进行分解,并应与进度款同期支付。发包人没有按时支付安全文明施工费的,承包人可催告发包人支付;发包人在付款期满后的 7 天内仍未支付的,若发生安全事故,发包人应承担相应责任。

(二)工程计量

工程计量是发承包双方根据合同约定,对承包人完成合同工程的数量进行的计算和确认。正确进行工程计量是工程价款支付的前提。在工程计量中,工程量必须按照相关工程现行国家计量规范规定的工程量计算规则计算。工程计量可选择按月或按工程形象进度分段计量,具体计量周期应在合同中约定。因承包人原因造成的超出合同工程范围施工或返工的工程量,发包人不予计量。

工程计量包括单价合同的计量和总价合同的计量。

1. 单价合同计量

由于招标工程量清单所列的工程量是一个预计工程量,发承包双方结算的工程量应以承包人按照现行国家计量规范计算的实际完成应予计量的工程量确定。施工中进行工程计量时,如果发现招标工程量清单中出现缺项、工程量偏差,或因工程变更引起工程量增减,应按承包人在履行合同义务中完成的工程量计算。

2. 总价合同计量

采用工程量清单方式招标形成的总价合同,其工程量计算方式与单价合同。对于采用经审定批准的施工图纸及其预算方式发包形成的总价合同,除按照工程变更规定引起的工程量增减外,总价合同各项目的工程量是承包人用于结算的最终工程量。

(三)进度款

《建设工程工程量清单计价规范》(GB 50500—2013)规定,发承包双方应按照合同约定的时间、程序和方法,根据工程计量结果,办理期中价款结算,支付进度款。进度款支付周期应与合同约定的工程计量周期一致。进度款的支付比例应在合同中约定,按期中结算价款总额计,不低于 60%,不高于 90%。

1. 进度款的计算

本期应结算的进度款可分为已完工程结算价款和价款调整两大部分。

(1) 已完工程结算价款。

① 单价项目。已标价工程量清单中的单价项目,承包人应按工程计量确认的工程量与综合单价计算;综合单价发生调整的,以发承包双方确认调整的综合单价计算进度款。

② 总价项目。已标价工程量清单中的总价项目,承包人应按合同中约定的进度款支付分解,分别列入进度款支付申请中的安全文明施工费和本周期应支付的总价项目的金额中。

(2) 价款调整。发包人提供的材料金额,应按照发包人签约提供的单价和数量从进度款支付中扣除,列入本周期应扣减的金额中。承包人现场签证和得到发包人确认的索赔金额应列入本周期应增加的金额中。

2. 工程进度款的支付

承包人应在每个计量周期到期后的7天内向发包人提交已完工程进度款支付申请一式四份,详细说明此周期其认为有权得到的款额,包括分包人已完工程的价款。支付申请的内容包括以下五方面。

(1)累计已完成的合同价款;(2)累计已实际支付的合同价款;(3)本周期合计完成的合同价款,包括本周期已完成单价项目的金额、本周期应支付的总价项目的金额、本周期已完成的计日工价款、本周期应支付的安全文明施工费和本周期应增加的金额;(4)本周期合计应扣减的金额,包括本周期应扣回的预付款、本周期应扣减的金额;(5)本周期实际应支付的合同价款。

发包人在收到承包人进度款支付申请后,应在规定的期限内按照相应的程序签发进度款支付证书,并向承包人支付进度款。

三、竣工结算与支付

工程完工后,发承包双方必须按照约定的合同价款、合同价款调整内容以及索赔事项,在合同约定时间内办理工程竣工结算。工程竣工结算应由承包人或受其委托具有相应资质的工程造价咨询人编制,并应由发包人或受其委托具有相应资质的工程造价咨询人核对。

(一)竣工结算的主要计价原则

(1) 分部分项工程和措施项目中的单价项目应依据发承包双方确认的工程量与已标价工程量清单的综合单价计算;发生调整的,应以发承包双方确认调整的综合单价计算。

(2) 措施项目中的总价项目应依据已标价工程量清单的项目和金额计算;发生调整的,应以发承包双方确认调整的金额计算;其中的安全文明施工费应按照国家或省级、行业建设主管部门的规定计算。

(3) 承包双方在合同工程实施过程中已经确认的工程计量结果和合同价款,在竣工结算办理中应直接计入结算。

(二)竣工结算与支付程序

在办理竣工结算时,承包人应在提交竣工验收申请的同时提交竣工结算文件,并据此向发包人提交竣工结算款支付申请。申请竣工结算款支付申请应包括下列内容:竣工结算合同价款总额;累计已实际支付的合同价款;应预留的质量保证金;实际应支付的竣工结算款金额。缺陷责任期终止后,承包人已完成合同约定的全部承包工作,承包人应按照合同约定向发包人提交最终结清支付申请。

依照《建设工程工程量清单计价规范》(GB 50500—2013),工程竣工结算与支付程序如图 6-7 所示。

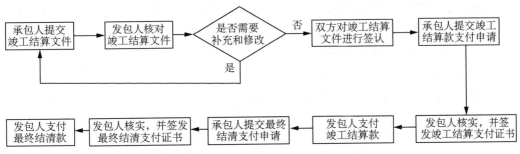

图 6-7 竣工结算与支付程序

(三)质量保证金的预留原则

发包人应按照合同约定的质量保证金比例从结算款中预留质量保证金。承包人未按照合同约定履行属于自身责任的工程缺陷修复义务的,发包人有权从质量保证金中扣除用于缺陷修复的各项支出。经查验,工程缺陷属于发包人原因造成的,应由发包人承担查验和缺陷修复的费用。在合同约定的缺陷责任期终止后的 14 天内,发包人应将剩余的质量保证金返还给承包人。

四、投资(成本)偏差分析

在确定了投资控制目标之后,为了有效地进行投资控制,项目管理者必须定期将投资计划值和实际值的比较。当实际值偏离计划值时,要分析产生偏差的原因,采取适当的纠偏措施,以便使费用超支额尽可能小。

投资与成本偏差分析经常使用挣值法。挣值法也称偏差分析法或赢得值法,是一种成本(投资)-进度综合控制方法。其原理是通过分析工程项目实施与工程目标期望之间的差异来判断工程的实施成本与进度绩效,以便有效地实现对项目进度和费用的综合控制。目前挣值法是在工程项目成本控制或投资控制中使用较多一种技术经济分析方法。

(一)挣值法的三个关键参数

挣值法主要通过计划价值(PV)、挣值(EV)和实际成本(AC)三个关键参数来衡量项目的实施状态。

1. 计划价值(PV)

计划价值即计划工作量的预算成本($BCWS$),是指项目活动或工作分解结构组成部分在预定工作进度内按计划规定应当完成任务的预算费用。计划价值的计算公式为:

$$计划价值(PV) = \sum (计划工作量 \times 预算单价) \tag{6-31}$$

计划价值(PV)是与时间相联系的,当考虑资金累计曲线时,是在项目预算 S 曲线上的某一点的值。它是项目进度执行效果的参数,反映某一项作业或某一时间段(如某年一月份)按进度计划应完成的工作量。

2. 挣值(EV)

挣值也称赢得值或已完工作量的预算成本($BCWP$),是指项目活动或工作分解结构组成部分已完成的价值,用分配给该工作的预算来表示。挣值的计算公式为:

$$挣值(EV) = \sum (已完工作量 \times 预算单价) \tag{6-32}$$

挣值(EV)的实质内容是将已完成的工作量用预算费用来度量,主要反映该项目任务按合同计划实施的进展状况。

3. 实际成本(AC)

实际成本即已完成工作量的实际成本($ACWP$),是指为完成活动或工作分解结构组成部分的工作而实际发生并记录在案的总成本,也是为完成与 EV 相对应的工作而发生的总成本。实际成本可用公式表示为:

$$实际成本(AC) = \sum (已完工作量 \times 实际单价) \tag{6-33}$$

(二)挣值法的四个评价指标

1. 进度偏差(SV)

进度偏差是指检查日期的挣值(EV)与计划价值(PV)之间的差异,可用来表明项目是否落后于基准进度。其计算公式为

$$SV = EV - PV \tag{6-34}$$

当 $SV > 0$ 时表示进度提前,$SV < 0$ 时表示进度延误。若 $SV = 0$,表明进度按计划执行。

当项目完工时,全部计划价值都将实现,挣值等于计划价值,因此进度偏差最终将等于零。

2. 成本偏差（CV）

成本偏差是指检查日期挣值（EV）与实际成本（AC）之间的差异，计算公式为：

$$CV = EV - AC \quad (6-35)$$

当 $CV<0$ 时，表示执行效果不佳，即实际成本超过预算成本，即超支。反之当 $CV>0$ 时，表示实际消耗成本低于预算成本，表示有节余或效率高。若 $CV=0$，则表明项目运行符合预算成本，项目按计划执行。

项目结束时的成本偏差就是完工预算（BAC）与实际总成本之间的差值。

3. 进度绩效指数（简称 SPI）

为了便于将项目的进度绩效与其他项目进行对比分析，可将 SV 转化为效率指标——进度绩效指数（SPI）。进度绩效指数也称进度执行指标，是比较项目已完成进度与计划进度的指标，用项目挣值（EV）与计划价值（PV）之比表示：

$$SPI = EV/PV \quad (6-36)$$

当 $SPI>1$ 时，表示进度提前，即已完成工作量超前于计划，项目时间处于可控范围。当 $SPI<1$ 时，表示进度延误，即表示已完成工作量未达到计划要求；当 $SPI=1$ 时，表示项目实际进度与计划进度一致。

4. 成本绩效指数（cost performed index，简称 CPI）

为了便于将项目的成本绩效与其他项目进行对比分析，可将 CV 转化为效率指标——成本绩效指数（CPI）。成本绩效指数也称费用执行指标，是比较已完工作价值与实际成本的指标，用项目挣值（EV）与实际成本（AC）之比表示，即

$$CPI = EV/AC \quad (6-37)$$

当 $CPI>1$ 时，表示已完工作成本结余，即实际支出费用低于预算成本费用；$CPI<1$ 表示已完工作成本超支，即实际支出费用高于预算成本费用；$CPI=1$ 表示实际费用与预算费用吻合，项目成本支出按计划进行。

挣值的关键参数和偏差可用图 6-8 表示。

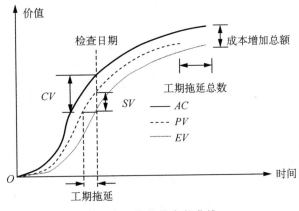

图 6-8　挣值法参数曲线

【例 6-5】 某工程计划成本 600 万元,工期 12 个月,每个月的计划成本如表 6-7 所示。根据工程施工的实际进度和成本完成情况,统计得出的工程成本有关数据如表 6-7 所示。试分析该工程到第 2 个月和第 9 个月时的累计成本偏差 CV、累计进度偏差 SV、进度绩效指数 SPI 和成本绩效指数 CPI。

表 6-7 工程成本统计表　　　　　　　　　　　　　　　　（单位:万元）

月份 项目	1	2	3	4	5	6	7	8	9	10	11	12
计划价值(PV)	20	40	60	70	80	80	70	60	40	30	30	20
计划价值(PV)累计	20	60	120	190	270	350	420	480	520	550	580	600
实际成本(AC)	20	35	65	80	90	100	70	60	45	45	30	—
实际成本(AC)累计	20	55	120	200	290	390	460	520	565	610	640	
挣值(EV)	10	20	50	60	70	110	80	70	60	40	30	
挣值(EV)累计	10	30	80	140	210	320	400	470	530	570	600	

解:（1）该工程进行到第 2 个月时:

$$进度偏差(SV) = EV - PV = 30 - 60 = -30 \text{ 万元}$$
$$成本偏差(CV) = EV - AC = 30 - 55 = -25 \text{ 万元}$$

表明合同执行到第 2 个月时,成本超支 25 万元,同时进度延误 30 万元(用成本表示)。

$$进度绩效指数(SPI) = EV/PV = 30/60 = 50\%$$

表明该工程的实际进度落后于计划进度。

$$成本绩效指数(CPI) = EV/AC = 30/55 = 54.55\%$$

表明该工程的支出费用高于预算成本。

（2）该工程进行到第 9 个月时:

$$进度偏差(SV) = EV - PV = 530 - 520 = 10 \text{ 万元}$$
$$成本偏差(CV) = EV - AC = 530 - 565 = -35 \text{ 万元}$$

表明合同执行到第 9 个月时,成本超支 35 万元,同时进度提前 10 万元(用成本表示)。

$$进度绩效指数(SPI) = EV/PV = 530/520 = 101.92\%$$

表明该工程的实际进度超前于计划进度,进度绩效指标相对于 2 月份有明显改善。

$$成本绩效指数(CPI) = EV/AC = 530/565 = 93.81\%$$

表明该工程的支出费用仍高于预算成本,但成本绩效指标相对于 2 月份有明显改善。

第四节 工程竣工决算

一、竣工决算编制

基本建设项目的竣工财务决算是正确核定新增固定资产价值,反映竣工项目建设成果的文件,是办理固定资产交付使用手续的依据。竣工决算应包括从筹建到竣工投产全过程的实际支出费用,即建筑安装工程费用、设备及工器具购置费用和工程建设其他费用等。

2016 年 4 月,财政部部务会议审议通过了《基本建设财务规则》(财政部令第 81 号)。同年 6 月,为推动各部门、各地区进一步加强基本建设项目竣工财务决算管理,提高资金使用效益,财政部依据《基本建设财务规则》印发了《基本建设项目竣工财务决算管理暂行办法》。

(一)基本建设项目财务决算的编制时间

项目建设单位在项目竣工后,应当及时编制项目竣工财务决算,并按照规定报送项目主管部门。基本建设项目(以下简称项目)完工可投入使用或者试运行合格后,应当在 3 个月内编报竣工财务决算,特殊情况确需延长的,中小型项目不得超过 2 个月,大型项目不得超过 6 个月。

建设周期长、建设内容多的大型项目,单项工程竣工具备交付使用条件的,可以编报单项工程竣工财务决算,项目全部竣工后应当编报竣工财务总决算。

(二)编制工作的准备

编制项目竣工财务决算前,项目建设单位应当完成各项账务处理及财产物资的盘点核实,做到账账、账证、账实、账表相符。项目建设单位应当逐项盘点核实、填列各种材料、设备、工具、器具等清单并妥善保管,应变价处理的库存设备、材料以及应处理的自用固定资产要公开变价处理,不得侵占、挪用。

(三)编制依据

项目竣工财务决算的编制依据主要包括:国家有关法律法规;经批准的可行性研究报告、初步设计、概算及概算调整文件;招标文件及招标投标书,施工、代建、勘察设计、监理及设备采购等合同,政府采购审批文件、采购合同;历年下达的项目年度财政资金投资计划、预算;工程结算资料;有关的会计及财务管理资料;其他有关资料。

(四)基本建设项目竣工财务决算的内容

项目竣工财务决算的内容主要包括项目竣工财务决算报表、竣工财务决算说明书、竣工财务决(结)算审核情况及相关资料。

1. 项目竣工财务决算报表

基本建设项目竣工财务决算报表内容包括:封面;项目概况表;项目竣工财务决算表;资金情况明细表;交付使用资产总表;交付使用资产明细表;待摊投资明细表;待核销基建支出明细表;转出投资明细表。

2. 竣工财务决算说明书

竣工财务决算说明书主要包括以下内容。

(1) 项目概况。
(2) 会计账务处理、财产物资清理及债权债务的清偿情况。
(3) 项目建设资金计划及到位情况,财政资金支出预算、投资计划及到位情况。
(4) 项目建设资金使用、项目结余资金分配情况。
(5) 项目概(预)算执行情况及分析,竣工实际完成投资与概算差异及原因分析。
(6) 尾工工程情况。
(7) 历次审计、检查、审核、稽查意见及整改落实情况。
(8) 主要技术经济指标的分析、计算情况。
(9) 项目管理经验、主要问题和建议。
(10) 预备费动用情况。
(11) 项目建设管理制度执行情况、政府采购情况、合同履行情况。
(12) 征地拆迁补偿情况、移民安置情况。
(13) 需说明的其他事项。

3. 竣工财务决(结)算审核情况

财政部门和项目主管部门对项目竣工财务决算实行先审核后批复的办法,可以委托预算评审机构或者有专业能力的社会中介机构进行审核。项目竣工决(结)算经有关部门或单位进行项目竣工决(结)算审核的,需附完整的审核报告及审核表。项目竣工财务决算审核报告内容应当翔实,主要包括审核说明、审核依据、审核结果、意见、建议。基本建设项目竣工财务决算审核表包括项目竣工财务决算审核汇总表、资金情况审核明细表、待摊投资审核明细表、交付使用资产审核明细表、转出投资审核明细表和待核销基建支出审核明细表。

4. 相关资料

相关资料主要包括以下几方面。

(1) 项目立项、可行性研究报告、初步设计报告及概算、概算调整批复文件的复印件。
(2) 项目历年投资计划及财政资金预算下达文件的复印件。
(3) 审计、检查意见或文件的复印件。
(4) 其他与项目决算相关的资料。

二、竣工决算报批

建设周期长、建设内容多的大型项目和单项工程,竣工财务决算可单独报批,单项工程结余资金在整个项目竣工财务决算中一并处理。

(1) 中央项目竣工财务决算,由财政部制定统一的审核批复管理制度和操作规程。中央项目主管部门本级以及不向财政部报送年度部门决算的中央单位的项目竣工财务决算,由财政部批复;其他中央项目竣工财务决算,由中央项目主管部门负责批复,报财政部备案。国家另有规定的,从其规定。

(2) 地方项目竣工财务决算审核批复管理职责和程序要求由同级财政部门确定。

(3) 经营性项目的项目资本中,财政资金所占比例未超过50%的,项目竣工财务决算可以不报财政部门或者项目主管部门审核批复。项目建设单位应当按照国家有关规定加强工程价款结算和项目竣工财务决算管理。

本 章 小 结

(1) 设计阶段是项目投资管理的重要阶段。设计阶段工程项目投资的表现形式分别为设计概算和施工图预算。设计概算分为三级概算,即单位工程概算、单项工程综合概算和建设项目总概算。单位工程概算分为建筑工程概算和设备及安装工程概算两大类。单位建筑工程概算的编制方法有概算定额法、概算指标法和类似工程预决算法。施工图预算是由单位工程设计预算、单项工程综合预算和建设项目总预算三级预算逐级汇总组成的。施工图预算的编制方法主要有单价法和实物法两种,其中使用最广泛的是单价法。设计方案优选的技术经济方法包括项目全寿命费用分析和价值工程方法。

(2) 工程量清单是载明建设工程分部分项工程项目、措施项目和其他项目的名称和相应数量以及规费和税金项目等内容的明细清单。工程量清单计价是以工程量清单为依据,在工程发承包、施工和竣工交付阶段,对工程造价及其构成内容进行预测、估计和计算的活动。建设工程承包合同的计价方式可分为总价合同、单价合同和成本价酬金合同三种。

(3) 在合同履行期间,若发生法律法规变化、工程变更、物价变化、工程索赔等事项,工程发承包双方应当按照合同约定调整合同价款。工程合同价款期中结算是指发承包双方根据合同约定,对合同工程在实施中进行的合同价款计算、调整和确认。期中结算又称中间结算,包括月度、季度、年度结算和形象进度结算。期中结算的过程包括工程预付款、工程计量和进度款三部分内容。工程完工后,发承包双方必须按照约定的合同价款、合同价款调整内容以及索赔事项,在合同约定时间内办理工程竣工结算。挣值法也称偏差分析法或赢得值法,是一种成本(投资)-进度综合控制方法。其原理是通过分析工程项目实施与工程目标期望之间的差异来判断工程的实施成本与进度绩效,以便有效地实现对项目进度和费用的综合控制。

(4)基本建设项目的竣工财务决算是正确核定新增固定资产价值,反映竣工项目建设成果的文件,是办理固定资产交付使用手续的依据。项目竣工财务决算的内容主要包括项目竣工财务决算报表、竣工财务决算说明书、竣工财务决(结)算审核情况及相关资料。

关 键 词

设计概算　施工图预算　工程量清单　合同价款　期中结算　竣工结算　挣值法

本章练习题

1. (单选题)在下述各项中,列入建筑单位工程概算的是( )。
 A. 机械设备概算　　　　　　　　B. 通风工程概算
 C. 电气设备概算　　　　　　　　D. 生产家具购置费概算
2. (单选题)在采用概算定额法编制工程概算时,其主要依据是( )。
 A. 单位估价表　　　　　　　　　B. 扩大单位估价表
 C. 概算指标　　　　　　　　　　D. 估算指标
3. (单选题)在通常采用的合同形式中,承包商承担风险最大的是( )。
 A. 可调值总价合同　　　　　　　B. 不可调值总价合同
 C. 估计工程量单价合同　　　　　D. 纯单价合同
4. (单选题)某土建工程2000年1—4月份计划产值为1 200万元,材料费占年产值60%,预付款占年产值25%。当工程累计完成产值达到( )时,开始扣预付款。
 A. 400万元　　　B. 800万元　　　C. 500万元　　　D. 700万元
5. (单选题)招标人按设计施工图纸计算的、对招标工程限定的最高工程造价,被称为( )。
 A. 招标控制价　　B. 标底　　　　C. 施工图预算　　D. 施工预算
6. (单选题)依照现行计价规范,关于工程量清单计价方式的说法,正确的是( )。
 A. 非国有资金投资的建设项目不宜采用工程量清单计价
 B. 国有资金占总投资额50%以上的建设项目必须采用工程量清单计价
 C. 实行工程量清单计价应采用工料单价法
 D. 措施项目均为总价项目
7. (单选题)关于价值工程中全寿命周期费用的说法,正确的是( )。
 A. 全寿命周期费用是研制和生产全过程发生的全部费用
 B. 全寿命周期费用是指产品或项目从研制、生产到销售、使用的全过程发生的全部

费用

C. 全寿命周期费用是从开始使用至报废发生的费用总和

D. 全寿命周期费用是生产费用和使用费用之和

8. （单选题）根据《建设工程工程量清单计价规范》，对于合同工期较短、建设规模较小、技术难度较低，且施工图设计已审查完备的建设工程，宜采用（　　）确定合同价款。

A. 总价方式　　　　　　　　　　　　B. 单价方式
C. 成本加固定百分比酬金方式　　　　D. 成本加固定金额酬金方式

9. （简答题）工程承包合同价格的形式有哪些？有哪些特点？

10. （简答题）挣值法的三个关键参数和四个评价指标是什么？如何计算？

第七章 项目融资的组织

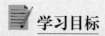

学习目标

学习了本章后,你应该能够:
1. 了解项目融资的各方参与者;
2. 熟悉项目的运作过程。

从本章开始,我们将介绍项目融资的相关内容。在本书第一章中,我们将项目融资定义为:以项目资产、预期收益或预期现金流量作为偿还债务的资金来源,无追索权或具有有限追索权的融资活动。在融资基础、追索程度、风险分担、股权与债务比例、融资成本和会计处理等方面,项目融资与公司融资相比都存在着显著不同。项目融资更适合于资源开发项目、基础设施建设项目和大型工业项目。

第一节 项目融资的参与者

一般而言,采用项目融资模式筹集资金的项目,都具有投资额高、工程量大、涉及面广的特点,融资结构也会比一般的公司融资更复杂,因此参与项目融资的各方利益主体也会更多。

如图 7-1 所示,项目融资的参与者主要包括项目发起人、项目实体、项目债权人、项目承包商、咨询专家和顾问、担保人或保险人、供应商、项目产品购买者或使用者、项目所在国政府等。

一、项目发起人

项目发起人一般是指项目的实际投资者,持有项目一定份额的股权。项目发起人负责筹集项目资金,是项目融资的主要组织者。

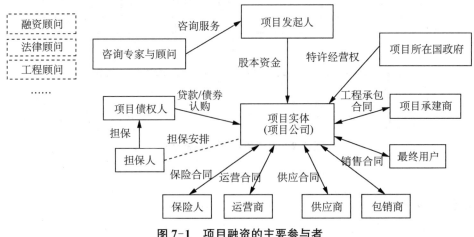

图 7-1　项目融资的主要参与者

任何一个项目都必定需要有发起人。一个项目的发起人可以只有一个,也可以有多个;发起人可以是企业,也可以是政府机构或自然人;发起人可以是一个企业,也可以是几家企业组成的联合体。

项目发起人在项目中往往还会扮演多重角色,包括承包商、担保人等。比如在英法海底隧道项目中,一共有 15 家项目发起人,其中有 10 家是建筑企业,他们既是投资人,又是承包商;在设计了有限追索权的项目融资中,项目发起人不仅要提供股本资金,还可能要通过担保等形式,为项目提供信用保证,也就是具有担保人的身份。

二、项目实体

采取项目融资模式时,项目的发起人一般不会去直接融资,而是通常会为项目设立专门的项目公司或者其他形式的特殊目的实体(special purpose entity,简称 SPE),负责项目的投资建设、融资和运营管理。

有些项目实体仅仅是为融资而设立的,并不负责项目建设或运营,仅仅起到一个资产运营公司的作用。项目建成后,可以委托专门的公司负责项目的运营。比如 20 世纪 90 年代印度尼西亚建设的百通电厂项目(见图 7-2),该项目发起人包括美国 Edison Mission 能源公司、日本三井物产有限公司、印度尼西亚的 BHP 公司和美国通用电力投资公司这四家公司,他们成立了项目公司——百通能源公司。项目公司与日本三井物产公司领导的施工联合体签订涉及施工的交钥匙合同,由施工联合体负责电厂的建设;与 MOMI 公司签订电厂运行维护合同,而项目公司实际上仅仅是实施项目的载体。

项目实体类型包括公司型、合伙型、契约型等,其中公司型,也就是设立项目公司,是项目融资中采用最多的项目实体形式。在之后的内容中我们也将主要分析设立项目公司的情形。

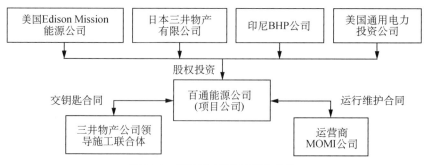

图 7-2 百通电厂项目融资结构

三、项目债权人

项目融资中,项目债权人是必不可少的重要参与者。由于采用项目融资的多为资源开发项目、基础设施建设项目和大型工业项目等投资额较大的项目,而且项目融资的资金结构中的债务资金比例一般较高,所以债务资金的筹集规模也较大,单一的债权人往往无法独立提供所有债务资金,更多情况下会存在多个债权人。

项目债务资金的提供者范围很广泛,可以包括:商业银行、出口信贷银行以及各类金融机构;项目发起人;原材料和设备供应商;承包商;项目产品的购买者或服务的使用者等。

四、项目承建商

项目承建商也是项目融资的重要当事人之一。项目承建商与项目公司签订承包合同,负责项目设计和建设等工作。他们的技术水平和声誉对项目是否能取得贷款有重要影响,可以在很大程度上影响项目贷款银行对项目建设期风险的判断。

在项目融资中,项目公司通常会与一家承建商签订 EPC 合同或交钥匙合同,由承建商负责项目的设计、采购和建设,在总价合同条件下,对工程质量、安全、费用和进度负责。比如,在深圳沙角某火力发电厂项目融资中,日本三井物业、东芝、合和建筑有限公司、石川岛重工公司组成了一个电厂设备供应和工程承包财团,他们是以财团的名义进行了谈判,最终获得了一个固定价格的"交钥匙"合同。但是在有些情况下,项目公司也会与多个承建商签约,来分别承担一部分项目建设工作。

五、咨询专家和顾问

项目融资中往往还需要各领域的咨询专家和顾问参与其中。这是因为项目融资过程中会涉及复杂的金融、法律、技术、项目管理以及环保等问题,需要在严谨的分析、论证与评价基础上作出科学决策,而项目的参与各方往往不具备这些学科的专业知识。因此，项目发起人需要聘请在上述领域经验丰富的专家和顾问，进行专业咨询。

从项目融资全过程看，咨询服务的内容包括招标代理、资产评估、金融、法律、财务、税务、可行性研究、设计和建设监理等方面。

六、担保人或保险人

由于项目融资会涉及很多难以预料的风险，债权人为了降低风险，往往要求项目的参与人提供担保或购买保险。这就使担保人或保险人成了项目融资必不可少的参与者。其中，担保人可以是项目的发起人，也可以是由第三方充当担保人。

七、供应商

项目供应商也是项目融资的一方参与者。这里的项目供应商，是指生产性项目的设备供应商、能源供应商和原材料供应商等，他们为项目的顺利运营提供了基础保证。

八、项目产品的购买者或服务的使用者

项目产品的购买者或服务的使用者也就是最终用户或包销商。项目融资需要依赖项目未来的收入作为还款来源，有的项目收入可以直接从最终用户手中获得，有的就需要通过包销商。但不论是哪种情况，项目最终的收益必定来源于项目的购买者或服务的使用者。

九、项目所在国政府

在很多项目融资过程中，所在国政府往往会直接参与或间接影响项目融资的过程。

在发展中国家，政府在项目融资中发挥的作用就更加明显，政府不仅可能是项目产品的购买者或服务的使用者，还可能会为项目融资提供担保。

在BOT项目融资中，政府是特许经营权的授予人，在特许经营期限结束后，项目会被移交给政府，转由政府指定部门经营和管理。而在PPP项目融资中，政府是主要参与人之一，充当了多重角色，包括项目实施机构、项目监管人、项目发起人、融资担保人、项目补助人、服务购买人等。

此外，政府还可以通过制定相关的税收政策和外汇管理政策，为项目融资提供优惠。

十、项目运营商

项目公司不一定直接负责项目的运营，有些项目公司只是法律上拥有项目的资产，

而项目的实际运营可以委托给经验丰富的专业运营商来做。特别是对于那些运营比较复杂的项目,比如电厂、水处理厂,项目公司一般缺少专业能力和运营管理经验,所以通常会委托给项目运营商负责。运营商往往也是项目发起人之一,或者是发起人为该项目专门成立的公司。

比如前面提到的印度尼西亚百通电厂项目中,项目公司(即百通能源公司)与MOMI公司签订了电厂运行维护合同,而MOMI公司就是项目的运营商。

由于具体项目的性质和开发背景存在很大差异,项目的参与者和他们所起作用也会不同,需要根据具体项目来进行分析。

第二节 项目融资的运作过程

从融资者角度分析,项目融资的运作过程如图7-3所示。在实际操作中,由于具体融资模式的选择不一样,融资过程也会有所不同,但是融资程序的实质内容是基本一致的。

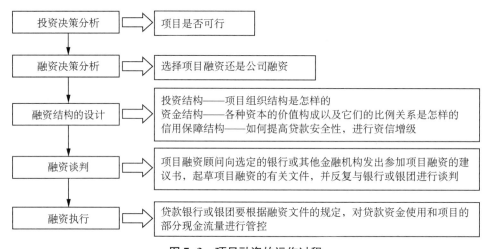

图7-3 项目融资的运作过程

一、项目的投资决策与融资决策分析

项目投资者要考虑的问题是这个项目是否可行,具体来说就是要分析项目的技术可行性、财务可行性、国民经济可行性以及项目对环境、社会等方面的影响,进行项目的投资决策分析。

一旦作出了投资决策,投资者就要决定是采用项目融资方式还是传统的公司融资方式,具体的融资方案又是怎样的,也就是要进行项目的融资决策分析。如果项目投资者一般不具备进行复杂融资分析的能力,可以聘请专业的融资顾问,提出并分析各种融资方案,最终决定采用哪种融资方案。

二、项目融资结构的设计

项目融资结构是项目融资的核心内容。融资结构是由项目资金结构、项目投资结构和项目信用保证结构三者整合形成的整体结构。如果项目决定采用项目融资方式筹集资金,项目参与者要在项目投资和融资决策分析的基础上,对项目的风险进行全面分析和评价,估计项目的债务承受能力,在此基础上设计出适合的项目融资结构。

(一) 项目融资结构的组成要素

1. 项目投资结构

项目的投资结构就是指项目的资产所有权结构,是投资者对项目资产的法律拥有形式和投资者之间的法律合作关系。确定项目的投资结构就是要确定项目的组织结构形式。在项目融资中,由于投资者之间的合作形式多种多样,这就形成了不同种类的投资结构。而不同的投资结构下,投资者对项目资产的拥有形式,对项目产出和收益的控制程度以及承担的债务责任都会有所不同。常见的项目投资结构主要包括公司型结构、合伙型结构、契约型结构和信托基金结构等。

2. 项目资金结构

项目的资金结构就是指项目融资形成的各种资本(权益资本、债务资本以及准债务资本)的价值构成以及它们的比例关系。确定项目的资金结构就是要解决这样两个问题。

(1) 项目各种资金来源(包括股权、债务、准债务)的比例关系是怎样的。

(2) 如何设计具体的融资工具,比如债务融资工具包括贷款融资、债券融资和融资租赁等,具体应采用哪种或哪些种债务融资工具,这就是项目融资结构设计中需要解决的问题之一。

3. 项目信用保证结构

项目信用保证结构也被称为项目的资信结构,它要解决的问题是贷款人如何提高贷款安全性,进行资信增级。由于项目融资是一种以项目资产、预期收益或预期现金流量作为偿债的资金来源,具有无追索或有限追索形式的融资,对于贷款人而言具有较大的风险,所以贷款人需要通过一系列安排来保证贷款的安全性。在项目融资中,贷款安全性除了受项目本身的经济强度的影响之外,还来源于其他两个方面:一是来源于与项目有关的各利益主体与项目的契约关系,比如长期购买项目产品的协议、或长期供货协议等;二是来源于各种信用担保、保险以及信用增进措施。这两类保证形式的组合就构成了项目的信用保证结构。

(二) 项目融资结构中各要素的整合协调

项目投资结构、资金结构和信用保证结构等项目融资组成要素之间是相互关联和相互影响的。在设计项目融资结构时，要从整体角度出发，整合协调项目投资结构、资金结构和信用保证结构等项目融资组成要素。

项目资金结构和项目信用保证结构之间存在显著的关联性。一方面，如果项目股权资金比例越高，贷款的安全程度就越高，因而项目的信用保证水平就越高；另一方面，如果项目可以采取某些资信增进措施提高项目信用保证水平，就可以相应降低股权资金比例。

项目投资结构与项目信用保证结构之间也有密切联系。比如，如果以"产品支付协议"信用保证基础安排项目债务资金时，项目通常采用投资者直接安排项目融资的方式，项目的投资结构可以为契约型投资结构或其他非公司型投资结构。

项目投资结构与项目资金结构之间更是紧密相关。项目投资结构的不同选择会直接影响到资金来源与融资工具的选择。例如，如果项目希望采用公开上市发行股票的方式募集股权资金的话，就必须采用股份有限公司投资结构。

三、融资谈判

在初步确定了项目融资方案和融资结构后，就可以着手进行融资谈判了。这时，项目融资顾问会向选定的银行或其他金融机构发出参加项目融资的建议书，组织银团贷款，并且起草项目融资的有关文件。在这一过程中，需要反复与银行或银团进行谈判。为了满足银行或银团的要求，还可能需要对投资结构、资金结构以及各类法律文件进行修改。

四、项目融资执行过程

在完成融资谈判并且正式签署了项目融资法律文件之后，项目就完成了融资关闭，进入执行阶段。贷款银行或银团要根据融资文件的规定，对贷款资金使用和项目的部分现金流量进行管控。贷款银行或银团还会派出经理人，监督项目的进展，甚至参加项目的生产经营决策，以便加强对项目风险的控制。

本 章 小 结

（1）项目融资的参与者主要包括项目发起人、项目实体、项目债权人、项目承包商、咨询专家和顾问、担保人或保险人、供应商、项目产品购买者或使用者、项目所在国政府等。

(2) 从融资者角度看,项目融资的运作过程包括项目的投资决策分析、融资决策分析、融资结构的设计、融资谈判和融资执行。

关 键 词

项目发起人　特殊目的实体　融资结构

本章练习题

1. (简答题)项目融资的参与者主要有哪些?
2. (简答题)简述项目融资的一般运作过程。

第八章 项目的投资结构

> **学习目标**
>
> 学习了本章后,你应该能够:
> 1. 了解项目投资结构的含义,熟悉特殊目的实体的作用;
> 2. 了解公司型投资结构、合伙制投资结构、契约型投资结构和信托基金投资结构的含义、分类和优缺点;
> 3. 熟悉影响项目投资结构设计与选择的各种因素。

第一节 项目投资结构概述

一、项目投资结构的含义

项目的投资结构一般是指项目实体的法律组织结构,也就是投资者对项目资产权益的法律拥有形式和投资者之间的法律合作关系。

在项目融资中,项目发起人一般是不直接去融资的,他们通常是通过设立特殊目的实体(SPE)进行融资。特殊目的实体也可以称为特殊目的载体(SPV),它是指一种为了特殊目的而建立的法律实体,通常是一个完全独立运作的实体,包括支付自己的所有费用,不和其他实体的资产相混合。在有些情况下,因为某种需要,有可能会设立两个或多个实体组织,分别负责项目投资、融资和管理等各项专项工作。

项目融资过程中设立的特殊目的实体类型不同,就会形成不同类型的项目投资结构。项目的投资结构类型主要有四种:公司型投资结构、合伙制投资结构、契约型投资结构和信托基金投资结构。

二、项目投资结构中特殊目的实体的作用

项目发起人为什么不自己直接去融资,而是要设立特殊目的实体呢?这就需要分析一下特殊目的实体的作用。特殊目的实体的作用主要有以下三个方面。

(一)风险隔离

设立特殊目的实体的第一个作用就是可以将项目和项目投资者合法分离,实现风险隔离,这就是项目融资的核心目标。通过项目融资隔离风险有两个方面的含义。

1. 项目债务风险与项目发起人的隔离

仍以第一章中提到的天年公司养老项目为例。在这个案例中,天年公司已经有了两个养老项目 A 和 B,现在计划采用项目融资模式投资兴建一个新的养老项目 C。首先天年公司为此注册成立了一家专门运作项目 C 的项目公司,这个项目公司就是一个特殊目的实体,它由天年公司自己提供股本资金,其他资金部分由项目公司以其自身的名义进行贷款融资,并且以项目 C 的资产、预期收益或者有关合同安排作为保证,以项目预期收益或预期现金流量作为偿还本息的资金来源。从图 8-1 中可以看出,通过项目公司这个特殊目的实体所安排的无追索权融资结构,可以将天年公司和项目公司这两个实体的债务完全隔离。

为了降低风险,贷款人也可能要求天年公司为项目公司提供有限担保(比如提供完工担保),这样债权人就具有了有限追索权。通过这种安排,天年公司仅承担了完工风险,它与项目的正常生产阶段的风险还是实现了隔离。

通过这个案例可以看出,设立特殊目的实体可以将项目发起人与项目债务风险相隔离,让项目债权人的追索权仅限于项目资产及其相关权益,与发起人的其他资产无关。

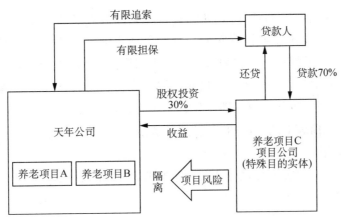

图 8-1　项目债务风险与天年公司相隔离

2. 项目发起人为项目提供保证的资产和收益与项目发起人的其他资产相分离

设立特殊目的实体的风险隔离作用是双向的，它同时还可以将项目发起人为项目提供保证的资产和收益与发起人其他资产相分离，从而不受发起人经营状况恶化及其债务的影响。

如图 8-2 所示，在天年公司案例中，通过设立项目公司这种特殊目的实体，也可以将天年公司的债务和项目 C 相隔离，如果天年公司自己经营状况恶化或者是无法偿还自身债务，这并不会影响到项目 C 的建设与运营。

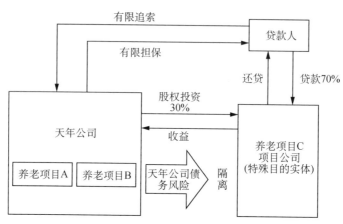

图 8-2 天年公司的债务与项目 C 相隔离

（二）实现合理避税

项目设立的特殊目的实体类型不同，就会基于不同的经济组织类型形成不同的项目投资结构。由于国家对不同类型的经济组织有不同的税收政策，所以项目融资可以通过选择设立合适的特殊目的实体类型，来达到避税的目的。

（三）实现表外融资

在第一章中我们曾经提到过，表外融资也就是非公司负债型融资。实现表外融资时，项目贷款等债务安排在项目发起人的资产负债表中不会表现为负债以及资产的增加。发起人实现表外融资的前提是特殊目的实体不纳入发起人合并报表的范围。而如果项目发起人没有对项目公司等特殊目的实体形成实质性的控制，就没有必要编制合并会计报表，从而实现了表外融资。即使发起人向金融机构提供了一些担保，也不会直接影响到它在资产负债表上的负债和权益比例，最多只是以报表附注等形式反映在发起人自己的财务报告当中。

此外设立特殊目的实体有时还可以实现规则规避，比如可以规避资产所有权的国别限制等。

第二节　公司型投资结构

一、公司型投资结构的含义和分类

公司型投资结构应该是最常见的一种项目投资结构,采用这种结构时,项目发起人需要依照《公司法》设立一个与项目投资者完全分离的独立法人实体,也就是项目公司。项目公司拥有项目的一切资产,以及处置这些资产的权利,股东按照股权份额行使各自的权利。项目投资者作为股东,以认购的出资额或股份为限对项目公司承担责任,项目公司以其全部资产对债务承担责任。

（一）公司的分类

按照《公司法》的规定,公司可以分为有限责任公司和股份有限公司两种法律形式。

有限责任公司是指股东以其出资额为限对公司承担责任,公司以其全部资产对公司的债务承担责任的企业法人。

股份有限公司是将全部资本分为等额股份,股东以其所持股份为限对公司承担责任,公司以其全部资产对公司的债务承担责任的企业法人。

可以看出,不论采取哪种公司形式,公司股东都只需要承担有限责任,股东投入公司的财产与他的个人财产之间是脱钩的。当公司破产或解散时,只需要用公司的所有资产偿还债务。

（二）有限责任公司和股份有限公司的区别

依据我国《公司法》和其他一些规定,这两种公司之间主要存在五点不同。

（1）股东人数不同。有限责任公司应由五十个以下股东出资设立;而股份有限公司的股东人数是没有上限的,公司法只规定了设立股份有限公司时,应当有两人以上、二百人以下为发起人。

（2）股份划分方式不同。有限责任公司不发行股票,公司成立后,会向股东签发出资证明书;而股份有限公司的资本需要划分为等额股份,股份采取股票的形式,同种类的每一份股份应当具有同等的权利。

（3）筹集股本资金的途径不同。有限责任公司的股份一般采取私下认购的方式;而股份有限公司可以采用公开或非公开方式向社会发行股票。

（4）信息披露要求不同。有限责任公司的经营状况和财务数据需要及时向股东披露,但是并不需要向公众公开;非上市股份有限公司也不需要对外公开公司相关财务数据,但上市的股份有限公司需要对外公开经营状况和财务数据。

(5) 股份转让方式不同。有限责任公司的股东之间可以相互转让其全部或者部分股权;股东向股东以外的人转让股权,应当经过其他股东过半数同意;经股东同意转让的股权,在同等条件下,其他股东有优先购买权。

而股份有限公司公开发行的股票是可以在证券交易所上市交易,具有更好的流通性。

在项目融资实务中所采用的公司型投资结构一般多为有限责任公司。这主要的原因是:有限责任公司的股权转让比股份有限公司困难,这可以保证项目的股东相对稳定。另外,设立股份有限公司的要求比有限责任公司要严格,同时还可能存在对外信息披露的要求。所以有限责任公司形式比股份有限公司更适合项目融资。

【案例分享】 公司型投资结构案例——北京地铁四号线项目

北京地铁四号线是国内首条以特许经营模式经营的轨道交通线路,于2004年8月正式开工,2009年9月28日通车试运营。

如图 8-3 所示,北京地铁四号线项目的全部建设内容被划分为 A、B 两部分:A 部分主要为土建工程部分,投资额约为 107 亿元,由北京地铁四号线投资有限公司代表北京市政府筹资建设并拥有产权;B 部分主要包括车辆、自动售检票系统、通信、电梯、控制设备、供电设施等机电设备的购置和安装,投资额约为 46 亿元,它采用了公司型投资结构,由北京基础设施投资有限公司、北京首都创业集团有限公司和香港地铁有限公司这三家社会投资者组建了特许经营公司,也就是项目公司。项目公司的名称是北京京港地铁有限公司,可以看出这就是一家有限责任公司。

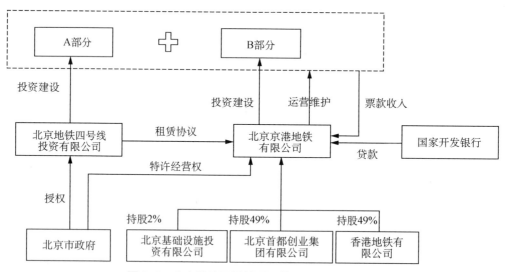

图 8-3 北京地铁四号线项目的公司型投资结构

北京地铁四号线建成后,特许经营公司通过与四号线公司签订"资产租赁协议",取得了 A 部分资产的使用权。特许经营公司负责北京地铁四号线的运营管理,通过地铁票款收入和站内商业经营收入收回投资。特许经营期满后,特许经营公司将 B 部分项目设施无偿移交给北京市政府,将 A 部分项目设施归还给北京地铁四号线投资有限责任公司。

二、公司型投资结构的优缺点

(一)公司型投资结构的优点

公司型投资结构是项目融资中采用最多的一种投资结构。采用公司型投资结构的优点主要有以下四个方面。

(1) 项目公司的股东承担的是有限责任。不论是有限责任公司还是股份有限公司,股东均承担的是有限责任。

(2) 可以便于安排表外融资。成立项目公司,有可能避免将有限追索权的融资安排作为债务列入项目发起人的资产负债表,从而降低发起人的负债比例,实现非公司负债型融资。

(3) 便于项目资产的集中管理。采用公司型投资结构时,项目资产的所有权集中在项目公司,而不是分散在各个发起人的公司,也就是由项目公司拥有项目的资产。这样的安排便于项目的经营和管理。

(4) 投资转让比较容易。不论是股份有限公司还是有限责任公司,股权或股份在一定条件下都可以进行转让。转让股权或股份之后,并不影响公司的持续经营。

(二)公司型投资结构的缺点

当然公司型投资结构也存在一些缺点,主要有两个方面。

(1) 项目投资者对项目现金流量缺乏直接的控制。项目现金流量是由项目公司控制,项目投资人无法直接用项目现金流量安排融资。

(2) 税务结构的灵活性比较差。这里所说税务结构灵活性差,是指不能利用项目公司的亏损去冲抵项目发起人其他项目带来的利润。在公司型投资结构下,项目公司是纳税主体,它的应纳税所得额应以公司为单位来计算。依据《中华人民共和国企业所得税法》的规定:企业应纳税额是企业应纳税所得额乘以适用税率,再减除按税收优惠的规定可以减免和抵免税额后的余额。

$$应纳税额 = 应纳税所得额 \times 适用税率 - 减免/抵免的税额 \qquad (8-1)$$

企业所得税率的税率一般为 25%。

式(8-1)中的应纳税所得额是指用企业每一个纳税年度的收入总额,减除不征税收入、免税收入、各项扣除以及允许弥补的以前年度亏损后的余额。

$$应纳税所得额 = 收入总额 - 不征税收入 - 免税收入 - 各项扣除 \\ - 允许弥补的以前年度亏损 \qquad (8-2)$$

在计算应纳税所得额时允许从收入中扣除这些项目,这实际上属于税收优惠政策,企业会因此而少交一部分所得税。

在式(8-2)中,允许从收入总额中扣除的项目包括"允许弥补的以前年度亏损",其计算依据是《企业所得税法》的第十八条的相应规定:企业纳税年度发生的亏损,准予向以后年度结转,用以后年度的所得弥补,但结转年限最长不得超过五年。尚能够用以后年度的收入弥补的亏损被称为税务亏损。如果亏损发生五年之后仍未能结转,以后再计算应纳税所得额的时候,就不能再从收入中扣除了,这就意味着企业无法再利用这笔亏损去减少应纳税额。

由于采用项目融资的项目多为基础设施项目和资源开发项目,在这些项目运营前期的较长一段时间里,都有可能会出现亏损。如果采用的是公司型投资结构,这些亏损只能保留在项目公司中,在五年之内向以后年度结转。如果税务亏损没有在规定的年份内结转,对项目而言就是一笔损失,这将降低项目的综合投资收益。

在有些国家或某些条件下,公司与公司之间可以允许合并纳税。这种情况下,项目的税务亏损就会合并计入投资方的收入中,从而降低投资方的应纳税所得额和应纳税额,提高投资方的净利润。但我国《企业所得税法》第五十二条规定:除国务院另有规定外,企业之间不得合并缴纳企业所得税。这就意味着,在一般情况下,采用公司型投资结构时往往无法充分利用税务亏损,所以税务安排灵活性差。

【例8-1】 某项目公司各年利润数据如表8-1所示,表中第三行是各年的利润总额,第二行和第五行分别计算了各年年初和年末的税务亏损,第六行计算了丧失的税务亏损。从表8-1中可以看出:

(1) 该项目公司前三年都是亏损的,三年累计亏损2 500万元。

(2) 第四年、第五年和第六年连续盈利,共计1 500万元。这三年的盈利距离第一年的亏损都没有超过5年,所以都可以用来弥补第一年的亏损。第四年盈利300万元,可以优先弥补第一年亏损300万元,第四年年末剩余的税务亏损为2 200万元(2 500－300);第五年盈利500万元,可以优先弥补第一年亏损500万元,第五年年末剩余的税务亏损为1 700万元(2 200－500);第六年盈利700万元,可以优先弥补第一年亏损700万元,至此第一年亏损的1 800万元已经被这三年的利润弥补掉1 500万元,剩余的300万亏损已经超出5年允许弥补期,无法再用之后的盈利进行弥补,故丧失的税务亏损为300万元。

(3) 该项目公司第七年盈利1 200万元,因为距离第一年的亏损已经超过了5年,因此不能继续再用来弥补第一年亏损,但是它仍然可以用来弥补第二和第三年的亏损。在弥补完了第二年和第三年亏损之后,剩余的利润即为应纳税所得额,金额为500万元(1 200－500－200)。第七年应纳税额最终为125万元(500×25%)。

可以看出,第六年年末有300万税务亏损丧失掉了,无法在第七年继续抵扣应纳税所得额。

表 8-1　某公司各年利润数据　　　　　　　　　　　（单位：百万元）

年份	第1年	第2年	第3年	第4年	第5年	第6年	第7年
年初税务亏损	0	−18	−18−5=−23	−18−5−2=−25	−15−5−2=−22	−10−5−2=−17	−5−2=−7
利润总额	−18	−5	−2	3	5	7	12
当年弥补的以前年度亏损	—	—	—	3	5	7	7
年末税务亏损	−18	−18−5=−23	−18−5−2=−25	−15−5−2=−22	−10−5−2=−17	−5−2=−7	0
丧失的税务亏损	0	0	0	0	0	3	0
应纳税所得额	0	0	0	0	0	0	5
应纳税额（税率25%）	0	0	0	0	0	0	1.25

为了充分利用税务亏损，一些项目在法律允许的范围之内创造了各种复杂的公司结构。比如在项目公司中作出某种安排，使其中一个或几个发起人可以充分利用项目投资前期的税务亏损或优惠，同时又能够将它取得的部分收益以某种形式与他人分享。

第三节　合伙制投资结构

一、合伙制投资结构的含义

合伙制是在两个或两个以上合伙人之间，以获利为目的，共同从事某项投资活动而建立起来的一种法律关系。项目发起人以合伙制实体作为特殊目的实体，形成的项目投资结构就是合伙制投资结构。合伙制实体是不具有独立法人资格的，但可以以合伙制的名义实施项目、安排项目融资。

合伙制实体本身也不是纳税主体，它自身是不缴纳企业所得税的，合伙制实体的盈利或亏损可以全部按投资比例直接转移给合伙人，由合伙人单独申报自己在合伙制中的收入，再与其他收入合并后确定最终的纳税义务。在这样的安排下，合伙制的税务亏损就可以被充分地利用，达到冲抵合伙人的所得税的目的。这也是一些项目选择合伙制投资结构的重要原因。所以在利用税务亏损方面，合伙制明显具有一定的优势。

二、合伙制的种类及特点

合伙制的种类包括普通合伙制和有限合伙制两种类型。

（一）普通合伙制

普通合伙制实体由若干个普通合伙人组成，所有的合伙人对于合伙制投资结构的经营、债务以及其他经济责任和民事责任均要负无限连带责任。普通合伙制有两个重要特征：(1)一是每个合伙人都有权参与经营管理；(2)二是所有合伙人均要负无限连带责任（见图8-4）。所谓的负无限连带责任，就意味着一旦项目出现问题，或者某个合伙人由于某种原因无力承担相应责任，其他合伙人就要承担超出他自己的投资比例责任。

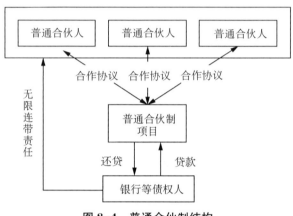

图8-4 普通合伙制结构

由于普通合伙制实体的所有合伙人均要对债务负无限连带责任，这严重限制了普通合伙制在项目融资中的广泛应用，特别是在大型投资项目中很少采用普通合伙制投资结构。但是在一些专业化服务领域中，往往习惯采用这种形式，比如会计师事务所、律师事务所和设计师事务所等，有很多属于普通合伙制。

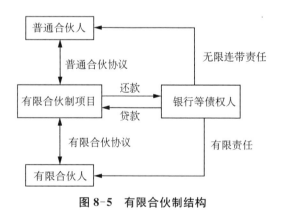

图8-5 有限合伙制结构

（二）有限合伙制

有限合伙制是在普通合伙制基础上发展起来的一种合伙制（见图8-5）。有限合伙制由一个或一个以上普通合伙人与若干个有限合伙人组成，其中普通合伙人负责合伙制实体的经营管理，并对有限合伙制实体的债务承担无限责任；而有限合伙人一般不能参与项目的日常经营管理，而且也只承担与其投资比例相对应的有限责任，可见其主要责任就是提供一定的资金。

在项目融资实践中采用的合伙制投资结构多数都为有限合伙制，这是因为有限合伙制相对于普通合伙制有一个明显的优点，即在一定程度上避免了普通合伙的无限连带责任问题。对于有雄厚实力的投资公司或金融机构来说,选择有限合伙制投资结构既可以仅承担有限的债务责任,又可以充分利用合伙制在税务安排方面的优势。

使用有限合伙制投资结构的项目中,普通合伙人大多数是在该项目的投资领域中有技术管理特长,并且准备利用这些特长从事项目开发的公司。但由于受到资金、风险、投资成本等因素的制约,普通合伙人希望有更多的人参与投资。而选择组建有限合伙制投资结构,往往对投资者更有吸引力。比如像石油、天然气和一些矿产资源的开发项目,技术性比较强,投资金额和投资风险都比较大,而且税务优惠也比较多,所以在实践中经常采用有限合伙制投资结构。

有限合伙人对有限合伙制的债务只承担与它投资比例相对应的有限责任,但是普通合伙人仍然要承担无限连带责任,其承担的风险仍然较大。为此作为普通合伙人身份的项目发起人可以采取一些措施来降低风险,比如发起人一般并不直接进入合伙制投资结构,而是专门设立一家特殊目的子公司来介入项目,这样就可以保证发起人的资产和业务不受合伙制所需要承担的无限连带责任的影响。

【案例分享】 合伙制投资结构典型案例——欧洲迪士尼乐园项目融资

(一)项目背景

欧洲迪士尼乐园位于法国巴黎的郊区,筹建于20世纪80年代后期,由于涉及美国与欧洲的文化冲突问题,而且还不时传出该项目经营困难的消息,使这个项目受到了广泛关注,同时又备受争议。欧洲迪士尼乐园项目的一期工程总投资149亿法郎,按当时汇率折合23.84亿美元,其中美国迪士尼公司出资21.04亿法郎,仅占总投资的14.12%。

(二)欧洲迪士尼乐园项目的投资结构

欧洲迪士尼乐园项目的投资结构如图8-6所示。从图中可以看出,欧洲迪士尼乐园项目的投资结构由两部分组成,即欧洲迪士尼乐园财务公司和欧洲迪士尼乐园经营公司。

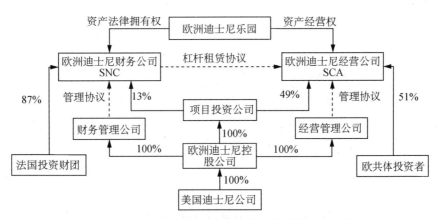

图8-6 欧洲迪士尼乐园项目的"合伙制"投资结构

1. 欧洲迪士尼乐园财务公司

欧洲迪士尼财务公司是由法国投资财团和美国迪士尼公司的全资子公司(也就是项

目投资公司)共同出资组建的,两方出资比例分别为87%和13%。欧洲迪士尼财务公司拥有欧洲迪士尼乐园的资产,并且以一个20年期的杠杆租赁协议,将其资产租赁给欧洲迪士尼经营公司。在20年财务租赁协议中止的时候,欧洲迪士尼乐园经营公司将从迪士尼乐园财务公司手中,按照账面价值把项目购买回来,而迪士尼乐园财务公司会自动地解散。

欧洲迪士尼财务公司使用的是一种叫SNC的结构。SNC是指"共同名义公司",属于有限责任公司的一种类型,但在我国并没有这种公司形式。SNC至少需要有两个合伙人,没有最低注册资本限制。合伙人共同承担债务风险,但撤资比较困难。

欧洲迪士尼乐园财务公司采用的这种SNC结构有一个重要特点:就是合伙人能够按投资比例直接分享税务亏损,并且与它的其他收入合并纳税。这一点与合伙制类似。而欧洲迪士尼乐园财务公司使用SNC结构的主要目的正是为了有效利用项目的税务亏损。由于欧洲迪士尼乐园项目预计在初期会产生高额投资带来的利息成本,同时经营成本和资产折旧在初期也会比较高,因此项目很难在短期内产生账面利润,所以形成了大量的税务亏损。在项目最初的10年,高额的税务亏损将由SNC投资结构中的合伙人所分享,用来冲抵他们的所得税。

2. 欧洲迪士尼乐园经营公司

欧洲迪士尼乐园经营公司是欧洲迪士尼乐园的运营商,由欧共体投资者和美国迪士尼公司的全资子公司(项目投资公司)共同出资组建,两方的出资比例分别为51%和49%。

欧洲迪士尼乐园经营公司采用的是SCA投资结构。SCA是指股份两合公司,它的股东分为两种类型,无限责任股东和有限责任股东,其中无限责任股东对公司债务负连带无限清偿责任,有限责任股东以其出资额为限对公司债务负有限清偿责任。SCA是一种与有限合伙非常接近的投资结构,也可以认为它就是有限合伙制。但我国公司法中没有这种公司类型。

欧洲迪士尼乐园经营公司采用SCA投资结构的目的主要是为了解决美国迪士尼公司对项目的绝对控制权问题。由于美国迪士尼公司在与法国政府签署的原则协议中规定,欧洲迪士尼乐园项目的多数股权必须掌握在欧共体公众手中,这样就限制了美国迪士尼公司在项目中股本资金的投资比例,只能在项目中占有少数股权。而欧洲迪士尼乐园经营公司采取了SCA结构,由美国迪士尼公司的全资子公司担任唯一的普通合伙人,这就使美国迪士尼公司完全控制着项目的管理权。

第四节 契约型投资结构

契约型投资结构也被称为合作式投资结构,或者是非公司型合资结构等,它是项目参与人为实现共同的目的,通过契约而建立的一种合作关系,并通过契约(也就是合同)来约束各方的权利和责任义务。在合同中一般要约定投资或合作条件、收益或产品的分配、风险和亏损的分担、经营管理方式以及合作中止的时候财产的分配这些事项。在项目融资实践中,这种投资结构主要用于石油天然气开发、采矿、初级矿产加工、钢铁及有色金属等领域。

一、契约型投资结构的基本特征

相对于公司制和合伙制投资结构,契约型投资结构在法律地位、适用的法律法规、税务安排、项目管理方式和风险隔离五个方面具有不同的特征。

(1) 在法律地位方面的特征,契约型组织不具有独立法人资格。契约型组织不成立公司,不是独立的法律实体,因而严格来说不能称为特殊目的实体。契约型组织中的每一个投资者直接拥有全部项目资产中的不可分割的一个部分,直接拥有并且有权独自处理相当于它投资比例的最终产品。与此相对应的是,投资者只承担与他的投资比例相符的责任,在投资者之间没有任何连带责任或共同责任。

(2) 在法律法规方面,迄今为止我国没有出台过针对契约型组织的法律。这一特点与公司型投资结构和合伙型投资结构是不同的。也正因为如此,契约型投资结构并没有完全固定的模式。但是在常规的合同法规范下,契约型组织的联合经营协议也具有充分的法律效力。

(3) 在税务安排方面,契约型组织本身不缴纳所得税。由于契约型组织不是法人实体,所以采用契约型投资结构的项目本身不必交纳所得税,项目的经营收益可以完全合并到各个投资者的财务报表中去,其税务安排也由每个投资者独立完成。

(4) 在项目管理方面,契约型组织根据合作经营协议要成立一个项目管理委员会,对项目实施管理(见图 8-7)。

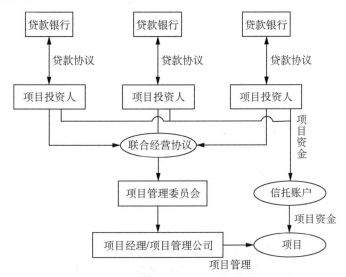

图 8-7　契约型投资结构下的项目管理

这个委员会由每一个投资人按投资比例派代表组成,重大决策应由项目管理委员会作出决定。项目的日常管理由项目管理委员会指定的项目经理负责。项目经理可以由某一个投资者担任,也可以由各方合资组建的项目管理公司担任或者由完全独立的项目管理公司担任。有关项目管理委员会的组成、决策方式和程序以及项目经理的任命、责任、权利和义务等问题,需要通过协议加以明确规定。

(5) 在风险隔离方面,对项目投资人而言没有能够隔离风险。由于契约型组织是依靠合作经营协议来维系的,并没有形成独立的法律实体,因此项目风险并没有与项目投资者有效隔离。如图 8-8 所示,项目所需要的资金通过一个共同的信托账户,由每个投资人分别注入资金,项目投资人与项目风险并没有实现隔离。这种情况下,项目投资人为了避免承担过多的项目风险,往往也会在事先成立一家单一目的子公司,通过子公司与项目的其他参与者签订合作协议,这样可以使项目风险的影响终止于子公司,实现项目风险与母公司之间的隔离。

二、契约型投资结构的优点和缺点

通过分析契约型投资结构的基本特征可以看出,契约型投资结构在某些方面以下四个显著的优点。

(1) 投资者只承担与其投资比例相符的责任,在投资者之间没有任何连带责任或共同责任。

(2) 税务安排比较灵活。便于利用项目税务亏损。

(3) 融资安排比较灵活。项目投资者可以按照自身发展战略和财务状况独立安排项目融资。每一个项目投资者都具有一个相对独立的融资空间,这就增加了投资者融资安排的灵活性。

(4) 四是投资结构安排比较灵活。由于没有针对契约型组织的法律,这就为投资者提供了较大灵活性,投资者可以按他们的投资战略、财务、融资等目标设计联合经营协议。

契约型投资结构也存在几个显著的缺点。

(1) 投资转让程序比较复杂,交易成本比较高。在契约型投资结构中,投资转让的对象是投资者在项目中直接拥有的资产和合约权益。投资转让会涉及契约各方的利益,需要通过谈判得到合作方的同意。因此与公司制企业的股份转让或其他资产形式转让相比,程序更复杂,与此相关的费用也比较高。

(2) 合作协议内容比较复杂。由于契约型投资结构的参与者的权益主要通过合作协议来进行保护,因此必须在合作协议中对所有的决策和管理问题进行详细的规定,协议内容要尽可能全面,这显然会增加协议内容的复杂性。

(3) 契约型投资结构与合伙制还有一些相同的特点,有时有可能被认为就是合伙制投资结构,因此有可能会增大投资者承担的责任范围。

【案例分享】 契约型投资结构的典型案例——波特兰铝厂项目融资

（一）项目背景

这个项目位于澳大利亚维多利亚州的波特兰港口，在1981年开始建设。后来因为国际市场铝价大幅度下跌，还有电力供应等问题，在1982年停建。再后来波特兰铝厂和维多利亚州政府达成30年电力供应协议之后，项目在1984年重新开始建设，1988年全面投产。项目的投资者有五个。

(1) 美国铝业公司的子公司——美铝澳大利亚公司（简称美铝澳公司）。

(2) 澳大利亚维多利亚州政府。

(3) 中国国际信托投资公司直属地区性子公司——名为中信澳大利亚公司（简称中信澳公司）。中信澳公司代表总公司管理项目的投资、生产、融资、财务和销售，承担总公司在合资项目的经济责任。在该项目中，中信公司设计了一个以杠杆租赁为基础的有限追索的融资结构，为此又成立了由中信澳公司百分之百控股的单一目的公司——中信澳（波特兰）公司，直接进行该项目的投资。

(4) 澳大利亚国民银行发起组建的澳大利亚第一国民资源信托基金。

(5) 日本丸红商社的子公司——丸红铝业澳大利亚公司。

（二）波特兰铝厂项目的契约型投资结构安排

波特兰铝厂项目采用的是契约型投资结构如图8-8所示。在契约型投资结构中，项目参与者之间需要签订合作经营协议。根据这个协议，波特兰铝厂项目融资的具体安排如下几方面。

1. 波特兰铝厂项目在资金投入方面的安排

如图8-8所示，波特兰铝厂项目的每个投资者在项目中分别投入相应的资金，作为项目固定资产投入与再投入的资金来源，以及用于支付项目管理公司的生产费用和管理费用。根据合作协议，项目投资各方的出资比例分别为：美铝澳公司45%；维多利亚州政府25%；第一国民资源信托基金10%；丸红铝业澳大利亚公司10%；中信澳公司10%。

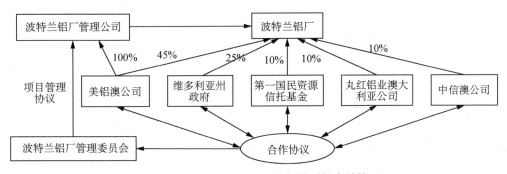

图8-8 波特兰铝厂项目的契约型投资结构

2. 波特兰铝厂项目的资产所有权安排

根据合作协议，项目资产由各方投资者按比例分别直接拥有，波特兰铝厂本身不具有法人地位。投资各方单独安排自己的项目建设和生产所需资金，单独安排项目生产中所需要的氧化铝等主要原材料和电力,并根据出资比例直接获得最终产品——铝锭,也可以直接销售其所获产品。

根据契约型投资结构的特点,各投资方在安排项目融资时可以直接利用自己拥有的项目资产作为贷款抵押担保,也可以通过签订自己所获最终产品的长期销售协议,为债务提供更多的信用保证。例如,上面提到的中信澳(波特兰)公司与中信澳公司签订了"提货与付款"性质的产品长期购买协议,期限与融资期限相同。根据该协议,中信澳公司保证按照国际市场价格购买中信澳(波特兰)公司生产的全部铝锭产品,这相当于为债务融资提供了信用保证,降低了为项目提供债务资金的银团的市场风险。中信公司进一步为该销售协议提供了担保,保证中信澳公司履行销售协议的付款责任。

3. 波特兰铝厂项目的融资安排

因为采用了契约型投资结构,波特兰铝厂项目的各投资方之间是合作关系,他们可以按照合作协议约定的投资份额并考虑自身资金实力和税务结构,独立安排融资。项目没有统一的股权与债务比例要求,各投资方可以自主选择融资方式和股权、债务比例。

(1) 美铝澳公司凭借自身雄厚的技术实力和资金实力,在资本市场上以传统的公司融资方式取得了资本成本较低的资金。

(2) 维多利亚州政府以一个由州政府百分之百拥有的信托基金作为中介机构,为项目提供了银团贷款担保。

(3) 作为一个公开市场的信托基金,第一国民资源信托基金在证券市场进行了公开上市融资。

(4) 丸红铝业澳大利亚公司融资安排与美铝澳公司一样,采用了传统的公司融资方式,由它的母公司日本丸红商社担保获得了银行贷款。

(5) 中信澳公司采用的是一个为期12年的有限追索杠杆租赁融资模式,这属于百分之百的项目融资模式。

通过这个案例可以看出,采用契约型投资结构时,投资者在融资安排上会具有比较大的灵活性。

4. 波特兰铝厂项目在项目管理方面的安排

根据合作协议,波特兰铝厂项目由各方投资者的代表组成了项目管理委员会,如图8-8所示,这是项目最高管理决策机构,负责项目建设与生产中一系列重大决策。由于美铝澳公司在澳大利亚拥有三个氧化铝厂和两个电解铝厂,它的技术先进、管理经验丰富,而其他投资者都不具备管理铝厂的经验和技术,所以项目管理委员会与美铝澳公司全资拥有的一个单一目的子公司——波特兰铝厂管理公司签订了项目管理协议,由这家公司作为项目经理负责日常生产经营活动。

5. 波特兰铝厂项目在产品生产和销售方面的安排

根据合作协议,项目投资各方在项目建设、筹资、生产和销售方面都具有独立性,包括可以单独安排自己的项目建设、生产所需资金,单独安排项目生产中所需的主要原材料和电力,直接获得相应比例的最终产品——电解铝锭,并且可以直接地、独立地在市场上销售他们所获产品。

第五节 信托基金投资结构

一、信托和信托基金

（一）信托制度

简单而言，信托制度就是一种法律安排，在这种法律安排下，委托人把部分的财产交权给受托人，由受托人进行管理和处分，但信托利益归属于受益人。《中华人民共和国信托法》中关于信托的定义是：信托是指委托人基于对受托人的信任，将其财产权委托给受托人，由受托人按委托人的意愿以自己的名义，为受益人的利益或者特定目的，进行管理或者处分的行为。

信托制度可以起到财产隔离的作用，被委托人放入信托的财产和没有被放入信托的财产是相分离的，这被称为信托财产的"独立性"。《中华人民共和国信托法》第十六条规定：信托财产与属于受托人所有的财产（简称固有财产）相区别，不得归入受托人的固有财产或者成为固有财产的一部分；受托人死亡或者依法解散、被依法撤销、被宣告破产而终止，信托财产不属于其遗产或者清算财产。这意味着信托具有破产隔离作用，当委托人破产时，其在信托里的资产不作为清算资产。

（二）信托基金

信托基金是借助发行基金券（如收益凭证、基金份额和基金股份等）的方式，将众多投资者的资金汇集起来，形成一定规模的信托资产，交由专门的投资机构，按投资组合原理进行分散投资，投资者按投资比例分享投资收益，并承担相应的风险。可以看出，信托基金是一种"利益共享、风险共担"的集合投资方式。

信托基金往往被划分为类似公司股票的信托单位，通过发行信托单位来筹集资金。

二、项目融资中信托基金投资结构

信托基金也是在项目融资中经常出现的一种资金筹集、资金和资产管理方式。上一节中我们介绍澳大利亚波特兰铝厂项目时，曾提到过第一国民资源信托基金，它就是采用信托基金方式参与到波特兰铝厂项目的融资中。

严格意义上说，信托基金不是一种项目投资结构，而是一种投资基金的管理结构，往往与其他形式的实体组织配合使用。在项目融资中，信托基金的作用不仅包括资金筹集，还包括资金管理和资产管理等。

信托基金参与项目融资的具体方式可以是为项目贷款，也可以是购买项目的股权，还可以是购买项目发行的可转换债券。采用贷款方式将资金投资于项目的信托基金被称为贷款信托,它的收益来源于贷款利息收益。采用股权投资方式的信托基金称为股权投资信托,受托人将信托资金投资于公司股权,所有权登记在受托人名下,这时信托资产就由初始的资金形态转换成了股权形态。

(一)信托基金投资结构的四项要素

图 8-9 反映了信托基金投资结构的具体安排。从图 8-9 中可以看出,信托基金投资结构有四项要素。

(1)信托契约,是规定和规范委托人、受托人和信托基金管理人之间法律关系的基本协议,与有限责任公司的股东协议相似。信托契约是信托成立的法律文件,一个信托基金的建立和运作都是建立在信托契约基础上的。

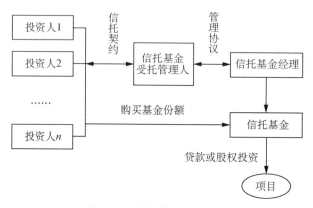

图 8-9 信托基金投资结构

(2)信托投资人,就是指信托委托人,也被称为信托单位持有人,投资人是信托基金资产的合法所有者,他们一般不参加信托基金以及信托基金所投资项目的管理。

(3)信托基金受托管理人,是由投资人根据信托契约任命、受投资人的委托持有信托资产的机构。它的主要作用是代表投资人持有信托基金的一切资产和权益,保护信托基金投资人在信托基金中的资产和权益不受损害,代表信托基金签订合同,负责控制和管理信托单位的发行和注册,监督信托基金经理的工作。

(4)信托基金经理。信托基金的受托管理人一般情况是不介入日常的基金管理的,而是任命信托基金经理,负责信托基金及其投资项目的日常经营管理。

信托基金受托管理人和信托基金经理之间是相互制衡的关系,所以一些国家规定,信托基金受托管理人和信托基金经理必须由两个完全独立的机构担任。

(二)信托基金投资结构特点分析

国内外通过信托基金投资结构筹集项目资金的案例很多。这些案例所使用的信托基金虽然各有不同,但都具有一些共同的特点。

(1)集合投资,也就是把两个或两个以上投资人交付的信托财产加以集合。

(2)专家管理和操作。信托基金经理都是由专业人士担任,负责信托资产的经营。

（3）资产经营与资产保管相分离。信托基金受托管理人和信托基金经理是由两个独立的机构担任。

（4）利益共享、风险共担。一般来说，信托单位持有人（也就是投资者）在信托基金投资结构中只需要负有限责任，以他们在信托基金中已投入或承诺投入的资金为限。

（5）流动性强。信托基金容易被资本市场接受，必要的时候时还可以通过上市等手段来筹集资金。

【案例分享】 信托基金投资结构典型案例分析

（一）国外信托基金投资结构案例

仍以澳大利亚波特兰铝厂项目为例。波特兰铝厂项目中的第一国民资源信托基金是由澳大利亚国民银行发起组建的，其采用的就是信托基金投资结构。

1985年美铝澳公司为波特兰铝厂寻找投资合作伙伴时，澳大利亚国民银行认为这是一个很好的投资机会，因此发起组建了澳大利亚第一国民资源信托基金，通过在证券市场公开上市集资，为项目筹集了10%的资金。这个信托属于股权投资信托。

如图8-10所示，第一国民资源信托基金的投资人是2 937个信托单位持有人，信托基金经理是隶属于澳大利亚国民银行的第一国民管理公司，是国民银行的分支机构，主要从事项目投资咨询、基金管理和项目融资业务。第一国民管理公司在第一国民资源信托基金中没有任何投资，只是负责信托基金的管理，并以项目投资经理人的身份参与波特兰铝厂项目的管理。通过这一投资结构，澳大利亚国民银行以证券市场公开上市集资方式参与了铝工业的生产和市场开发，并从信托基金中获得管理费收入。

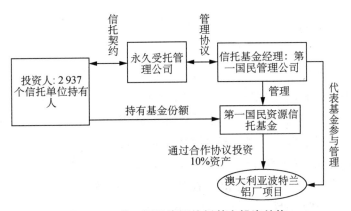

图8-10 第一国民资源信托基金投资结构

（二）国内信托基金投资结构案例

国内也有不少利用信托基金来筹集部分项目资金的例子。

例如，2005年平安信托有限责任公司推出了青红高速公路冀鲁界至邯郸段项目贷款集合资金信托计划，这个信托基金属于贷款信托，规模为2亿元，预期年收益率为4.6%，募集的资金用于向邯郸市青红高速公路管理处发放2年期的贷款。

2002年上海爱建信托投资有限责任公司推出上海外环隧道项目资金信托计划，是国内首个集合信托计划。计划募集资金总额为5.5亿元，信托期限3年。筹集的资金以资本金形式投资于上海外环隧道建设发展有限公司,用于上海外环隧道建设项目的建设与营运。这个信托基金也属于股权投资信托。

第六节 项目投资结构的设计与选择

前面四节分别介绍了公司型投资结构、合伙制投资结构、契约型投资结构和信托基金投资结构。这四种投资结构具有显著不同的特点,如表8-2所示。

表8-2 四种项目投资结构的特点比较

特点	公司型投资结构	合伙制投资结构	契约型投资结构	信托基金投资结构
法律地位	独立法人	不具有独立法人资格	不具有独立法人资格	与受托人法律地位相同
责任范围	有限责任	有限或无限责任[注1]	不负共同和连带责任	在委托范围内承担责任
资产拥有	投资人间接拥有	合伙人直接拥有	参与人直接拥有	受托人代表投资人持有
资金控制	由公司控制	由普通合伙人控制	由参与人分别控制	由受托人控制
税务安排	税务结构的灵活性差,税务亏损被限制在公司内部	与合伙人收入合并计算所得税	与参与人收入合并计算所得税	视具体情况而定

注1:普通合伙人承担无限连带责任,有限合伙人承担有限责任。

从表8-2中可以看出,这四种不同的项目投资结构,在实体组织的法律地位、债务责任范围、投资者对资产的拥有形式和对资金的控制、税务安排等方面都各自有不同的特点。这些差异的存在也影响了项目融资整体结构的设计。

在项目融资中,应该如何进行项目投资结构的设计与选择呢?对于一个项目来说,究竟什么才是最优的投资结构,也很难找到一个统一的标准。投资者应依据项目的特点、投资各方的发展战略和利益诉求、融资方式和资金来源等因素进行综合考虑。一般来说,在设计项目投资结构的时候,需要考虑的主要因素有以下几个方面。

一、项目的类型和特点

例如,在某些资源开发项目中,项目产品是特定用户和市场必需的关键资源,也具有"可分割性",因此多数投资者愿意直接获得项目产品。这种情况下,投资者可能倾向于选择契约型投资结构,使项目参与人可以按照投资比例获得相应份额的项目产品。

在某些基础设施项目中,项目没有有形产品,投资者更注重项目带来的收益,因此投资者可能会倾向于采用公司型投资结构,对项目进行统一管理、统一进行产品销售,统一进行利润分配。

二、项目风险隔离的程度

对投资者来说,项目的风险隔离程度越高,投资者承担的融资风险就越小,但是所能获得的投资收益也会越小。所以应该根据投资者对收益和风险的要求,合理安排项目的投资结构。

比如,如果投资者只愿意承担间接的、有限的风险和责任,希望将债务风险与自身相隔离,可以采用公司型投资结构,成立项目公司。这时投资者的风险仅限于他投入项目的资本金以及承诺的担保责任。

如果项目投资者为了获取较高回报,愿意承担并且有能力承担较大的风险和债务,可以考虑采用契约型或合伙制投资结构。

三、投资者在税收方面的考虑

在采用不同的项目投资结构时,因为纳税要求不同,可能会对项目投资者和其他参加人带来不同的影响。因此在选择项目投资结构时,一般都需要考虑税务因素,特别是如何充分利用税收优惠政策。

由于各国税法差别很大,所以不同国家的项目融资在税务安排上也就不尽相同。根据我国的所得税制度,这四种投资结构下所得税安排有如下特点。

1. 公司型投资结构下的所得税安排

由于我国税法规定,公司之间不得合并缴纳企业所得税。因此在一般情况下,采用公司型投资结构的时候就没有办法充分利用税务亏损,所以说,税务安排灵活性比较差。

2. 合伙制投资结构下的所得税安排

合伙制的纳税主体是每一个合伙人,它本身并不是纳税主体。按照《中华人民共和国合伙企业法》中规定,合伙企业的生产经营所得和其他所得,按照国家有关税收规定,由合伙人分别缴纳所得税。这意味着项目的亏损会全部合并计入各个合伙人的收入,税务亏损能够得到充分的利用。

3. 契约性投资结构下的所得税安排

在契约型投资结构中,项目资产和产品由投资者直接拥有,销售收入直接归投资者所有,投资者可以自行进行税务安排。与合伙制投资结构相同,这种结构下,税务亏损也可以得到充分的利用。

4. 信托基金投资结构下的所得税安排

信托基金投资结构下的所得税安排需视具体情况而定。但值得注意的是,在信托基金投资结构中,受托人只是在形式上拥有项目权益,并非实质上的权益拥有者,因此它也不是纳税主体。但信托基金的实际受益人是需要缴纳所得税的。

通过分析我们可以发现,这四种投资结构的所得税安排具有不同的特点。作为项目的各方投资者,在安排投资结构的时候,就需要充分了解各种投资结构的税务特点,进行合理合法的税务安排。

四、会计处理的要求

上述四种项目投资结构在会计处理要求上也是具有明显区别的,主要可以体现在两个方面。

(一)会计信息是否需要公开披露

按照各国法律法规的一般规定,公开发行证券的公司都需要按照规定的内容和格式公布年度报告,特别是上市的股份有限公司要公布财务报告。如果投资者不愿意公开项目资料,就要谨慎采用股份有限公司的这种投资结构。

(二)财务报表是否需要进行合并

项目采用不同的投资结构时,在项目投资者自身的财务报表上反映出来的结果是不同的。

由于契约型投资结构不成立实体企业,每一个投资者直接拥有全部项目资产的不可分割的一个部分,所以无论投资比例大小,投资涉及的财务数据都必须反映到投资者自身公司的财务报表中。

而采用公司型投资结构时,投资者是否需要合并编制财务报表应当以是否能满足"控制"三要素来予以确定。如果项目投资人未对项目公司形成实质性的控制,就不需要编制包括被投资方(也就是项目公司)财务数据在内的合并会计报表。这个问题我们在第一章中曾详细讨论过。

而对合伙制投资结构而言,一般也可以按照对控制权的归属判断如何合并财务报表。无论是普通合伙人,还是有限合伙人,谁拥有对合伙制企业的控制权,谁就需要将合伙企业合并编制财务报表。

五、项目的资金来源

如果项目的投资者主要是社会大众,可以设立股份有限公司,发行股票融资;也可以设立信托基金,出售基金份额。

如果项目投资人具有项目所需的资源(比如技术能力),但缺少资金,可以采用契约型投资结构,利用自身优势进行合作开发。

六、项目管理的要求

项目管理的关键是有效的决策机制。不同的项目投资结构,它的决策组织和决策方式也是不同的。

(1) 采用公司型投资结构时,由全体股东组成的股东大会(或股东会)是公司的权力机构。其中股东会是有限责任公司的最高组织机构,股东大会是股份有限公司的最高组织机构。在股东大会或股东会中,股东按照出资比例行使表决权,决定公司的经营方针和投资计划,选举和更换董事、监事,董事会负责执行股东会的决议,决定公司的经营计划和投资方案,由公司经理负责日常经营。

(2) 采用契约型投资结构时,由设立的项目管理委员会负责重大决策和日常经营。

(3) 合伙制投资结构中,由普通合伙人负责项目的经营管理,有限合伙人不能参与项目的经营管理。

(4) 信托基金投资结构中,信托资产由受托人代表投资人持有,由信托基金经理负责日常的基金管理。

项目投资人在设计投资结构时,需要考虑不同的决策和管理机制带来的利益和风险大小,选择适宜的投资结构。

本 章 小 结

(1) 项目的投资结构一般是指项目实体的法律组织结构,也就是投资者对项目资产权益的法律拥有形式和投资者之间的法律合作关系;项目融资过程中设立的特殊目的实体类型不同,就会形成不同类型的项目投资结构。特殊目的实体的作用主要有风险隔离、实现合理避税和实现表外融资。

(2) 采用公司型投资结构的优点主要有:项目公司的股东承担的是有限责任;可以便于安排表外融资;便于项目资产的集中管理;投资转让比较容易。采用公司型投资结构的缺点主要有:项目投资者对项目现金流量缺乏直接的控制;税务结构的灵活性比较差。

(3) 合伙制的种类包括普通合伙制和有限合伙制两种类型。在项目融资实践中采用的合伙制投资结构多数都为有限合伙制。有限合伙人对有限合伙制的债务只承担与它投资比例相对应的有限责任,但是普通合伙人仍然要承担无限连带责任。合伙制实体本身不是纳税主体,在利用税务亏损方面,合伙制明显具有一定的优势。

(4) 相对于公司制和合伙制投资结构,契约型投资结构在法律地位、适用的法律法规、税务安排、项目管理方式和风险隔离等方面具有不同的特征。契约型投资结构的优点有:在投资者之间没有任何连带责任或共同责任;税务安排比较灵活。便于利用项目税务亏损;融资安排比较灵活;投资结构安排比较灵活。契约型投资结构的缺点有:投资转让程序比较复杂,交易成本比较高;合作协议内容比较复杂;有时与合伙制难以区分。

(5) 信托基金参与项目融资的具体方式包括为项目贷款、购买项目的股权或购买项目发行的可转换债券。信托基金投资结构有四项要素,即信托契约、信托投资人、信托基金受托管理人和信托基金经理。信托基金投资结构特点包括:集合投资;专家管理和操作;资产经营与资产保管相分离;利益共享、风险共担;流动性强。

(6)在设计项目投资结构的时候,需要考虑的主要因素有:项目的类型和特点;项目风险隔离的程度;投资者在税收方面的考虑;会计处理的要求;项目的资金来源;项目管理的要求。

关 键 词

公司型投资结构　合伙制投资结构　契约型投资结构　信托基金投资结构

本章练习题

1. (多选题)在项目融资中设立特殊目的实体的作用有(　　)。
A. 提高项目收益性　　　　　　　　B. 风险隔离
C. 实现避税和表外融资　　　　　　D. 项目承建商

2. (单选题)下列项目投资结构中,项目资金由项目参与者分别控制的是(　　)。
A. 公司型投资结构　　　　　　　　B. 合伙制投资结构
C. 契约型投资结构　　　　　　　　D. 信托基金投资结构

3. (多选题)下列项目投资结构中,税务灵活性较好的有(　　)。
A. 公司型投资结构　　　　　　　　B. 合伙制投资结构
C. 契约型投资结构　　　　　　　　D. 信托基金投资结构

4. (单选题)下列特点中,属于公司型投资结构特点的是(　　)。
A. 税务结构的灵活性比较好
B. 投资转让比较容易
C. 项目投资者可以直接控制项目的现金流量
D. 公司股东有可能承担无限责任

5. (单选题)关于有限合伙制特点的说法,正确的是(　　)。
A. 有限合伙制可以由若干有限合伙人组成
B. 有限合伙人一般不能参与项目的日常经营管理
C. 有限合伙人对有限合伙制实体的债务承担无限责任
D. 大型投资项目中很少采用有限合伙制投资结构

6. (多选题)契约型投资结构的优点有(　　)。
A. 在投资者之间没有任何连带责任或共同责任
B. 便于利用项目税务亏损
C. 投资转让程序简单
D. 合作协议容易制定

7. (多选题)信托基金投资结构的构成要素有(　　)。

A. 信托基金受托管理人　　　　　　B. 信托基金经理
C. 信托合伙人　　　　　　　　　　D. 信托股权投资人

8. (简答题)在进行项目融资时,不同类型的投资结构在风险隔离方面上有何不同特点?

9. (简答题)在进行项目融资时,不同类型的投资结构在利用税务亏损方面上有何不同特点?

10. (简答题)在进行项目融资时,不同类型的投资结构在项目管理方面上有何不同特点?

第九章 项目的资金结构

> **学习目标**
>
> 学习了本章后,你应该能够:
> 1. 了解项目资本金制度,了解股票的发行与上市的过程,掌握普通股融资的优缺点,掌握发行优先股融资的特点、种类和优缺点;
> 2. 掌握准股本资金的含义及特点,熟悉准股本资金的筹集方式;
> 3. 掌握债务资金筹集方式的分类和特点,熟悉债务资金结构设计的关键要素;
> 4. 熟悉如何通过证券市场和中长期信贷市场项目筹集的资金;
> 5. 掌握个别资金成本率、综合资金成本率和边际资金成本率的计算方法,熟悉融资风险的含义和内容,熟悉最佳资本结构的确定方法。

项目的资金结构就是指项目融资形成的各种资本的价值构成及其比例关系。项目融资中最基本的资金来源有三种,即股本资金、债务资金和准股本资金(或称为次级债务资金)。不同来源的资金就形成了项目的资金结构。合理的资金结构是项目融资取得成功的关键因素之一,它与项目的投资结构和信用保证结构相互关联、相互影响,应综合考虑。在进行项目融资时,应该在项目所在国的会计、税务、金融市场等外在条件的制约下,确定各类资金之间的比例关系,并且针对具体的资金来源,选择和设计适当的金融工具,通过衡量融资成本和融资风险,设计出最佳的项目资金结构。

第一节 股市资金的筹集

一、股本资金概述

(一)股本资金的含义及作用

股本资金也被称为股权资本或权益资本,是投资主体(项目的发起人、股权投资人)以获得项目财产权和控制权的方式投入项目的资本金。对项目来说,股本资金是非债务性资金,也是进一步获得债务资金的重要基础。

以天津地铁 8 号线一期工程 PPP 项目为例(见图 9-1)。2020 年 1 月该项目公布中标的社会资本方为中国铁建联合体,联合体牵头方为中国铁建股份有限公司。项目合作期为 26 年,其中建设期为 5 年,运营期为 21 年。社会资本方与政府方出资代表共同成立 PPP 项目公司,项目公司的注册资本金为 50 亿元,资本金比例为 40%,由政府方出资代表和社会资本方按照 49%:51% 股权比例出资。项目资本金以外的其他资金由项目公司作为融资主体,以项目预期收益权质押的方式向银行申请贷款。

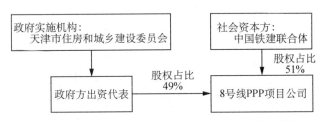

图 9-1 天津地铁 8 号线一期工程 PPP 项目资金结构

在项目融资中,股本资金是必不可少的资金来源,它对项目起到的作用主要表现在这样几个方面。

(1) 股本资金可以提高项目的抗风险能力。股本资金属于"永久性"资金,没有到期日,无须归还。投资者可按其出资的比例依法享有所有者权益,也可转让其股权出资,但不得以任何方式抽回。在资金清偿顺序中,股本资金排在最后。在项目经济效益不及预期时,股本资金起到了兜底的作用。股本资金的多少标志着项目财务基础的稳固程度。因此增加股本资金的投入可以提高项目的债务承受能力,股本资金投入越多,项目的抗风险能力就越强,贷款人的风险就越小。

(2) 股本资金可以增强贷款人的信心,增强项目的吸引力。在利润分配和破产财产清算方面,股本资金在负债之后受偿,这可以降低债权人债权回收风险。因此股本资金可被看作是投资者投入的风险资金,可作为进一步融资的信用基础。投资者在项目中的股本资金代表着投资者对项目的承诺和对项目未来发展前景的信心,对于组织项目融资可以起到很好的作用。

(3) 股本资金可以形成一种激励机制,促使项目股权投资者全力以赴完成项目建设。投资者在项目中投入股本资金的多少与他对项目管理和项目前途的关心程度是成正比的。如果项目发起人投入了较大比例的股本资金,那么在项目建设和运营过程中,他们作出损害债权人和其他相关者利益的决策的可能性就比较小,也就是道德风险比较小。因为如果他们那样做的话,他们自身也会蒙受巨大损失。

(二)股本资金的来源

投资项目的股本资金可以用货币出资,也可以用实物、知识产权、土地使用权等可以用货币估价并可以依法转让的非货币财产作价出资。投资者以货币方式认缴的资本金,其资金来源主要有以下四方面。

(1) 各级人民政府的财政预算内资金、国家批准的各种专项建设基金、土地批租收入、国有企业产权转让收入、地方人民政府按国家有关规定收取的各种规费及其他预算外资金。

(2) 国家授权的投资机构及企业法人的所有者权益(包括资本金、资本公积金、盈余公积金和未分配利润、股票上市收益资金等)、投资者按照国家规定从资金市场上筹措的资金。

(3) 社会个人合法所有的资金。

(4) 国家规定的其他可以用作投资项目资本金的资金。

(三) 项目资本金制度

为了对固定资产投资进行宏观调控和风险约束,提高投资效益,从1996年起我国固定资产投资项目就开始实施资本金制度,国有单位和集体投资项目必须首先落实资本金才能进行建设,个体和私营企业的经营性投资项目参照执行,公益性投资项目不实行资本金制度。

根据不同行业和项目的经济效益等等因素,由国务院规定了固定资产投资项目资本金占总投资的最低比例。这几年又多次出台文件进行了调整。2015年国务院在《国务院关于调整和完善固定资产投资项目资本金制度的通知》(国发〔2015〕51号)中对各类固定资产投资项目最低资本金比例进行了调整;2019年国务院又出台《关于加强固定资产投资项目资本金管理的通知》(国发〔2019〕26号),进一步完善投资项目资本金制度,适当调整基础设施项目最低资本金比例。表9-1中是各类固定资产投资项目最低资本金比例的现行规定。

表9-1 固定资产投资项目最低资本金比例

项目类型	最低资本金比例
钢铁、电解铝项目	40%
水泥项目	35%
煤炭、电石、铁合金、烧碱、焦炭、黄磷、多晶硅项目	30%
城市轨道交通、铁路、公路项目	20%
机场项目	25%
港口、沿海及内河航运项目	20%
保障性住房和普通商品住房项目	20%
其他房地产开发项目	25%
玉米深加工项目	20%
化肥(钾肥除外)项目	25%
其他(如电力)项目	20%

此外,为了促进有效投资和加强风险防范,国务院 26 号文还规定以下两方面。

(1) 鼓励依法依规筹措重大投资项目资本金,对基础设施领域和国家鼓励发展的行业,鼓励项目法人和项目投资方通过发行权益型、股权类金融工具,多渠道规范筹措投资项目资本金,但不得超过项目资本金总额的 50%。

(2) 项目借贷资金和不合规的股东借款、"名股实债"等不得作为项目资本金。筹措投资项目资本金,不得违规增加地方政府隐性债务,不得违反国家关于国有企业资产负债率相关要求。

(四) 不同投资载体的股本资金筹集方式

在项目融资中,股本资金的具体筹集方式首先要取决于配合项目融资所设立的投资载体的类型。这里以采用最多的公司型投资结构为例,投资载体包括两种——有限责任公司和股份有限公司(见图 9-2)。

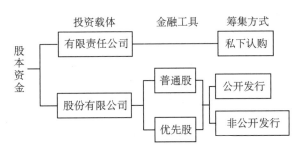

图 9-2 不同投资载体下股本资金的筹集方式

1. 投资载体为有限责任公司时股本资金的筹集方式

当投资载体为有限责任公司的时候,可以通过股权协议形式筹集项目的股本资金,股东交付股本资金后,有限责任公司应当向股东签发出资证明书,载明股东的姓名或者名称、缴纳的出资额和出资日期,作为股东的权益凭证。

这种股本资金一般会采用私下认购的方式。股本资金出资人一般有项目发起人、风险投资机构、产业投资机构、政府和个人投资者等。

2. 投资载体为股份有限公司时股本资金的筹集方式

当投资载体为股份有限公司的时候,可以采用发行股票的方式筹集股本资金。发行股票融资是股份有限公司筹集股本资金的基本方式。股票实质上代表了股东对股份有限公司的所有权,公司股东作为出资人可按投入公司的资本额大小享有资产收益权、公司重大决策权和管理者选择权。

二、股票的定义和分类

(一) 股票的定义

股票是一种有价证券,它是股份有限公司签发的证明股东所持股份的凭证。股份有限公司的资本划分为股份,每一股金额相等。公司的股份采取股票的形式。股份的发行,实行公平、公正原则,同种类的每一股份应当具有同等权利。同次发行的同种类股票,每股的发行条件和价格应当相同。任何单位或者个人所认购的股份,每股应当支付相同价额。

股票一经发行,购买股票的投资者即成为公司的股东。股票实质上代表了股东对股份有限公司的所有权,股东凭借股票可以获得公司的股息和红利,参加股东大会并行使自己的权利,同时也承担相应的责任与风险。

股票应当载明下列主要事项:公司名称;公司成立日期;股票种类、票面金额及代表的股份数;股票的编号。股票由法定代表人签名,公司盖章。发起人的股票,应当标明发起人股票字样。

(二)股票的分类

股票的种类很多,分类方法亦有差异。

1. 普通股和优先股

按股东享有权利不同,股票可以分为普通股和优先股。

(1)普通股。普通股是股份有限公司发行的无特别权利的股份,与优先股相比,普通股是最基本、最常见的一种股票,其持有者享有股东的基本权利和义务。通常情况下,股份有限公司只发行普通股。在不特指的情况下,股票一般即指普通股。

普通股股东享有公司的经营管理权,但他们的股利分配顺序在优先股之后,而且还要根据公司经营状况而定;公司解散清算时,普通股股东对公司剩余财产的请求权位于债权人和优先股股东之后。所以与优先股相比,普通股股东承担的风险是比较大的,但当公司盈利较多时,普通股股东的收益也会很高。

(2)优先股。优先股是一种特殊的股票,在其股东权利、义务中附加了某些特别条件。优先股的股息率是固定的,其持有者的股东权利受到一定限制,但在公司盈利和剩余财产分配上比普通股股东享有优先权。

2. 记名股票和无记名股票

股票按是否记载股东姓名,可以分为记名股票和无记名股票。

(1)记名股票。记名股票是指在股票票面和股份公司的股东名册上记载股东姓名的股票。《中华人民共和国公司法》规定,公司发行的股票,可以为记名股票,也可以为无记名股票。公司向发起人、法人发行的股票,应当为记名股票,并应当记载该发起人、法人的名称或者姓名,不得另立户名或者以代表人姓名记名。公司发行记名股票的,应当置备股东名册,记载下列事项:股东的姓名或者名称及住所;各股东所持股份数;各股东所持股票的编号;各股东取得股份的日期。

(2)无记名股票。无记名股票是指在股票票面和股份公司股东名册上均不记载股东姓名的股票。无记名股票也称不记名股票,与记名股票的差别不是在股东权利等方面,而是在股票的记载方式上。《中华人民共和国公司法》规定,公司发行无记名股票的,应当记载其股票数量、编号及发行日期。无记名股票的特点主要有:①股东权利所属股票的持有人;②认购股票时要求一次缴纳出资;③转让相对简便;④安全性较差。

3. 有面额股票和无面额股票

股票按是否在股票票面上表面金额,可以分为有面额股票和无面额股票。

(1) 有面额股票。有面额股票是指在股票票面上记载一定金额的股票。这一记载的金额也称为票面金额、票面价值或股票面值。《中华人民共和国公司法》规定,股份有限公司的资本划分为股份,每一股的金额相等。

(2) 无面额股票。无面额股票是指在股票票面上不记载股票面额,只注明它在公司总股本中所占比例的股票。无面额股票也称比例股票或份额股票。无面额股票的价值随股份公司净资产和预期未来收益的增减而相应增减。它与有面额股票的差别仅在表现形式上,也就是说,他们都代表着股东对公司资本总额的投资比例,股东享有同等的股东权利。但目前世界上很多国家(包括中国)的公司法规定不允许发行这种股票。

三、发行普通股融资

普通股是股份有限公司发行的无特别权利的股份。通常情况下,股份有限公司只发行普通股。在不特指的情况下,股票即指普通股。

(一) 股票的发行与上市

1. 股份有限公司的设立

项目公司若想通过发行股票筹集项目股本资金,首先要先设立一家股份有限公司。设立股份有限公司的方式有发起设立和募集设立两种。发起设立是由发起人认购公司应发行的全部股份;募集设立是由发起人认购公司应发行股份的一部分,其余股份向社会公开募集或者向特定对象募集。股份有限公司设立后,可以考虑进一步发行股票筹集股本资金。

2. 股票的发行
(1) 股票的发行方式。
按融资渠道划分,发行股票可分为公开发行和非公开发行两大类。
① 公开间接发行,是指通过中介机构,在股票市场上向公众投资者发行股票来筹集资金。

按照我国证券法规定,向不特定对象发行证券、向特定对象发行证券累计超过二百人(但依法实施员工持股计划的员工人数不计算在内)都属于证券公开发行。

股份有限公司采用募集设立方式向社会公开发行新股时,须有证券经营机构承销,就属于公开间接发行。

在我国,股份有限公司首次公开发行股票(也就是 IPO)的时候,就要在证券交易所进行挂牌交易,也就是上市。公司 IPO 时,股份是根据向相应证券会出具的招股书或登记声明中约定的条款通过经纪商或做市商进行销售,属于公开间接发行。在这之后,上市公司可以通过增发和配股等方式公开发行新股,进一步进行股权融资。

股票采用公开间接发行方式的特点是:发行范围广、发行对象多,股票变现能力强,流通性好,并且有助于提高发行公司的知名度,扩大其影响力。但手续繁杂,发行费用较高。

② 非公开直接发行,是指针对特定少数投资者进行股票发售,吸引他们通过增资入股的方式为项目公司筹集股本资金,因此也被称为"私募"或"定向募集"。这种方式不需中介机构承销。股份有限公司采用发起设立方式和不向社会公开募集方式发行新股的做法,属于不公开直接发行。非公开发行股票的成本相对比较低,但发行范围比较小、变现性比较差。

在项目融资实践中,由于公开发行股票的条件与要求比较高,大多数项目公司比较难于实现上市发行股票融资,所以非公开发行(也就是私募)是项目公司进行股权融资的主要方式。

(2) 股票的发行价格。

股票的发行价格是股份公司发行股票时所使用的价格,也就是投资者认购股票时所支付的价格。股票发行价格通常由发行公司根据股票面额、股市行情和其他有关因素决定。在以募集设立方式设立公司首次发行股票时,发行价格由发起人决定;在公司成立以后再次增资发行新股时,由股东大会或董事会决定。

股票的发行价格通常有等价、时价和中间价三种形式。

① 等价,即股票的发行价格与其面额等价,亦称平价发行。等价发行股票一般比较容易推销,但发行公司不能取得溢价收入。

② 时价,即以本公司股票在流通市场上买卖的实际价格为基准确定的股票发行价格。

③ 中间价,即以股票市场价格与面额的中间值作为股票的发行价格。

采用时价或中间价发行股票,股票的发行价格可能会高于或低于面额,前者被称为溢价发行,后者被称为折价发行。我国法律规定,股票发行时可以采取面值发行和溢价发行,不允许采用折价发行。溢价发行扣除发行费用后还有余额,记入公司的资本公积。

我国自2005年1月1日起实施首次公开发行股票的询价制度。规定首次公开发行股票的公司及其保荐机构应通过向询价对象询价的方式确定股票发行价格。询价分为初步询价和累计投标询价两个阶段。通过初步询价确定发行价格区间,通过累计投标询价确定发行价格。但是确定的发行价格不得低于股票的面值。

3. 股票上市

(1) 股票上市的含义。

股票上市是指股份有限公司公开发行的股票经批准在证券交易所进行挂牌交易。经批准在股票交易所上市交易的股票被称为上市股票。只有公开募集发行、并经批准上市的股票才能够进入证券交易所流通转让。

首次公募(IPO)是指一家股份有限公司第一次将它的股份向公众出售。一般来说,一家公司一旦完成IPO后,就可以申请到证券交易所或报价系统挂牌交易(即上市)。而在我国,股份有限公司首次公募时,就必须在证券交易所进行挂牌交易。即"首次公募"

和"上市"合并,有人称之为"强制上市制度"。

(2) 股票上市的优缺点。

公司股票上市的优点包括:有利于筹集股本资金;可以提高股票的变现力;可以使公司的资本大众化,分散风险;有利于提高公司知名度等。但公司上市也存在一些缺点,主要有以下几方面。

① 失去隐秘性。上市公司需要按照要求进行信息披露,包括公开财务数据高层管理人员的薪酬以及公司经营的计划和策略等。

② 管理人员的灵活性受到限制。公司一旦公开上市,就意味着管理人员放弃了他们原先所享有的一部分行动自由。上市公司的每一个步骤和计划都必须得到董事会同意,一些特殊事项甚至需要股东大会通过。

③ 上市后存在股价波动风险。许多公开上市的股票的盈利没有预期的那么高,有的甚至由于种种原因狂跌。

(3) 股票上市融资的渠道。

采用上市融资方式又可以分为境内上市融资和境外上市融资两种渠道。

① 境内上市融资。在目前情况下,境内上市融资的方式有通过证券市场发行 A 股和 B 股两种形式,在上海证券交易所或深圳证券交易所挂牌上市。其中,A 股以人民币进行支付,B 股以外币认购和进行交易。

② 境外上市融资。投资项目所需股本资金也可以在境外证券市场上市募集。我国目前境外上市的股票主要集中在香港、纽约、新加坡等地。

境外上市极大地扩展了我国境内公司的融资渠道。中国的项目公司可以直接到境外证券交易所(比如纽约证券交易所、纳斯达克证券交易所、伦敦证券交易所、香港证券交易所等)上市,也可以间接通过在海外设立离岸公司,并以该离岸公司的名义在境外证券交易所上市。我国目前的境外上市外资股主要由 H 股、N 股、S 股构成。其中,H 股是指注册地在我国内地、上市地在香港的股票,取香港的英文首字头,即为 H 股。依此类推,在纽约、新加坡上市的外资股就分别成为 N 股、S 股。

项目公司选择哪个市场进入取决于若干因素:一是证券的种类;二是该发行针对的投资者群体;三是在哪些市场中存在类似发行行业或机构;四是公司委托安排该发行的投资银行集团的配售能力。

4. 上市公司股权再融资

股份有限公司上市后还可以通过配股、增发和定向增发方式,在证券市场上进一步募集股权资金。

(1) 向原股东配售股份(配股)。上市公司根据公司发展需要,依照有关法律规定和相应的程序,可以向原股东按其持股比例配售一定数量新发行的股票。

依据我国《上市公司证券发行管理办法》,向原股东配售股份(即配股)除了必须符合公开发行证券的一般条件外,还应当符合下列规定:①拟配售股份数量不超过本次配售股份前股本总额的 30%;②控股股东应当在股东大会召开前公开承诺认配股份的数量。

配股价格一般会有一定折让,低于二级市场价格。

(2) 向不特定对象公开募集股份(简称"增发")。依据我国《上市公司证券发行管理办法》,除了必须符合公开发行证券的一般条件外,增发还应当符合下列规定:①最近三个会计年度加权平均净资产收益率平均不低于6%。扣除非经常性损益后的净利润与扣除前的净利润相比,以低者作为加权平均净资产收益率的计算依据;②除金融类企业外,最近一期末不存在持有金额较大的交易性金融资产和可供出售的金融资产、借予他人款项、委托理财等财务性投资的情形;③发行价格应不低于公告招股意向书前20个交易日公司股票均价或前一个交易日的均价。

(3) 上市公司采用非公开方式,向特定对象发行股票(简称定向增发)。依据《上市公司证券发行管理办法》的规定,上市公司非公开发行股票应当符合下列条件:①非公开发行股票的特定对象不超过35名;②发行价格不低于定价基准日前20个交易日公司股票均价的80%;③本次发行的股份自发行结束之日起,6个月内不得转让;控股股东、实际控制人及其控制的企业认购的股份,18个月内不得转让。

可以看出,上市公司非公开发行并无盈利要求,即使是亏损企业也可以定向增发。

(二) 普通股融资的优缺点

1. 项目公司采用普通股融资的优点

(1) 普通股股利支付很灵活。普通股股利分配政策完全由公司决定,公司可以根据经营状况和财务政策决定是否分配股利和分配的多少。如果公司没有盈利,就可以选择不支付股利;如果公司有盈利,并且适合分配股利,就分配给股东;如果公司盈利较少,或者虽然有盈利但是资金短缺或者有更有利的投资机会,这种情况下就可以少支付甚至不支付股利。

(2) 普通股一般不用偿还股本。利用普通股筹集的是永久性资金,普通股股东不可以退股,只可以进行转让,因此普通股只有在公司清算时才需要偿还,这就大大节约了公司的成本。

实际上,普通股融资的前两个优点都说明了同一个问题,也就是普通股融资的风险比较低。普通股股本没有固定的到期日,股利分配上也十分灵活,不存在还本付息的压力,所以对项目公司来说,可以降低融资风险。

(3) 由于普通股融资风险较低,其筹措到的资本成为公司最基本的资金来源,降低了公司负债比率,提高了公司的财务信用,可以增强公司进一步融资的能力。

(4) 由于普通股的预期收益较高并可一定程度地抵消通货膨胀的影响(通常在通货膨胀期间,不动产升值时普通股也随着升值),因此普通股筹资更容易吸收资金。

2. 项目公司采用普通股融资的缺点

(1) 资金成本比较高。融资风险较低、资金成本较高,这是普通股融资最基本的特点。普通股融资的资金成本比较高的原因包括以下三方面。

① 从投资者角度来看,购买普通股股票承担的风险要明显高于购买债券和优先股的风险,投资者只有在普通股回报高于债券的利息收入和优先股股息收入时,才愿意购买。

② 对于股份有限公司来说,普通股的股息和红利需从税后利润中支付,不像债券利

息那样作为费用从税前支付,因而不具有抵税的作用,所以普通股的资金成本会明显高于债券。

③ 普通股的发行费用一般也高于其他融资工具。

(2) 不能获得财务杠杆带来的利益。利用债务融资时,如果债务的融资成本低于公司的收益率,公司就可以获得财务杠杆带来的好处。但是若采用普通股融资就不能获得这部分比率差额带来的利益。

(3) 增加普通股的发行量,会导致现有股东对公司控制权的削弱。增发股票一方面可以使企业融入更多资金,但是另一方面,也导致了公司控制权的稀释。

四、发行优先股融资

优先股是一种介于股本资金和负债之间的融资方式,优先股与普通股所筹集的资金虽然都属于股本资金,但优先股具有债务的某些特征,往往被视为一种混合性证券,而发行优先股筹集的资金也可被视为一种准股本资金。

2014年3月中国证监会发布《优先股试点管理办法》,标志着我国正式引入优先股制度。迄今为止,在发行优先股的公司中,银行类发行人占据了绝大多数,股息率以浮动股息率为主,发行方式主要为非公开发行,且发行人有赎回权。

(一) 优先股的特点

优先股的优先特征是相对于普通股而言的,它较普通股具有某些优先的权利,主要包括先于普通股分配股利和清算时剩余财产的优先分配权。

(1) 优先分配固定股利。相对于普通股股东,优先股股东一般可优先分配到固定的股利,这意味着优先股股利受公司经营状况和盈利水平的影响不大。

(2) 优先分配公司剩余财产。当公司由于解散、破产等原因进行清算时,优先股股东可以先于普通股股东分配公司的剩余财产。

正是因为优先股在以上两个方面具有优先权,其在其他方面的权利受到了很多限制。例如,在股东大会上,优先股股东一般无表决权,而仅在涉及优先股股东权益的问题上享有表决权,通常情况下也无权过问公司的经营管理。

优先股具体的优先条件须由公司章程予以明确规定。

(二) 优先股的种类

1. 累积优先股和非累积优先股

累积优先股是指如果公司因故不能按期发放优先股股利,则这些优先股股利将累积到以后年度一并发放,公司在发放完全部积欠的优先股股利之前,不得向普通股股东支付任何股利。非累积优先股则无上述权利。

2. 可转换优先股与不可转换优先股

可转换优先股指有权按照发行时的规定,在将来的一定时期内转换为普通股的优先股。不可转换优先股则没有上述权利。依照我国证监会的规定,上市公司不得发行可转换为普通股的优先股。

3. 参加优先股与非参加优先股

参加优先股指其股东在获取定额股利后,还有权与普通股股东一起参与剩余利润的分配。非参加优先股则无此权利。

4. 有投票权优先股与无投票权优先股

某些优先股在公司在一定时期内始终未能发放优先股股利时,可以被赋予投票权,参加公司董事的选举,以保证公司管理当局能够维护优先股股东的利益。有些优先股则不能获得这一权利,称为无投票权优先股。

(三)优先股融资的优缺点

优先股介于股权和债务融资之间,它不仅具有类似于普通股和债务融资的一些优点,也改善了普通股和债务融资的一些缺点。

1. 优先股融资的优点

(1)与债务融资相比,优先股的财务负担较轻。这是因为优先股股利不是发行公司必须偿付的一项法定债务,如果公司财务状况恶化,优先股股利可以不付,从而减轻了企业的财务负担。

(2)与债务融资相比,优先股融资在财务上也较为灵活。优先股没有规定的最终到期日,它实质上是一种永续性借款。优先股的回收由公司决定,公司可在有利条件下收回优先股,具有较大灵活性。

(3)与债务融资相比,优先股融资有利于增强公司信誉。从法律上讲,优先股股本属于公司的自有资金,可以作为公司其他筹资方式的基础,可以增强公司的信誉,提高公司的借款举债能力。

(4)与发行普通股融资相比,优先股融资可以避免普通股股东控制权的稀释,有利于保持原普通股股东对公司的控制权。因为优先股一般没有表决权,通过发行优先股,公司普通股股东可避免与新投资者一起分享公司的盈余和控制权。当公司既想向外筹措自有资金,又想保持原有股东的控制权时,利用优先股融资尤为恰当。

(5)发行优先股融资的资金成本比普通股融资低。因为优先股股东可以得到固定的股息,其承受的风险低于普通股股东,预期收益也低于普通股股东。

(6)发行优先股融资既能达到筹资目的,又可以减轻因股价下跌而带来的压力。公司增发大量普通股时因为股权被稀释,往往存在股价下跌的风险。而优先股一般不进入二级市场流通,因此持有人不会就二级市场股价的下跌向上市公司施加压力。对监管部门而言,允许上市公司发行优先股,同样可以缓解二级市场的扩容压力。

2. 优先股融资的缺点

(1)优先股融资的资金成本虽然可能低于普通股,但仍然高于债务融资。优先股的股息一般要高于债券利率,加上优先股的股利要从税后利润中支付,使优先股资金成本高于债务资金。

（2）优先股仍然需要支付固定股利，融资风险高于普通股融资。当公司盈利下降的时候，优先股的股利可能成为公司一项较重的财务负担，有时不得不延期支付，会影响公司形象。

简单来说，优先股融资的优缺点可以概括为：与普通股融资相比，资金成本更低但是融资风险更高一些；与债务融资相比，融资风险更低但是资金成本更高一些。如果公司认为依靠负债融资会过多增加公司风险，但又不愿发行普通股融资从而增加资金成本并且削弱控制权的话，可以考虑发行优先股。

第二节 准股本资金的筹集

一、准股本资金的含义及特点

准股本资金一般是指投资者或者与项目利益有关的第三方所提供的一种从属性债务或次级债务资金。从银行的角度来讲，这种资金可以被看作是股本的一部分，因此被称为准股本资金。由于准股本资金在项目中所承担的风险和它所要求的回报率都在股本资金和高级债务资金之间，因此也被称为夹层资金。它的特点主要有以下三方面。

（1）从偿还优先顺序上讲，准股本资金要先于股本资金受偿，但要落后于高级债务资金的偿还。

（2）准股本资金在本金的偿还上更具灵活性，比如可以不要求在某一特定期间强制项目公司偿还。

（3）当项目公司破产时，在偿还掉所有的高级债务之前，从属性债务是不能被偿还的。

根据资金的从属性质，准股本资金又可以分为一般从属性债务和特殊从属性债务两大类。一般从属性债务在项目资金偿还优先序列中低于任何其他债务资金；而特殊从属性债务就要在其从属性定义中明确规定它是相对于哪些形式的债务具有从属性的，而相对于其他债务是具有平等性的。

对于项目而言，用准股本资金代替股本资金出资可以减少项目公司的风险资金，优化资本结构，同时还可以获得利息抵税收益，从而可以降低资金成本。

二、准股本资金的筹集方式

准股本资金处于股本资金和高级债务资金之间，三者之间的界限其实并不是非常明确。在项目融资中，一般被认为是准股本资金筹集方式的有后偿贷款、可转换债券和零息债券等。此外，可赎回的优先股也可以视为一种准股本资金。

(一) 后偿贷款

后偿贷款也就是从属贷款,它是追索权排在其他债务之后的一种贷款,需要在优先级的债务被偿还后才能得到偿还。在企业破产清算时,后偿贷款的偿付顺序列在国家税费、高级债务资金之后。因此对于后偿贷款的债权人来说,它的风险高于高级债务资金,利息率也比较高。所以它可以为高级债务资金的偿还提供缓冲,作用类似于股本资金。

在项目融资中,使用后偿贷款是非常常见的。比如,20世纪80年代末开始修建的欧洲(巴黎)迪士尼乐园项目一期工程,项目总投资149亿法郎,其中股本资金为56亿法郎,只占总投资的38%;而法国公众部门储蓄银行提供了28亿法郎的从属性贷款,占总投资的19%。股本资金和准股本资金合计占比为57%,从而在很大程度上降低了债务负担。

在第一章提到的深圳沙角B火力发电厂项目中,合资中方——深圳特区电力开发公司也为项目提供了从属性贷款,约合9 240万美元。

(二) 可转换债券

1. 可转换债券的概念

可转换债券也是常见的准股本资金筹集形式。可转换债券是指发行人依法发行、在一定期间内依据约定的条件可以转换成股份的债券。发行人在可转换债券有效期内也需要支付利息;在债券到期之前的特定时期内,债券持有人有权选择按照约定的转股价格将债券转换为公司的普通股。如果债券持有人在规定的期间内没有行使转股权而是将债券持有到期,公司需要在债券到期日兑现本金。可转换债券实际上是公司债券和股票期权的结合体。由于提供了可供选择的转股权,可转换债券的利率一般要比同类债券利率略低一些。

如果市场低估了公司的价值,管理者为了股东的利益,将没有动机去发行股票,因为股票会卖得太便宜,这被称为"柠檬问题"。这时债务融资是更好的选择。也就是说,价值被高估的公司更愿意发行股票,价值被低估的公司会尝试发行债务。然而,普通债务会增加财务风险,而可转换债券正好处于股票和普通债券之间,所以可转换债券通常被称为是"被推迟的股票"。

在一些项目融资中,投资者为了法律、税务上和其他方面的考虑希望推迟在法律上拥有项目的时间,他们有时会采取可转换债券的形式安排股本资金。

2. 可转换债券的性质

(1) 期权性。可转换债券的期权性主要体现在可转换的选择权,在规定的转换期限内,投资者可以选择按转换价格(即一般期权的履约价格)转换为一定数量的股票,也可以放弃转换权利,任何公司不得"强制"投资者将其手中的可转换债券转换为股票。由于可转换债券持有人具有将来买入股票(而不是卖出)的权利,因此,可将它看成是一种买入期权,期权的卖方为发行公司。

(2) 债券性。可转换债券的债券性,主要体现在它具有定期领收息票和债券本金的偿还上。投资者购买了可转换债券后,若在转换期间未将其转换成股票,则发债公司到期必须无条件还本付息。

(3) 回购性。可转换债券的回购性是指可转换债券一般带有赎回条款,它规定发债公司在可转换债券到期之前可以按一定条件赎回债券。发行者行使赎回权,其目的是迫使投资者将债权转换为股权。如股价长期高于转换价格(如高于30%),投资者出于投机的目的仍不实行转换,则发行公司可在赎回期开始时按规定的债券价格赎回债券。如果投资者觉察发行公司的赎回意图后,多会选择将可转换债券转换为股票,而不愿让发行公司以较低的价格赎回;在这种情况下,可转换债券的转换就有了一定的"强迫性"。但是为了保护投资者利益(实际上也是为了吸引投资者购买可转换债券),回赎条款不能明显地赋予发行公司过大的回购权利,所以回购性只能作为可转换债券的一个隐含属性。

(4) 股权性。可转换债券的股权性与其期权性相联系,由于可转换债券是股权衍生出来的产品,它赋予投资者按一定价格买入一定数量股票的权利。只要投资者愿意,可随时将手中的可转换债券(假设为美式可转换债券)转换为股票,成为股权投资者。可转换性确保了投资者能获得股票投资者的所有利益。虽然可转换债券投资者有可能转换为股权投资者,但并不能说明他已经是股权投资者,而且若是欧式可转换债券,则只能在债券到期时才能行使转换权,因此,股权性也只能作为可转换债券的一个隐含属性。

3. 发行可转换债券的条件

依照我国《上市公司证券发行管理办法》,除了必须符合公开发行证券的一般条件外,公司公开发行可转换公司债券还必须符合以下规定。

(1) 最近三个会计年度加权平均净资产收益率平均不低于6%。扣除非经常性损益后的净利润与扣除前的净利润相比,以低者作为加权平均净资产收益率的计算依据。

(2) 本次发行后累计公司债券余额不超过最近一期末净资产额的40%。

(3) 最近三个会计年度实现的年均可分配利润不少于公司债券1年的利息。

此外《上市公司证券发行管理办法》还规定,可转换公司债券的期限最短为1年,最长为6年;每张可转换债券的面值100元。

4. 转换价格、转换比率和转换期

(1) 转换价格。发行可转换债券时,必须明确将以怎样的价格转换为股票。这一规定的价格就是可转换债券的转换价格,亦称转股价格,是指将可转换债券转换为每股股份所支付的价格。转换价格一般是以发行可转换公司债券前一段时间股票的平均价格为基准,上浮一定幅度作为转换价格。依据我国《上市公司证券发行管理办法》,转股价格应不低于募集说明书公告日前二十个交易日该公司股票交易均价和前一个交易日的均价。

例如,某上市公司拟发行5年期可转换债券,面值100元,发行前一个月其股票平均价格经测算为每股20元,预计公司股价未来将明显上升,故确定可转换债券的转换价格比前1个月的股价上浮25%,即$20\times(1+25\%)=25$元。

转换价格可根据时间进行变动,一般是逐期提高转换价格,促使可转换债券的持有者尽早地进行转换。上例中的转换价格可以如下规定。

① 债券发行第 2 年至第 3 年内,可按照每股 25 元的转换价格将债券转换成普通股,即每张债券可转换成 5 股普通股股票。

② 债券发行后的第 3 年至第 4 年内,可按照每股 30 元的价格将债券转换为普通股,即每张债券可转换成 3.33 股普通股股票。

③ 债券发行后的第 4 年至第 5 年内,可按照每股 35 元的价格将债券转换为普通股,即每张债券可转换成 2.86 股普通股股票。

发行可转换公司债券后,因配股、增发、送股、派息、分立及其他原因引起上市公司股份变动的,应当同时调整转股价格。

设调整前的转换价格为 P_0,送股比例为 n,增发新股或配股比例为 k,新股价格或配股价为 A,则有:

① 送股或转增股本时,调整后的转换价格 P 为:

$$P = \frac{P_0}{1+n} \tag{9-1}$$

② 增发新股或配股时,调整后的转换价格 P 为:

$$P = \frac{P_0 + A \times k}{1+k} \tag{9-2}$$

③ 以上两项同时进行时,调整后的转换价格 P 为:

$$P = \frac{P_0 + A \times k}{1+n+k} \tag{9-3}$$

(2) 转换比率。它是指每张可转换债券能够转换为普通股的股数。在上例中的转换比率分别为 5 股、3.33 股和 2.86 股。转换比率和债券面值、转换价格的关系如下:

$$转换比率 = 债券面值 \div 转换价格 \tag{9-4}$$

(3) 转换期。它是指可转换债券转换为股份的起始和结束期间。可转换债券的转换期可以与债券期限相同,也可以短于债券的期限。我国《上市公司证券发行管理办法》规定,可转换公司债券自发行结束之日起六个月后方可转换为公司股票,转股期限由公司根据可转换公司债券的存续期限及公司财务状况确定。

5. 赎回条款、回售条款和转股价格向下修正条款

(1) 赎回条款。赎回是指公司股票价格在一段时期内连续高于转股价格达到某一幅度时,公司(债券发行人)有权利但没有义务在债券到期前按事先约定的价格买回未转股的可转换公司债券。设置赎回条款是为了促使债券持有人转换股份,故又被称为加速条款。赎回能限制债券持有人过分享受公司收益大幅度上升所带来的回报,同时也能避免市场利率下降后,继续向债券持有人支付较高的债券票面利率所蒙受的损失。可转换债券持有人应在将债券转换为普通股与卖给发行公司之间作出选择。一般来说,债券持有人会将债券转换为普通股。

赎回条款主要包括以下两方面内容。

① 不可赎回期。不可赎回期是指可转换债券从发行时开始,不能被赎回的那段时间。设立不可赎回期的目的,是保护债券持有者的利益,防止发行企业滥用赎回权,强制债券持有人过早转股。

② 赎回价格和赎回条件。赎回价格是事先规定的发行公司赎回债券的出价,一般高于可转换债券的面值,两者之差为赎回溢价。

可转换债券的赎回分为无条件赎回和有条件赎回。无条件赎回是指在赎回期内发行公司可随时按照赎回价格赎回债券;有条件赎回是指只有在满足了赎回条件时,公司才能赎回债券。赎回条件规定了可转换债券需要在什么情况下才能被赎回。

例如,某公司可转换债券募集说明书中约定以下两方面内容。

① 到期赎回条款:公司于本可转债债券期满后5个工作日内按本可转债的票面面值的107%(含当前计息年度利息)赎回未转股的全部本可转债。

② 提前赎回条款:在本可转债转股期内,如果公司A股股票在任何连续30个交易日中至少20个交易日的收盘价格不低于当期转股价格的130%,公司有权决定按照债券面值的110%(含当前计息年度利息)的赎回价格赎回全部或部分未转股的本可转债。

(2) 回售条款。回售是指公司股票价格在一段时期内连续低于转股价格达到某一幅度时,可转换公司债券持有人按事先约定的价格将所持债券卖给发行人。设置回售条款是为保护债券投资人的利益。合理的回售条款可以使投资者具有安全感,因而有利于吸引投资者。

(3) 转股价格向下修正条款。如果在可转换债券的转股期内,公司股票价格未能充分上升,以致可转债不能被转换,这一问题就被称为悬挂。这种状况不仅降低了公司未来的融资弹性和灵活性,增加了发行企业的财务风险,而且当可转换债券约定了回售条款时,还可能因触发回售条款而需要按事前约定的价格将可转债买回。因此为了避免风险,公司发行可转债时可以在募集说明书约定转股价格向下修正条款。我国《上市公司证券发行管理办法》规定,发行可转债时在募集说明书约定转股价格向下修正条款的,应当同时约定以下两方面内容。

① 转股价格修正方案须提交公司股东大会表决,且须经出席会议的股东所持表决权的三分之二以上同意。股东大会进行表决时,持有公司可转换债券的股东应当回避。

② 修正后的转股价格不低于股东大会召开日前二十个交易日该公司股票交易均价和前一个交易日的均价。

6. 发行可转换债券的利弊分析

可转换债券的优点有以下四方面。

(1) 可以比普通企业债券低的票面利率方式发售筹资。可转换债券被称为"甜味债券",即带甜味的普通债券,其利息比普通债券要低。这反映了期权的价值。

(2) 为公司提供了以高于当前市场价格卖出股票的途径,是推迟的股票。

(3) 便于筹集资金。在转换为普通股后,既保留了原有资金,又可降低负债比率,使资本结构更趋健全,企业也就能更容易地筹集到新的资金。对投资者来说,尽管在初始购买时付出了一笔溢价资金,且通常还要承受低票面利率损失。然而一旦未来企业股价剧涨,可转换债券持有者可享有赚取大量资本利得的机会;成为普通股东后,又可参与剩余盈利分配。可见,可转换债券既如普通债券一样安全,又同普通股一样可分享企业成功时的利润,故在初始的年度,可转换债券的市价既远远高于同等条件的普通债券价格,又远远高于其转换价值。因此发行可转换企业债券较之发行普通企业债券,可给企业带来低票面利率和溢价资金的双重好处。

(4) 有利于稳定股价,降低对每股盈余的稀释。可转换债券在发行和转换期间,对公司股价的影响较小,有利于稳定公司股价。由于可转换债券的转换价格高于发行当时的股票市价,因此实际转换成股票的数量较发行新股较少,因而降低了增发股票对公司每股收益的稀释程度。

但可转换企业债券融资也存在缺点,有以下三方面。

(1) 当持券人在股份价格大幅上涨时进行转换,对筹资企业而言,其实际筹资成本将会高于发行普通债券。

(2) 如果企业发行可转换债券的真正目的是获取权益资本,但可转换债券发行后,若其普通股股价始终未能涨至足以诱使持有人将债券转换为普通股票,则企业将无法摆脱掉这部分负债,直到债券期满。

(3) 可转换债券一旦转换,其低票面利率的优势将随之消失。

(三) 零息债券

零息债券是只计算利息但不支付利息的一种债券。它也是项目融资中常用的一种从属性债务形式。在债券发行时,根据债券的面值、贴现率(即利率)和到期日贴现计算出其发行价格,债券持有人按发行价格认购债券。债券发行价格与面值之间的差额就是零息债券持有人的收益。零息债券的期限,原则上等于或略长于项目融资期限。

债券市场上的深贴现债券其实是零息债券的一种变通形式。深贴现债券需要定期支付很低的利息,同时在发行时采取贴现的方法计算价格。因而这种债券的收益主要也是来自贴现而不是来自利息收入。

零息债券作为一种准股本资金形式,在项目融资中获得较为普遍的应用。主要是因为这种资金安排既带有一定的债务资金性质,又不需要实际支付利息,减轻了对项目现金流量的压力。因此,如果项目投资者由于某些原因没有在项目中投入足够的股本资金,贷款银行通常会要求投资者以零息债券的形式为项目提供一定数额的从属性债务,作为投资者在项目中股本资金的补充。

第三节 债务资金的筹集

在第一章我们曾经讨论了项目融资的定义:项目融资是以项目资产、预期收益或预期现金流量等作为偿还资金来源,具有无追索或有限追索形式的融资活动。从定义中我们可以发现,项目融资的核心就是要获得一定数量的有限追索权贷款或无追索权贷款。因此如何安排包括贷款在内的债务资金是解决项目融资中资金问题的关键。

项目融资中的债务资金主要包括三种类型:贷款融资、债券融资和融资租赁。

一、贷款融资

贷款是银行或其他金融机构按一定利率和必须归还等条件出借货币资金的一种信用活动形式。商业银行贷款经营的基本原则就是安全性、流动性和效益性。其中安全性原则要求确保贷款的回收不发生损失;流动性原则要求按预定期限收回贷款,不发生延误;效益性要求贷款能够带来利息收益。其中最为重要的原则被认为是安全性。

贷款的安全性一般涉及两个因素:一是借款人信用,二是贷款的担保。贷款按照有无担保品,可划分为信用贷款和担保贷款。其中信用贷款是指借款人根据自身的信誉而无须提供抵押品或法人担保,从银行取得的贷款。但是在项目融资中,项目发起人往往是设立一个特殊目的载体(比如项目公司)进行融资。在融资阶段,项目公司是没有经营历史的,除了注册资金、特许经营权之外,也没有形成其他项目资产,因此项目公司一般是不能获得信用贷款。所以担保贷款成为项目融资中经常采用的贷款形式。

(一)担保贷款

担保贷款包括保证贷款、抵押贷款和质押贷款三种类型。

1. 保证贷款

简单来说,保证贷款就是由保证人为贷款提供担保。严谨而言,就是指按《中华人民共和国民法典》规定的保证方式,由第三人(也就是保证人)承诺在借款人不能偿还贷款时,按约定承担一半保证责任或连带责任而取得的贷款。当借款人不能偿还贷款的时候,保证人是负有代为偿还的经济责任的。

2. 抵押贷款

抵押贷款是以借款人或第三人提供的财产作为抵押物而取得的贷款。如果借款人不能按期还本付息,银行可按贷款合同的规定变卖抵押品,以所得款项收回本息。

3. 质押贷款

质押贷款是以借款人或第三人的动产或权利作为质押物从而取得的贷款。

同样作为担保方式,质押和抵押是有一定区别的,其根本区别在于是否转移担保财产的占有。抵押不转移对抵押物的占管形态,仍由抵押人负责抵押物的保管;质押改变了质押物的占管形态,由质押权人负责对质押物进行保管。

在抵押贷款中,债权人对抵押物不具有直接处置权,需要与抵押人协商或通过起诉、由法院判决后完成抵押物的处置;而在质押贷款中,债权人对质押物的处置就不需要经过协商或法院判决,超过合同规定的时间后,债权人就可以进行处置了。

(二) 项目权益质押贷款

1. 项目权益质押贷款的含义

项目权益质押贷款在项目融资中非常常见,是项目融资中最主要的贷款融资形式。项目权益质押贷款是依靠项目的权益(比如收益权、收费权和特许经营权等)进行质押,以借款人所拥有的项目权益作为债务履行担保向银行申请的贷款。当借款人不能履行债务的时候,债权人有权依据合同的约定,把转让项目收益权所得的价款,或者直接获得的项目收益款项用来抵债,从而实现债权。可见,项目权益质押贷款是一种以项目权益作为质押物的有限追索权贷款。

在项目融资实践中,绝大部分经营性项目都采用项目权益质押贷款方式筹集债务资金。例如,在 PPP 项目进行融资时,项目资产还没有形成,一般只有 PPP 协议或特许经营权,此时贷款只能对项目的预期收益和权益进行抵押或质押。前面介绍过的天津地铁 8 号线一期工程 PPP 项目就采用了这种项目权益质押贷款。该项目的项目公司有注册资本金 50 亿元,项目资本金占总投资的比例是 40%。项目资本金以外的其他资金,大约有 75 亿元,是由项目公司作为融资主体,以项目预期收益权质押向银行申请贷款进行筹措的。

2. 项目权益质押贷款的特点

(1) 贷款期限比较长。项目权益质押贷款经常被用于自然资源开发和基础设施建设等项目中,而这些类项目的投资回收期都比较长,一般需要 20~30 年,甚至更长。项目权益质押贷款需要依赖项目的收益进行偿还,因此要求贷款期限也会比较长,有的贷款期限甚至长达 30 年之久。

(2) 贷款人风险比较高。项目权益质押贷款具有有限追索的性质,借款人一般是项目公司,还款资金来源一般只限定于项目收益,被清算资产范围只限于项目本身和项目发起人提供的担保。因此银行需要承担部分项目收益风险,相应地,贷款利率也会高于担保贷款。其贷款利率一般比担保贷款利率高 1%~3%。

3. 项目融资中采用项目权益质押贷款的优缺点

项目权益质押贷款的优点主要体现于以下三个方面。

(1) 扩大借债能力。近几十年来,由于世界性的通货膨胀和能源价格的大幅度上升,新建大型项目的费用剧烈增长,一些国家又因本身财力不足和借债能力有限,对一些条件本来很好的建设项目也不得不暂时放弃。项目权益质押贷款可以帮助这些国家解决资金不足的问题。因为贷款人不以项目发起人的偿还能力作为主要考虑因素而是根据对项目经济潜力的预测来贷款。

(2) 减轻项目发起人的债务风险。由于项目权益质押贷款事先已明确用项目权益来偿还,同时各有关方又通过合同条款中规定的义务为项目的收益和贷款的偿还提供了可靠的保证,因此项目发起人不必直接承担项目债务的风险。发起人的风险仅限于其在项目中投入的股本资金。

(3) 降低项目建设成本,提高项目经济效果。由于项目权益质押贷款的特点是把着眼点放在项目上,贷款人对项目各有关因素要进行分析,同时项目各有关方要对项目作出各种保证,项目也要有严格的计划管理等。因此,使用项目权益质押贷款建设的项目一般不会出现占压资金的现象,资金使用效率有了保证。这样项目建设成本便可有效降低。

尽管有上述种种优点,项目权益质押贷款也有其自身不可避免的缺点,主要有以下两点。

(1) 贷款手续复杂。项目权益质押贷款不如自由现汇借贷方便,它需要与项目联系在一起,且要将项目有关数据提供给有关各方审查,其手续比其他贷款形式更要复杂。此外也不是什么项目都可获得项目权益质押贷款,一般仅限于能保证还款和盈利的项目。

(2) 资金使用有局限性。项目权益质押贷款仅限于该项目使用。

二、债券融资

(一) 债券的定义和分类

1. 债券的定义

债券是由发行人出具的一种债务凭证,证明发行人承诺依照约定的面额、利率和偿还期,向债券持有人定期支付利息并且到期偿还本金。具体而言,债券是一种表明债权债务关系的凭证,是政府、金融机构或公司等为向社会公众筹措资金而发行的,保证按规定时间向债券持有人(即债权人)支付利息和偿还本金的凭证。债券融资与贷款融资的区别是:债券发行对象(也就是债券的购买者)是对融资交易感兴趣的多方当事人,其中不只包括银行,也包括除银行外的各类机构或个人投资者。

债券的票面一般应载明下列内容:①发行者的名称、地址;②债券票面额;③债券票面利率;④还本期限和还本方式;⑤利息支付方式;⑥债券发行日期和编号;⑦发行单位的印证和法定代表人的签章;⑧发售机关的印证和发售经办人签章;⑨审批机关批准发行的文号、日期。

2. 债券的种类

(1) 按发行主体分类,债券可分为政府公债、地方债券、金融债券和公司债券等几大类。

① 政府公债,指由国家、中央政府代理机构发行的债券。各国政府公债的名称虽然不尽一致,但发行的目的都是为弥补国家预算赤字,建设大型工程项目,归还旧债本息等。政府公债可分为国家债券和政府机构债券两种。国家债券专指由各国中央政府、财政部发行的债券,如美国的国库券、日本的国债、英国的金边债券等。政府机构债券是由各国政府有关机构发行的债券,一般由各国政府担保,是具有准国家性质的信用较高的债券。

② 地方债券指由有财政收入的地方政府及地方公共机构发行的债券。发行目的在于进行当地开发、公共设施的建设等,如美国的市政府债券、日本的地方债券、英国的地

方当局债券等。

③ 金融债券指由银行等金融机构发行的债券。

④ 公司债券是指公司制企业为筹措资金而发行的债券。

(2) 按偿还期限的长短分类,债券可分为短期债券、中期债券、长期债券三种。短期债券期限一般在一年以内,中期债券期限一般在一至五年,长期债券期限在五年以上。

(3) 按债券票面是否记名,可分为记名债券和不记名债券。

① 记名债券是将债券购买人的姓名登记在债券名册上。到期时应偿还的本金和应支付的利息只能由债券记名人本人或其正式委托人、合法继承人、受赠人领取。债券持有人要转让该债券时,必须到债券发行人处办理转让手续。

② 不记名债券是债券票面上不记名,只附有息票,发行者见票即付利息,认票不认人。这种债券一般不能挂失。

(4) 按债券有无抵押、担保,可分为有抵押债券、保证债券和信用债券。

① 抵押债券,是指发行公司有特定财产作为担保品的债券。债券到期如不能偿还本息,债券持有人可占有或拍卖抵押品作为抵偿。按担保品的不同,抵押债券又可分为不动产抵押债券、动产抵押债券、信托抵押债券。其中信托抵押债券是指公司以其持有的有价证券为担保而发行的债券。

② 保证债券,是以第三方作为担保的债券。担保人可以是中央或地方政府,金融机构或其他企业。债券到期发行人不能偿还本息,担保人有代向债券持有人偿还本息的义务。

③ 信用债券又称无担保债券,是指发行公司没有抵押品或第三方作为担保,完全凭信用发行的债券。这种债券通常由信誉良好的公司发行,利率一般略高于抵押债券。

(5) 按是否可参加公司分红,债券可分为参加公司债券和非参加公司债券。

① 参加公司债券,其持有人除可获得预先规定的利息外,还享有一定程度参与发行公司收益分配的权利。实践中这种债券一般很少。

② 非参加公司债券,其持有人没有参与利润分配的权利。公司债券大多为非参与债券。

(6) 按是否公开发行,债券可分为公募债券和私募债券。

① 公募债券是指向社会公开销售的债券。这种债券不是向指定的少数投资者出售,而是通过证券公司向社会上所有的投资者募集资金。发行公募债券必须遵守信息公开制度,以保护投资人的利益。

② 私募债券是指只向与发行人有特定关系的投资人发售的债券。私募债券的发行范围很小,不采用公开呈报制度,债券的转让也受到一定程度的限制,流动性较差。一般说来,投资人认购私募债券的目的不是为了转卖,而是为了持有债券获取利息。

(7) 按债券利率是否变动,可分为固定利率债券和浮动利率债券。固定利率债券是指债券票面上已注明利息率的债券。浮动利率债券是指债券票面上利率不固定,而是按规定作定期调整。

此外按持有人所具有的特定收益或权力,债券还可以分为收益债券、可转换债券和附认股权债券等。

3. 项目债券

发行项目债券是筹集项目债务资金的重要方式。项目债券是以项目预期现金流为保证,在金融市场上发行的有价证券。项目投入运营后,用项目产生的现金流或收益来偿付本息。因此项目债券也被称为项目收益债券。

国家发改委在 2015 年颁布的《项目收益债券管理暂行办法》中定义的项目收益债券的概念是:由项目实施主体或其实际控制人发行的,与特定项目相联系的,债券募集资金用于特定项目的投资与建设,偿还债券本息的资金完全或主要来源于项目建成后运营收益的企业债券。在暂行办法中明确规定,项目收益债券的发行人主体可以是项目实施主体,也可以是项目的实际控制人。

根据项目收益债券的定义可以发现,项目收益债券与一般企业债券主要区别在于还债资金来源不同。企业债券的资信基础是企业的资产、预期收益以及一些增信措施,并不会限定于企业投资、运营的某个项目;而项目收益债券的资信基础是项目的资产、预期收益以及项目的增信措施(比如差额补偿协议和外部担保等),偿还项目收益债券的资金来源主要或者完全局限于项目建成后的运营收益。

通过发行项目收益债券进行项目融资的案例很多。

例如,2014 年广州市第四资源热力电厂垃圾焚烧发电项目发行了项目收益债券。该项目是广州垃圾处理重点工程之一,项目总投资为 13.5 亿元人民币。为了筹集项目资金,2014 年发行项目收益债券。债券发行人(也就是项目实施主体)为广州环投南沙环保能源有限公司,债券发行规模为 8 亿元,票面利率为 6.38%,期限为 10 年。

四川眉山市东坡区供水工程在 2018 年发行了项目收益债券。该项目收益债券的发行人为益民供排水工程管理有限公司,由四川发展融资担保股份有限公司担保增信,发行规模是 7 亿元,票面利率为 7.8%。债券募集资金全部用于新建、改扩建东坡区范围内 14 处供水站。

(二)债券的发行程序

由于债券的种类、性质、范围等各异,导致债券发行程序也不尽相同。一般来说,债券的发行程序要经过以下几个步骤。

1. 债券发行的准备

(1)进行债券发行决策。公司在发行债券之前,必须作出发行债券的决议,决定公司发行总额、票面金额、发行价格、募集办法、票面利率、偿还期限及方式等内容。

(2)成立债券发行团队,熟悉和掌握债券发行所必须要做的工作,包括整理债券发行所需要的有关文件资料、了解债券发行市场情况、确定发行机构、了解报批手续、测算发行成本等工作。

(3)全面研究、拟定关于债券发行所必需的各种书面文件和必须提供的书面资料。

(4)从法律方面对发债者的权利、义务、责任和风险进行全面分析比较。

2. 发行债券的申请与审批

公司发行债券需向主管部门提交申请，未经批准，公司不得发行债券。公司申请应提交公司登记证明、公司章程、公司债券募集办法、资产评估报告和验资报告。

在我国，不同类型的债券由不同的监管机构负责。比如，公司债、可转债、可交换债和私募债等由证监会负责监管，企业债、项目收益债由发改委负责监管。

3. 债券的发行

债券的发行方式包括私募发行和公募发行。以最常见的公募发行为例。公开向社会发行债券时，发行公司债券的申请经批准后应当向社会公告债券募集办法，并要与承销团签订承销协议。承销团由数家证券公司或投资银行组成，承销方式有代销和包销。代销亦称推销，是指由承销机构代为推销债券，在代理发行期结束后，将已发行新筹款项和未发行的债券一并划付、归还发行公司。包销是由承销团先购入发行公司拟发行的全部债券，然后再出售给社会上的投资者，如果在约定期限内未能全部售出，余额要由承销团负责认购。

(三) 债券的发行价格

债券属于虚拟资本的范畴，它与机器、厂房等真实资本不同，本身没有价值，仅仅是一种凭证或所有权证书。债券与其他虚拟资本之所以有价格，是因为它们能给持有者(投资者)带来收入，相应构成发行者(筹资者)的成本支出。

债券的价格是债券在证券市场上以其自身独立的运动形态进行自由买卖的市场价格。债券价格通常有以下几种不同含义。

一是票面价格，指券面注明的发行者到期偿还的金额。

二是发行价格，指筹资者每张债券实得金额，也就是投资者对确定票面价格的债券所支付的购买金额。

债券的发行金额往往与票面价格不一致，分为三种情况。

(1) 平价发行，即按债券票面价格发行，发行价格等于票面价格。

(2) 折价发行，即按低于债券票面金额发行，发行价格低于票面价格。

(3) 溢价发行，即按高于债券票面价格发行，发行价格高于票面价格。

此外，贴现发行可视为折价发行的一种特殊形式，即贴现债券在发行时，发行者就按一定的贴现率将投资者在债券期限内应得利息支付给投资者。

三是市场价格，即债券发行后在流通市场上的买卖价格。人们通常所说的债券价格是指债券的市场价格。

这里我们主要讨论的是第二种，也就是债券的发行价格。公司发行债券时，由于市场利率与票面利率不一定相同，因而债券发行价格与债券面值不一定相等，有可能出现溢价发行或者折价发行的情形。理论界公认的债券发行价格的计算方法是：债券的发行价格等于债券到期本金偿还额按市场利率计算的现值，加上每期债券利息按市场利率计算的现值之和。计算公式如下：

$$P = \sum_{t=1}^{n} \frac{I_t}{(1+i)^t} + \frac{M}{(1+i)^n} \tag{9-5}$$

式(9-5)中，P 为债券发行价格；I_t 为债券第 t 期的利息；M 为债券面值；i 为折现率，即债券发售时的市场利率；n 为债券期限。

对于固定利率、每年计算并支付利息、到期一次归还本金的典型债券而言，式(9-5)可变形为：

$$V = \sum_{t=1}^{n} \frac{I}{(1+i)^t} + \frac{M}{(1+i)^n} = \sum_{t=1}^{n} \frac{Mr}{(1+i)^t} + \frac{M}{(1+i)^n} \tag{9-6}$$

式(9-6)中，r 为票面年利率；I 为债券年利息。

债券年利息 I 等于债券面值 M 与票面年利率 r 的乘积。

从式(9-6)中可以看出，债券发行价格决于以下五个基本要素。

1. 债券面值

债券的面值是标在债券上的名义价值。它是债券到期时的本金偿还额。不管以何种方式发行债券，到期时均以标明的面值偿还。债券面值也是计付利息的基础，即公司向投资者计付利息是以债券的面值和票面利率为准计算的。

债券面值对债券发行价格的影响表现在：在其他因素不变的情况下，债券面值越大，发行价格越高；反之，面值越小，发行价格就会越低。

2. 票面利率

票面利率是标在债券上的名义利率，是企业向投资者计付利息的标准。通常在发行债券之前即已确定，并在债券票面上注明。票面利率可能与市场利率一致，也可能不一致。

票面利率对债券发行价格的影响表现在：在其他因素相同的情况下，票面利率越高，债券的发行价格就越大，反之，则越小。

3. 市场利率

市场利率就是公司发行债券时金融市场上所通行的借贷利率，是衡量债券票面利率的参照系。市场利率的大小与发债企业没有直接关系，是企业所不能控制的因素。

市场利率对债券发行价格的影响表现在：在其他因素相同的情况下，市场利率越大，则债券发行价格越低；反之，市场利率越小，发行价格就会越高。这是因为，投资者会在利益动机的驱动下，决定自己的投资行为。市场利率较高时，投资者就会把资金转向其他投资领域而放弃债券的购买，迫使公司降低债券的发行价格以吸引投资者；而市场利率较低时，投资者就会把资金转向购买债券，造成债券供给的紧张。这时，公司如果再按面值发行债券，会导致筹资成本的增加，故公司就会以较高的价格发行债券。

4. 债券期限

债券期限长短会影响债权人承担的风险大小。债券期限越长，债权人的风险越大，要求的风险报酬越高，债券的发行价格就可能越低；反之，债券发行价格可能越高。

5. 计息方式

计息方式是债券发行者向投资者计付利息的时间和形式。因为货币具有时间价值，计息方式的不同也会引起债券发行价格的变化。

（1）在票面利率相同时，若债券到期一次还本付息，利息的支付是在最后一次完成的，为了弥补投资者晚收利息的损失，债券的发行价格要低一些。

（2）在票面利率相同时，若债券是分次付息的，投资者比较及时地得到了利息，因而债券发行价格比到期一次还本付息的债券高一些。

（四）债券的信用评级

1. 债券信用评级的含义

债券的信用评级是由投资服务机构对债券发行人的基本经营情况分析评级，一般是由证券评级机构按一定的标准、方法和程序对债券发行者的信用、历史和偿债能力等所进行的评价。

债券信用评级对债券投资人合理选择投资品种以及债券发行人顺利发债都具有重要作用，有利于增强债券市场的透明度和债券市场的稳定。

债券的信用等级高低对债券发行效果有着重要影响。对于债券发行者而言，发行信用等级较高的债券因为投资风险较小，可以以较低的利率发行，从而降低了债券的融资成本；反之，信用等级较低的债券因为投资风险较大，需要以较高的利率发行，债券融资成本较高。

对投资者来说，若投资信用等级较高、风险较低的债券，就只能得到较低的收益；若想通过投资债券获得较高收益，可以投资信用等级较低、票面利率较高的债券。

债券评级机构主要考察发行者及债券以下几个方面的情况。

（1）发行者的概况。主要考察发债者的法律性质、资产规模和以往业绩，考察发债者所在行业的发展状况与前景；考察发债者在行业中的经济地位、业务能力和商业信誉等。

（2）发债者的财务状况。主要考察发债者的获利能力，资产价值，收入的安全性与稳定性，考察其资产负债表，收益表等会计报表考察其营运资金，债务与股本比率、流动负债等经济指标，考察其偿债能力及财务计划等。

（3）考察发债者的经营管理水平、人员素质以及公司的特许经营权、专利等无形因素。

经过考察会确定相应的符号代表债券信用等级。较高的信誉等级对发债者来说既是一个很好的广告宣传，同时对其进一步的筹资甚至产品的销售都会有很大帮助。

2. 债券信用等级

债券的信用等级代表债券质量的优劣，能反映出债券还本付息能力的大小和债券投资风险的高低。按国际惯例，债券的等级一般可分为三等九级，即 A、B、C 三等，AAA、AA、BBB、BB、B、CCC、CC、C 九级，各等级有着不同含义。表 9-2 给出了远东资信评估有限公司对长期债券风险评估等级分类。

表 9-2　远东资信长期债券信用等级表

信用等级划分	等级含义
AAA	偿还债务的能力极强,基本不受不利经济环境的影响,违约风险极低
AA	偿还债务的能力很强,受不利经济环境的影响不大,违约风险很低
A	偿还债务能力较强,较易受不利经济环境的影响,违约风险较低
BBB	偿还债务能力一般,受不利经济环境影响较大,违约风险一般
BB	偿还债务能力较弱,受不利经济环境影响很大,有较高违约风险
B	偿还债务的能力较大地依赖于良好的经济环境,违约风险很高
CCC	偿还债务的能力极度依赖于良好的经济环境,违约风险极高
CC	在破产或重组时可获得保护较小,基本不能保证偿还债务
C	不能偿还债务

除 AAA 级、CCC 级(含)以下等级外,每一个信用等级可用"+""-"符号进行微调,表示略高或略低于本等级。

评估机构不同,等级规定也有一些差异,但大体类似。比如国际评级机构标准—普尔和穆迪对长期债券风险评估等级分类也是按三等九级分类。

三、融资租赁

(一)租赁的分类

租赁是指出租人在承租人给予一定收益的条件下,授予承租人在约定的期限内占有和使用财产权利的一种契约性行为。《企业会计准则——租赁》中关于租赁的定义是:租赁是指在一定期间内,出租人将资产的使用权让与承租人以获取对价的合同。

租赁作为一种古老的、具有悠久历史的企业经营方式,其种类繁多、形式多样。租赁按业务性质通常分为两种类型:经营租赁和融资租赁。

1. 经营租赁

经营租赁是指出租人不仅要向承租人提供设备的使用权,还要向承租人提供设备的保养、保险、维修和其他专门性技术服务的一种租赁形式,一般多为短期租赁。其业务特点表现为:(1)租赁设备的选择由出租人决定;(2)租赁设备一般是通用设备或技术含量很高、更新速度较快的设备;(3)租赁目的主要是短期使用设备;(4)出租人既提供租赁设备,又同时提供必要的服务;(5)出租人始终拥有租赁设备的所有权,并承担有关的一切利益与风险;(6)租赁期限短,中途可解除合同;(7)租赁设备的使用有一定的限制条件。

经营租赁一般不会被看作是公司的一种债务责任,它是非公司负债型融资的一种重要形式。在会计处理上,经营租赁不需要作为公司负债列入资产负债表,所以为承租者提供了比较大的灵活性。

2. 融资租赁

融资租赁,又称金融租赁、资本租赁或财务租赁,它是由租赁公司按照承租人的要求筹集资金购买承租人指定的资产(主要是设备、设施等等),然后出租给承租人,并且在契约或者合同规定的比较长期限内提供给承租人使用。《企业会计准则——租赁》中关于融资租赁的定义是:融资租赁是指实质上转移了与租赁资产所有权有关的几乎全部风险和报酬的租赁。在大多数情况下,出租人在租赁期内向承租人分期回收设备的全部成本、利息和利润,在租赁期满后将租赁设备的所有权转移给承租人。

(二)融资租赁的特点

与经营租赁相比,融资租赁在租赁目的、租赁资产的选择和使用、交易结构、承租期限、租赁合同的履行、租赁资产的所有权和使用权、租赁资产的维修和保养以及租赁期满后资产的处置这些方面都有明显的差异。

(1) 租赁目的。融资租赁中,承租人采用融资租赁方式的主要目的是融通资金,但它与一般的融资方式不同的是,一般融资的对象是资本,而融资租赁是集融资与融物于一体的,是承租人筹集长期债务资金的一种特殊方式。

(2) 租赁资产的选择和使用。融资租赁一般由承租人向租赁公司提出正式申请,由租赁公司融资购进设备,然后出租给承租人使用。

(3) 交易结构。融资租赁交易涉及三方面的关系,即出租方、承租方和供货方,一项融资租赁交易至少要有两个合同,一个是出租方与承租方之间的租赁合同,另一个是出租方与供货方之间订立的供货合同。在某种情况下,如转租赁,其合同数量至少三个。

(4) 租赁期限。融资租赁以承租人对设备的长期使用为前提,租赁期间,大多为设备使用年限的一半以上,一般为三至五年,有的则长达十年或十年以上。

(5) 租赁合同的履行。融资租赁合同一般比较稳定。为了保障出租与承租双方的利益,在规定的租期内除非是经双方同意,否则任何一方不得中途解约。只有当租赁资产毁坏至无法修理或被证明为已丧失其使用价值时,才能中止执行租赁合同。但是合同的中止应以出租人不受经济损失为前提。在承租人违约的情况下,出租人有权将租赁资产出卖或转让他人。

(6) 租赁资产的所有权。在租赁期间,出租人一般拥有租赁资产的所有权,而承租人占有和使用设备。也就是说,租赁资产的所有权与使用权相互分离。租赁资产虽由承租方选定,但由出租方购进,因此,所有权归出租方占有。承租方在完全履行合同的情况下,对租赁资产享有独占的使用权。在这种情况下,与租赁资产所有权有关的风险和利益几乎已全部转移给承租人。

所谓与租赁资产所有权有关的风险,指由于资产闲置或技术陈旧而发生的损失,以及由于经营情况变化致使有关收入发生的变动。所谓与租赁资产所有权有关的利益,是指在资产有效使用年限内直接使用它而获得的利益、资产本身的增值,以及变卖残值所实现的收入。

(7) 租赁资产的维修和保养。租赁期内,租赁资产的维修、保养和保险等责任均由承租人负担。

(8) 租赁期满后资产的处置。融资租赁对租赁资产的最终处置比较灵活。租赁期满时,按双方事先约定的办法处置设备,一般有续租、留购或退还三种选择,通常都是由承租企业进行留购。

(三) 融资租赁的形式

融资租赁通常采用以下三种方式。

1. 直接租赁

直接租赁是最典型的融资租赁方式,也是最为常见的形式。采用这种方式时,租赁公司通过筹集资金,直接购回承租企业选定的租赁设备,然后租给承租企业使用。

2. 售后租回

售后回租是指企业根据协议,将某资产卖给出租人,再将其租回使用,并按时向出租人支付租金。采用这种租赁形式与抵押贷款有些类似,承租人因出售资产而获得一笔现金,同时付出租金而保留了资产使用权。

3. 杠杆租赁

杠杆租赁是国际上较为流行的融资租赁方式,它的特点是:出租人只承担部分租赁设备的购置成本,其余由银行等金融机构贷款补足。它通常涉及承租人、出租人和贷款人三方。从承租人的角度来看,它跟其他租赁形式没有什么区别,同样是按合同的规定,在租赁期内按期支付租金,取得资产的使用权。但是对出租人却是不同的,出租人只需要提供购买资产所需的部分资金(通常为30%)作为自己的投资;另外可以以该资产作为抵押向贷款人借入其余资金。所以,它既是出租人又是借款人,同时拥有该资产的所有权,既收取租金又要偿付债务。如果出租人不能按期偿还借款,那么资产的所有权就要转归贷款人。

(四) 融资租赁租金的测算方法

国际上流行的融资租赁租金测算方法有平均分摊法、等额年金法、附加率法和浮动利率法等。目前,在我国融资租赁实务中,大多采用平均分摊法和等额年金法。

1. 平均分摊法

平均分摊法是以商定的租息率和手续费率计算出租赁期间的利息和手续费,然后连同设备成本按支付次数平均。此方法没有考虑资金时间价值因素。每次应付租金的计算公式如下:

$$A = \frac{(C-S)+I+F}{N} \tag{9-7}$$

式(9-7)中,A 为每次支付的租金;C 为租赁设备购置成本;S 为租赁设备预计残值;I 为租赁期间租息;F 为租赁期间手续费;N 为租金支付次数。

2. 等额年金法

等额年金法是按照年金现值的原理,计算每期应付租金的方法。该方法考虑了资金的时间价值,是租金计算中相对合理也较常用的方法。计算原则是按承租人占用本金的时间,根据双方约定的利率和期数,复利计算利息。在每个租金还款期,先结利息后结本金。等额年金法的公式见本书第三章。

3. 浮动利率法

租赁提供的是长期资金,但也可用短期利率计算,由于每期使用的利率不一样,因此称之为浮动利率。计算方法与固定利率不同的是,首先将还本计划分期确定后,每到还租日时,以上期末未回收本金结算一次利息,加上计划应回收本金,算出租金。再用已回收的本金冲减未回收本金,作为下期租金计息基数。每期应付租金日都要根据资金市场的利率变化,确定下期租金的利率标准。其特点是:未回收本金占压时间越长,租金总额就越高。在整个租赁期内,利率随期数变动。由于变动因素多,计算出的各期租金差额较大,对承租人来说存在一定利率风险。采用这种测算方法,本金偿还和期数可根据承租人的实际还款能力而定,因此更能适应企业的还款能力,体现租金计算的灵活性,但也增加了租金不确定性和租赁项目后续管理的难度。

(五)融资租赁的优缺点

融资租赁是一种特殊的筹资方式。相对于其他筹资方式,融资租赁具有一些优点,但同时也存在一些缺点。

1. 租赁筹资的优点

(1) 筹资速度快。融资租赁集融资与融物于一身,其流程一般较贷款、发行股票等其他融资方式更加简单快捷,可使企业迅速获得所需资产,快速形成生产经营能力。

(2) 租赁筹资限制条款较少。企业运用股票、债券、长期借款等筹资方式,均会受到较为严格的资格限制。相对而言,租赁筹资的限制条件较少。

(3) 免遭设备陈旧过时的风险。伴随科学技术的不断更新与进步,设备陈旧过时的风险较高,因此多数租赁协议中规定该风险由出租人承担,承租企业可免受该风险的影响。

(4) 租金费用可在所得税前扣除,承租企业可享受一定的税收优惠。

(5) 租金在整个租期内分摊,可适当减轻到期还本负担。

2. 租赁筹资的缺点

(1) 筹资成本较高。租金总额通常比资产价值高出 30%,相对股票、债券和长期借款等筹资方式,其筹资成本较高。

(2) 固定的租金支付构成较重的负担。

(3) 承租人一般不能享有设备残值。

(五)项目融资租赁

在项目融资中所采用的"项目融资租赁",与一般情况下的融资租赁又不大相同。项目融资租赁是指承租人以项目自身的资产和收益为保证,与出租人签订租赁合同,出租人对承租人在项目之外的资产和收益是无追索权的,支付租金的资金来源仅限于项目的现金流和收益。项目融资租赁可以采用的形式有直接租赁和杠杆租赁。

在项目融资实务中,采用杠杆租赁模式的案例很多。如 1988 年中国冶金进出口公司与澳大利亚哈默斯铁矿公司合资的恰那铁矿项目、1987 年的欧洲迪士尼乐园项目,就都采用了杠杆租赁的模式。本书第十一章中将详细介绍项目融资中的杠杆租赁融资模式。

四、债务资金结构设计的关键要素

在设计债务资金结构的时候,除了要选择合适的债务融资方式以外,还要充分考虑其他几个关键的要素。

(一) 债务期限

债务期限是指债务的到期时间,可以作为区分长期债务和短期债务的标准。在一年内的债务一般被称为流动负债或短期负债;超过一年的债务被称为非流动负债或长期负债。项目融资中的债务资金基本上都是长期负债。在某些情况下,有可能会将中短期贷款作为过渡资金。另外还有一些项目也会对长短期贷款加以综合利用。

不同期限的债务之间的比例安排被称为债务期限结构。一个合理的债务期限结构必须要体现出均衡性。这里所说的均衡性是指融资成本和风险的均衡。因为短期借款利率一般低于长期借款,在项目负债结构中,适当安排一些短期融资可以降低总的融资成本。但如果过多地采用短期融资,会使项目公司的财务流动性不足,项目的财务稳定性下降,产生过高的财务风险。因此债务期限结构要做到均衡,就要与项目的清偿能力相适应,具体来说就是债务资金的偿还期要与项目投资回收期相适应、与项目的现金流相匹配,保证债务能够按时偿还。

(二) 债务利率

债务的利率形式主要有两种:就是固定利率和浮动利率。比如在项目融资中经常被使用的辛迪加银团贷款一般采用的是浮动利率,计算利率的基础通常是伦敦银行间同业拆放利率(LIBOR)或者是美国银行优惠利率。在这个基础上,再根据项目的风险情况和金融市场的资金供应情况进行调整,形成借款人的实际利率。固定利率的资金具有风险小、但灵活性差的特点,而浮动利率的资金正好相反,具有灵活性强、但风险较大的特点。

评价项目融资中应该采用何种利率结构,需要综合考虑三方面的因素。

首先要考虑项目现金流量的特征。若项目的现金流量相对稳定,可预测性很强,这时采用固定利率机制就比较适宜。相反,对于一些资源类项目,其现金流量很不稳定,采用固定利率就有一定的缺点,在产品价格下降时将会增加项目的风险。

其次要考虑资本市场中的利率走向。当资本市场利率水平相对比较低、而且出现上升趋势的时候,应该尽量争取按固定利率融资,这样可以避免利率向上浮动带来的损失;

当资本市场利率处于相对较高水平,而且有回落趋势的时候,应该考虑用浮动利率签约。

第三要考虑融资风险和融资成本之间的均衡关系。任何一种利率结构都有可能为借款人带来一定的利益,但也会相应增加一定的成本,最终取决于借款人如何在控制融资风险和减少融资成本之间权衡。如果借款人将控制融资风险放在第一位,在适当的时机将利率固定下来是有利的,然而短期内可能要承受较高的利息成本;如果借款人更趋向于减少融资成本,问题就变得相对复杂得多,要更多地依赖金融市场上利率走向的分析。

近年来在上述两种利率机制上派生出了许多固定利率与浮动利率相结合的利率形式,被称为有固定利率特征的浮动利率机制。这类机制可以更好地分担风险,满足借款人的不同需要。比如有一种形式叫作最高限定利率机制,这是一种具有固定利率特征的浮动利率,它是在浮动利率基础上加上封顶的利率结构。对于借款人来讲,在最高限定利率之下,利率可以浮动。但是,利率如果超过该最高限定利率水平,借款人只需按照该最高限定利率支付利息。

(三) 债务序列

根据债务依赖于项目资产抵押的程度或者依赖于有关外部信用担保的程度,我们可以把债务被划分为由高到低不同等级的债务序列。

其中高级债务主要是指由项目全部资产作为抵押的债务,或者可以得到强力信用保证的债务。

低级债务(也被称为从属债务)是指相对于高级债务而言的无担保债务。前面我们介绍过的准股本资金中的后偿贷款就属于这一类型。

在项目出现违约的情况下,项目资产和其他抵押、担保权益的分割都是严格按照债务序列进行。低级债务的清偿顺序排在有抵押和担保权的高级债务之后。只有在高级债务获得清偿后,低级债务的债权人才能从项目资产和其他权益中获得补偿。

(四) 债权保障

在项目融资中,如果偿还债务的资金来源仅限于项目本身产生的现金流量和收益,债务的担保物仅仅是项目的资产,这时债权人会面临两种风险:一是项目的现金流量不足以支付贷款本息的风险;二是在进行清偿时,项目资产价值不足以偿还尚未清偿的债务的风险。为了降低风险,债权人需要获得其他担保,比如由项目发起人提供完工担保、第三方的履约担保等。

(五) 货币结构

项目融资债务资金的货币结构可以依据项目现金流量的货币结构加以设计,以减少项目的外汇风险。不同币种的外汇汇率总是在不断地变化。如果条件许可,项目使用外汇贷款需要仔细选择外汇币种。

外汇贷款的借款币种与还款币种有时是可以不同的,一般需要根据还款成本进行选择。通常选择币值较为软弱的币种作为还款币种更为有利,因为在这种情况下,当这种外汇币值下降时,还款金额也会相对降低。当然,币值软弱的外汇贷款利率通常较高。这就需要在汇率变化和利率差异之间作出预测权衡和抉择。

（六）债务偿还

长期债务需要根据一个事先确定下来的比较稳定的还款计划表来还本付息。对于从建设期开始的项目融资,债务安排中一般会有一定的宽限期。在此期间,贷款的利息可以资本化。

由于项目融资的有限追索权,还款需要通过建立一个由贷款银团经理人控制的偿债基金方式来完成。每年项目公司按照规定支付一定数量的资金到偿债基金中,然后由经理人定期按比例分配给贷款银团成员。如果资金形式是来自资金市场上公开发行的债券,则偿债基金的作用就会变得更为重要。

项目借款人通常希望保留提前还款的权利,即在最后还款期限之前偿还全部的债务。这种安排可以为借款人提供较大的融资灵活性,根据金融市场的变化或者项目风险的变化,对债务进行重组,获得成本节约。但是,某些类型的债务资金安排对提前还款有所限制。例如一些债券形式要求至少一定年限内借款人不能提前还款;又如,采用固定利率的银团贷款,因为银行安排固定利率的成本原因,如果提前还款,借款人可能会被要求承担一定的罚款或分担银行的成本。

通常在多种债务中,对于借款人来讲,由于较高的利率意味着较重的利息负担,所以应当先偿还利率较高的债务,后偿还利率较低的债务。但是为了使所有债权人都有一个比较满意的偿还顺序,在融资方案中应对此作出妥善安排。

第四节 项目资金的来源渠道——资本市场

在项目筹集的资金中,除了项目发起人投入的股本资金之外,主要都来源于资本市场。资本市场又被称为长期资金市场,它是专门融通期限在一年以上的中长期资金的市场。资本市场包括两个部分,即证券市场和中长期信贷市场。

一、证券市场

证券市场是证券发行与流通的场所。按照交易种类划分,证券市场一般可分为中长期债券市场和股票市场(见图 9-3)。此外越来越多的投资者更加倾向于委托投资机构代为投资,从而形成了投资基金市场。投资基金市场实际上就是股票、债券和其他证券投资的机构化交易市场。

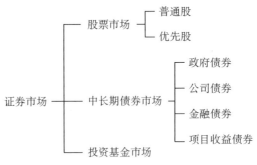

图9-3 证券市场的结构

（一）股票市场

股票市场是发行和流通股票的场所。股票的交易都是通过股票市场来实现的。股票市场中的证券品种就是普通股和优先股。

股票市场又可以分为股票发行市场和股票交易市场。

(1) 股票发行市场（也被称为一级市场或初级市场）。它就是公司通过发行新的股票筹集资金的市场。股票发行是指符合条件的发行人按照法定的程序，向投资人出售股份、募集资金的过程。新公司成立、老公司增资的时候，都要通过发行市场发行新股。

(2) 股票交易市场（也被称为二级市场或股票流通市场）。它是指投资者之间买卖已经发行股票的场所。这个市场为股票创造了流动性，它能够让股票持有者迅速出售股票换取现金。股票交易市场按照组织形式又可以划分为场内交易市场和场外交易市场。

① 场内交易市场是指通过证券交易所进行股票买卖的市场。比如深圳证券交易所和上海证券交易所，就属于场内交易市场。

② 场外交易市场，在业界也被称为OTC市场，或柜台交易市场、店头市场，它是指在证券交易所以外进行证券买卖的市场。比如我国的新三板市场、区域性股权交易市场一般被认为属于场外交易市场。美国的纳斯达克作为全球最大的股票电子交易市场，也属于一种新型的场外交易市场。

（二）债券市场

债券市场是发行和买卖债券的场所。与股票市场相同，也可划分为一级和二级市场。

债券市场中的主要证券品种包括政府债券、公司债券、金融债券和项目收益债券等。

(1) 政府债券是指中央政府、政府机构和地方政府发行的中期和长期债券。它以政府的信誉作为保证，通常是没有抵押品的。根据发行主体的不同，政府债券可以分为国债、政府机构债券和市政债券等。

(2) 公司债券是指公司发行的中长期债券。

(3) 金融债券是指银行以及其他金融机构所发行的债券。

(4) 项目收益债券,在前面我们曾经介绍过,它是以项目预期现金流为保证,在金融市场上发行和流通的一种债券。

二、中长期信贷市场

除了证券市场以外,资本市场还有另外一个重要组成部分,就是中长期信贷市场。它是指贷款双方通过签订中长期信贷协议而完成交易的场所,它既包括国内信贷市场,也包括国际信贷市场。按贷款的提供者的不同,贷款又可以分为四种:商业银行贷款、政策性银行贷款、银团贷款和出口信贷。

(一) 商业银行贷款

商业银行贷款是公司融资和项目融资中取得债务资金的最基本和最简单的渠道。商业银行贷款可以由一家银行提供,也可以由几家银行联合提供。贷款形式可以根据借款人的要求来设计,包括定期贷款、建设贷款、流动资金贷款等。

项目使用商业银行贷款有两个最重要的优势。

(1) 一是融资手续比较简单,融资速度比较快。因为贷款条款制定只需要取得银行的同意,不需要经过国家金融管理机关、证券管理机构的批准。

(2) 二是融资成本比较低。借款人与银行之间可以直接商定信贷条件,不需要大量的文件制作,而且如果需要变更贷款协议的有关条款,借贷双方可以采取灵活的方式,进行协商处理。

商业银行贷款是传统的债务融资渠道,项目债务融资的重要渠道,在项目融资中占有举足轻重的地位。但是多数商业银行一般提供中短期浮动利率信贷,贷款期一般3～5年,最长不超过7年。商业银行在提供长期贷款时,会对借款者进行严格的审查与限制。

(二) 出口信贷

1. 出口信贷的含义和特点

出口信贷是一个国家的政府为了支持和扩大本国大型设备的出口,加强产品的国际竞争力,采取的一种国际信贷方式。通常采取的做法是:政府对本国的出口商给予利息补贴,并且提供信贷担保,来鼓励本国的银行或非银行的金融机构对本国的出口商或者外国的进口商(或银行)提供利率较低的贷款。

出口信贷作为一种国际信贷方式,与商业银行贷款、政府贷款等其他信贷方式相比,具有其自身的特点,可以归纳为以下三个方面。

(1) 出口信贷可以是短期的、中期的,也可以是长期的。但出口信贷的发放一般是为了支持本国大型设备的出口,所以它以实物资产的出售为基础,通常贷款金额大,借款偿还期较长,中期一般为2～5年,长期可达5～10年,属对外贸易中的长期贷款。

(2) 出口信贷的利率一般是国家利率,要受到出口信贷"君子协定"的约束。其利率水平一般低于相同条件下资金贷放市场利率,利差由出口国政府补贴。一国利用政府资金进行利息补贴,可以改善本国的出口信贷条件,扩大本国产品的出口,增强本国出口商的国际市场竞争力,进而带动本国经济增长。

(3) 出口信贷的发放与出口信贷保险相结合。由于出口信贷期限长、金额大,发放银行面临着较大的风险,所以发达国家为了鼓励本国银行或其他金融机构发放出口信贷贷款,一般都设有国家信贷保险机构,对银行发放的出口信贷给予担保。如发生贷款无法收回的情况,风险由国家来承担,信贷保险机构用国家的资金对发放银行进行赔偿。

在进出口商之间较为普遍采用的出口信贷方式有:卖方信贷、买方信贷、福费廷、混合信贷、信用安排限额、签订存款协议等。这里仅介绍较为常见的卖方信贷和买方信贷。

2. 卖方信贷

卖方信贷是由出口方银行向出口商提供的贷款。具体来说,卖方信贷是指在大型机械设备或成套设备的进出口贸易中,为了解决出口商因以延期付款方式(赊销)出售设备而遇到的资金周转困难,由出口商所在国银行向出口商提供的优惠贷款。在一个国家出口信贷发展的初期,往往把卖方信贷作为其出口信贷的主要方式,这是因为提供信贷的银行和申请信贷的出口商都在同一国度,操作比较方便。

发放卖方信贷的业务程序大致如下几方面。

(1) 出口商同意以延期付款的方式与进口商签订出口合同。合同一般要求进口商在分批交货验收和保证期满时预付10%~15%的现汇货款;其余85%~90%的款项在全部交货后若干年内分期偿还(以国际惯例,一般要求每6个月偿还一次本息),并支付延期付款期间的利息。因为出口商对进口商的延期付款义务是以进口商开出的本票或由进口商承兑的汇票为证明文件,本票或汇票可以是生息的,也可以将利息加在合同价格中。

(2) 出口商收到本票或汇票后,凭出口贸易合同向其所在地的银行申请卖方信贷,银行按其与出口商达成的协议购买或贴现出口商所持有的本票或汇票,双方签订出口卖方信贷融资协议。需要注意的是,进出口合同必须和出口卖方信贷融资协议在内容上协调一致,像进出口合同中规定的定金比例、延期付款的次数、每次延付的金额以及最长延期,其实就是卖方信贷融资协议中的定金条款、付款方式和付款期限。

(3) 进口商按照进出口合同的约定,分期偿还货款并支付利息给出口商,并承担信贷期内的保险费、手续费等有关费用。

(4) 收到进口商所付货款的出口商根据贷款协议偿还银行贷款本息。

图9-4是卖方信贷的示意图。

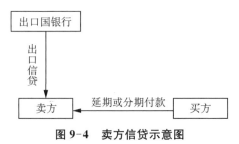

图9-4 卖方信贷示意图

3. 买方信贷

买方信贷是指出口国银行或非银行金融机构在出口信贷机构担保下,直接向外国进口商或进口商银行提供融资,进口商用该笔资金支付进口的大型机械或设备货款的出口信贷方式。买方信贷关系比较复杂,往往涉及出口商、出口商银行、出口商所在国家的出口信贷机构以及进口商、进口商银行等,他们之间的关系是以合同的形式确定下来的。

买方信贷有两种形式,一是可以直接贷款给进口商,这种情况通常要求银行担保,如图 9-5 所示;二是可以通过进口商银行间接向进口商提供贷款,即贷给进口商银行,再由进口商银行转贷给进口商,如图 9-6 所示。

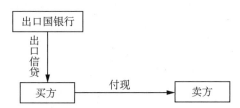

图 9-5 买方信贷(出口国银行直接贷款给进口商)示意图

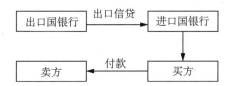

图 9-6 买方信贷(出口国银行借款给进口国银行)示意图

(1) 贷款直接提供给进口商。这种方式的基本操作程序如下几方面。

① 进口商与出口商签订进出口合同,合同中除一般的价格、期限等内容外,还要明确买方向出口信贷机构交纳保费的义务。出口商也可把保费折入价格,作为向买方报价的一部分。

② 在签订贸易合同后至预付定金之前,进口商与出口国银行签订贷款协议,该贷款协议以签订的进出口合同为基础,即如果进口商不按合同购买出口国设备,则出口国银行就不对其提供贷款。

③ 进口商取得贷款后,以现汇支付出口商的货款。

④ 进口商按照贷款协议分期偿还出口国银行的借款本息。

(2) 通过进口商银行间接向进口商提供贷款。这种方式的基本操作程序如下几方面。

① 进口商与出口商签订进出口合同。

② 在签订贸易合同后至预付定金之前,进口国银行与出口国银行签订贷款协议,贷款协议以进口商和出口商签订的进出口合同为基础,但在法律上具有相对的独立性。

③ 进口国银行取得出口国银行贷款后,与进口商签订转贷款协议,将款项转贷给进口商。

④ 进口商用所取得贷款,以现汇支付出口商的贷款。

⑤ 进口国银行根据贷款协议分期偿还出口国银行贷款。

⑥ 进口商与其所在国银行之间的债务按转贷款协议或事前商定的方式在国内进行清偿结算。

不管是哪种买方信贷方式,必须要注意以下五个涉及买方信贷出口业务的合同。

(1) 买卖双方签订的商业合同。

(2) 贷款银行、出口信贷机构和进口商的银行签订贷款协议。

(3) 贷款银行和出口信贷机构同时签署担保合同,由出口信贷机构在借款人无法偿还借款时向贷款银行赔偿损失,赔偿率可达100%。

(4) 贷款银行和出口信贷机构签署利息补贴合同。原因是出口信贷是固定利率的、期限较长的信贷,贷款银行很难在市场上筹集到利率、期限都能与之搭配的资金。在贷款的币种是外币时,汇率变动的风险仍很突出。在利率补贴合同中,贷款银行与出口信贷机构互相约好一个标准,如果市场利率变化超过这个标准,则剩余部分由出口信贷机构补贴;反过来,如果市场利率变化是筹资成本低于约定的另一标准,那么超出部分的款项由贷款银行向出口信贷机构交纳。

(5) 出口信贷机构与出口商之间签订保费支付合同。

需要注意的是政策性银行贷款和出口信贷这两种项目贷款方式都是针对特定项目的,有一定的严格要求,申请手续较为复杂,项目融资者应针对项目作出有选择的取舍。

(三) 银团贷款

1. 银团贷款的含义与分类

银团贷款也被称为辛迪加银团贷款。所谓银团是指由一家银行牵头、多家银行参加的、按照一定的分工和出资比例组成的结构严谨的金融集团。银团贷款就是通过银团集中资金,向某一借款人提供的金额较大的中长期贷款,可以看作是商业银行贷款在国际融资实践中的进一步延伸。

银团贷款根据各参与行在银团中承担的权利和义务的不同,可分为直接型银团贷款和间接型银团贷款。

(1) 直接型银团贷款。是指在牵头行的统一组织下,由借款人与各个贷款银行直接签订贷款协议,根据贷款协议规定的条件,按照各自事先承诺的参加份额,通过委托代理行向借款人发放、收回和统一管理的银团贷款。采用直接型银团贷款,参与行的权利与义务相对独立。

(2) 间接型银团贷款。间接型银团贷款是指由牵头行直接与借款人签订贷款协议,向借款人单独发放贷款,然后再由牵头行将参与的贷款权分别转让给其他愿意提供贷款的银行,实现过程不必经借款人的同意,全部贷款的管理工作均由牵头行承担。间接型银团贷款具有以下特征。

① 牵头行身份的多重性。牵头行既是银团贷款的组织者,也是银团贷款的代理人。

② 参与行和借款人债权债务的间接性。

③ 相对比较简单、工作量小。

正是因为直接型银团贷款和间接型银团贷款各自所具有的特点不同,相对而言,直接型投资更具有优越性,直接型的银团贷款融资方式为人们所普遍接受。

2. 银团贷款的运作过程

银团贷款融资过程中主要涉及的当事人有:借款人、牵头行、副牵头行、安排行、参加行、代理行和担保人。银团贷款融资的程序如下:①借款人制作委托书;②牵头行制作承诺书;③牵头行发放资料备忘录;④组织银团贷款;⑤谈判;⑥签订贷款协议。

3. 银团贷款的特点

项目融资采用银团贷款是非常常见的。与其他债务融资方式相比,银团融资具有贷款金额较大、贷款期限较长、贷款风险小的特点。

对贷款银行方面而言,银团贷款有利于银行间的协作和竞争,有利于分散信贷风险,有利于加强信贷管理。

对于项目融资方而言,银团贷款也有明显的优势。

(1) 通过银团贷款可以帮助项目筹集到数额较大的资金。由于项目融资所需要的资金规模往往是巨大的,资金结构也比较复杂,只有大型跨国银行和金融机构联合起来才有能力承担这类融资业务。

(2) 采用银团贷款可以扩大贷款银行的选择范围,贷款货币的选择余地也更大,这也有利于货币风险的管理。

(3) 参与银团贷款的银行通常是国际上具有一定声望和经验的银行,它们具有理解和参与复杂工程项目融资结构的经验,有承担其中信用风险的能力,他们也可以充当很好的融资顾问和财务顾问。

(四)政策性银行贷款

1. 政策性银行的含义和意义

政策性银行是指由政府创立、参股或保证的,专门为贯彻和配合政府特定的社会经济政策或意图,直接或间接地从事某种特殊政策融资活动的金融机构。

我国的政策性银行是社会主义市场经济条件下政府与金融相互渗透、相互利用的一种金融方式,它由政府创立、扶持,是政府执行经济职能、矫正资源分配"市场失灵"、贯彻国家产业政策和区域发展战略的宏观调控工具。政策性银行具有自身独特的运行规律。从设立的初衷及实际执行的职能来看,政策性银行客观存在着包括稳定社会、发展经济和调控金融的作用。

目前我国的政策性银行主要有国家开发银行、中国进出口银行和中国农业发展银行。

国家开发银行成立于1994年,是直属中国国务院领导的政策性金融机构。其股东是中华人民共和国财政部、中央汇金投资有限责任公司、梧桐树投资平台有限公司和全国社会保障基金理事会。国开行主要通过开展中长期信贷与投资等金融业务,为国民经济重大中长期发展战略服务,是全球最大的开发性金融机构、中国最大的中长期信贷银行和债券银行。穆迪、标准普尔等专业评级机构,连续多年对国开行评级与中国主权评级保持一致。

中国进出口银行(以下简称进出口银行)是由国家出资设立、直属国务院领导、支持中国对外经济贸易投资发展与国际经济合作、具有独立法人地位的国有政策性银行。进出口银行的贷款业务主要包括:经批准办理配合国家对外贸易和"走出去"领域的短期、中期和长期贷款,含出口信贷、进口信贷、对外承包工程贷款、境外投资贷款、中国政府援外优惠贷款和优惠出口买方信贷等。

政策性银行贷款一般期限比较长、利率比较低,但是对申请贷款的企业有比较严格的要求。

【案例分享】 典型项目的资金结构分析——深圳沙角B火力发电厂项目

在本章中,我们介绍了股本资金、准股本资金和债务资金这三种不同的类型的项目资金来源,了解了项目资金的主要来源渠道——资本市场。各种类型和来源的资金构成了项目的资金结构,如图9-7所示。

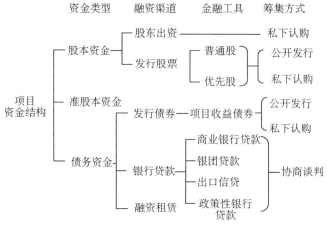

图9-7 项目的资金结构

以深圳沙角B火力发电厂项目为例。深圳沙角B火力发电厂项目是中国第一次使用BOT模式兴建的基础设施项目,也被认为是中国最早的有限追索的项目融资案例。这个项目在1986年完成融资安排并开始动工兴建的,在1988年建成投入使用。

如图9-8所示,该项目采用合作经营方式兴建,在1984年签署了合资协议,合资双方为深圳特区电力开发公司(A方)和合力电力(中国)有限公司(B方)。合力电力(中国)有限公司是一家在香港注册的、专门为项目成立的公司。

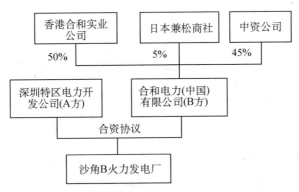

图9-8 深圳沙角B火力发电厂项目资金结构

项目合作期为10年。在合作期内,由B方负责安排、提供项目的全部外汇资金,组织项目建设,并且负责经营电厂10年。作为回报,B方获得在扣除项目经营成本、煤炭成本和支付给A方的管理费之后的100%项目收益。在项目合作期满后,B方将深圳沙角B电厂的资产所有权和控制权无偿转让给A方。

这个项目的资金结构见表9-3。

表9-3 深圳沙角B火力发电厂项目资金结构

资金结构			金额(万美元)
股本资金	B方(3亿港元)		3 850
	A方(5 334万人民币,延期付款)		1 670
准股本资金(从属性项目贷款)	A方人民币贷款		9 240
债务资金	日本进出口银行出口信贷(4.96兆亿日元)		26 140
	国际银团贷款	欧洲日元贷款(105.61亿日元)	5 560
		港币贷款(5.86亿港币)	7 500
资金合计			53 960

该项目总投资为42亿港元,按1986年汇率计算大约为5.4亿美元。资金结构包括股本资金、从属性项目贷款和债务资金三种形式。

(1) 项目的股本资金包括B方提供的3 850万美元和A方的1 670万美元。

(2) 从属性项目贷款是由A方提供的人民币贷款,约合9 240万美元。从属性项目贷款就属于我们前面所说的准股本资金。

(3) 项目债务资金的主要来源是日本进出口银行提供的固定利率日元出口信贷26 140万美元,用来支持日本公司在项目中的设备出口。由大约50家银行组成的国际贷款银团为日本进出口银行提供了项目风险担保,并且为这个项目提供了欧洲日元贷款5 560万美元以及港币贷款7 500万美元。

第五节 项目资金结构的设计和优化

一、概述

通过第五节的案例,我们可以直观地了解到不同的类型和渠道的项目资金是如何组成了项目的资金结构。但项目的资金结构应该如何进行设计和优化呢?

在项目融资中,投资者需要根据项目的目标合理安排各种资金的构成比例,选择适宜的融资工具。项目资金结构是否合理或适宜,主要是看能不能降低项目融资成本和风险,提高项目的经济效益。项目资金结构的设计主要需要解决两个问题:一是资本结构的选择;二是资金来源和筹集方式的设计和选择。

(一)资本结构的选择

项目的资本结构,一般就是指项目股本资金和债务资金的价值及其比例关系。因为准股本资金同时具有股权和债务两种性质,所以这里主要讨论股本资金和债务资金的结构设计。

一般认为,项目的建设目标就是要实现项目价值的最大化。而一个项目的价值可以用股权价值和债务价值之和表示。因为股本资金和债务资金在资金成本和融资风险方面存在不同的特点,所以当项目采用不同资本结构时,项目的价值也会不同。项目资本结构的优化的目的就是要找到某种股本资金和债务资金的比例关系,也就是最佳资本结构,让项目的价值实现最大化。

(二)项目资金来源和筹集方式的选择

在设计项目资金结构的时候,除了要确定股权和债务资金的比例关系以外,还要确定各种资金的具体来源和筹集方式。

1. 股本资金的来源与筹集方式

股本资金一般是通过项目发起人直接注入资本金或认购股份来获得,在此基础上可能采用公开发行股票的方式。一般情况下,比较适合采用项目融资模式的多数都是基础设施项目、自然资源开发项目等,这些类项目的投资金额巨大,项目发起人一般多为建筑安装企业、设备供应商和项目运营商等,这些类型的企业能够提供的股本资金比较有限,而公开发行股票融资的一般难度比较大。因此项目的资金结构中,债务资金往往会占比较大。在国外项目融资中,股本资金和准股本资金的占比大约为 20%~30%,债务资金占比大约为 70%~80%。

2. 债务资金的来源与筹集方式

债务资金的来源是项目融资中需要重点解决的问题。主要来源有商业银行、国际金融机构、银团、出口信贷机构和证券市场等。各种不同债务资金来源各有优缺点,而且即使同一类型的供资人和筹集方式,在具体操作的时候也会有不同的特点。比如外国商业银行,由于各家商业银行自身条件不同,面临的外部环境条件也不同,他们在具体决策方面会存在差别。所以需要了解不同资金来源的特点,选择合适的资金来源和筹集方式。

(三)项目资金结构设计需要考虑的其他问题

由于项目融资是一个复杂的过程,在设计项目资金结构的时候,往往还要考虑很多其他因素。

1. 资金结构的灵活性

(1)在确定资金结构时,项目发起人要考虑这次融资会对下一次融资产生什么影响,也就是进一步融资的灵活性。

(2)对项目资金使用的约束条件。如果出资人或债权人对项目资金的使用有严格的约束,那就会有损于项目财务自主权。

(3)债务期限是否具有展期性、债务与股本资金之间的可转换性等都涉及资金结构灵活性的问题。

2. 法律法规的相关规定

在设计项目的资金结构时,还有一个非常重要的原则性问题,就是合法合规性,这是基本的原则底线。比如,项目必须符合固定资产投资项目资本金制度的要求等。

本节后续内容将主要讨论项目资本结构的选择问题。资本结构选择会受到很多因素的影响,其中最重要的两个因素是资金成本和融资风险。

二、资金成本

(一)资金成本的概念

资金成本也可以称为资本成本,它是指企业或者项目为筹集和使用资金而付出的所有代价,包括筹资费和使用费。

(1)资金使用费是指企业或项目因为使用了资金,要向资金的提供者支付的报酬,比如向股东们支付的股息、红利;向债权人支付的利息;向出租人支付的租金等。资金使用费是资金成本的主要组成部分。

(2)资金筹资费是指企业或项目在筹资过程中发生的各种费用,比如委托金融机构代理发行股票、债券而支付的注册费和代理费,向银行借款而支付的手续费等。

资金成本的大小一般用资金成本率表示。资金成本率的计算公式是这样的:用资金使用费 D 除以"筹资总额 P 与资金筹集费 F 的差"。

$$K=\frac{D}{P-F} \qquad (9-8)$$

式(9-8)中，K 为资金成本；D 为资金使用费；P 为筹资总额；F 为资金筹集费。

一般而言，股权融资的资金成本是比较高的，而债务融资的资金成本比较低。

资金成本是比较融资方式、选择融资方案的重要依据。相对于公司融资而言，项目融资在取得债务资金时，要支付更多的前期筹资费用和利息成本。这就需要项目管理者更重视资金成本的测算。

（二）个别资金成本率的计算

1. 普通股资金成本率

普通股股东收益一般不固定，它随投资项目的经营状况而改变。普通股股东拥有的财富等于其将来从投资项目预期得到的收益按股东的必要收益率进行贴现而得到的总现值。股东的必要报酬率即股东愿意投资时必须获得的最低限度收益率。低于这个收益率，投资者宁愿把资金投向别处，这个收益率就是普通股的资金成本。股东的预期收益由两部分组成，一部分是股利，其收益率称为股利收益率，二是资本利得，即由预期以后股票涨价给股东带来的收益，其收益率称为资本利得收益率。鉴于普通股成本率计算考虑的因素不同，普通股资金成本率测算方法一般有三种。

(1) 股利折现模型。

$$P_c(1-f_c) = \sum_{t=1}^{\infty} \frac{D_t}{(1+K_s)^t} \tag{9-9}$$

式(9-9)中，P_c 为普通股融资额；D_t 为普通股第 t 年的股息；K_s 为普通股资金成本率（也是普通股股东要求的收益率）；f_c 为普通股融资费率。

根据股利折现模型测算普通股资金成本率，因实行的股利政策而有所不同。

如果公司采用固定股利政策，即每年分配现金股利 D_c 元，利用股利零增长的股票估值模型进行推导，可以得出普通股资金成本率计算公式为：

$$K_s = \frac{D_c}{P_c(1-f_c)} \tag{9-10}$$

如果公司采用固定增长股利政策，股利固定增长比率为 g，第一年股利为 D_1，利用股利固定增长的股票估值模型进行推导，可以得出普通股资金成本率为：

$$K_s = \frac{D_1}{P_c(1-f_c)} + g \tag{9-11}$$

【例 9-1】 某项目公司发行普通股总价格 5 000 万元，融资费用率为 4%，第一年股利率为 12%，以后每年增长 5%。普通股资金成本率为：

$$\frac{5\,000 \times 12\%}{5\,000 \times (1-4\%)} + 5\% = 17.5\%$$

(2) 资本资产定价模型。

依据资本资产定价模型，普通股投资的必要报酬率（即普通股资金成本率）等于无风

险报酬率加上风险报酬率,公式为:

$$K_s = R_f + \beta(R_m - R_f) \tag{9-12}$$

式(9-12)中,R_f为无风险报酬率;R_m为市场平均报酬率;β为公司股票的贝塔系数。

(3) 债券投资报酬率加股票投资风险报酬率模型。

从投资者的角度,股票投资的风险高于债券。因此,股票投资的必要报酬率(即普通股资金成本率)可以在债券利率的基础上再加上股票投资高于债券投资的风险报酬率。

2. 优先股资金成本率

由于优先股的股息是固定的,利用股利零增长的股票估值模型进行推导,可以得出优先股资金成本率为:

$$K_p = \frac{D_p}{P_p(1-f_p)} \tag{9-13}$$

式(9-13)中,P_p为优先股融资额;D_p为优先股股息;K_p为优先股资金成本率(也就是优先股股东的收益率);f_p为优先股融资费率。

值得注意的是,优先股股息是在税后支付,无法抵掉所得税。

【例9-2】 某工程公司发行优先股总面额为1 000万元,总发行价为1 250万元,融资费用率为6%,规定年股利率为14%。则优先股成本率计算如下:

$$\frac{1\,000 \times 14\%}{1\,250 \times (1-6\%)} = 11.91\%$$

3. 项目借款资金成本率

项目借款成本包括借款利息和筹资费用两部分。借款利息计入税前成本费用,可以起到抵税的作用。对于一次还本、分期付息的借款,其资金成本率可表示为:

$$K_l = \frac{I_t(1-T)}{L(1-f_l)} \tag{9-14}$$

式(9-14)中,K_l为项目借款资金成本率;I_t为项目借款年利息;T为所得税率;L为项目借款筹资额(借款本金);f_l为项目借款筹资费率。

式(9-14)也可以改为以下形式:

$$K_l = \frac{i_l(1-T)}{(1-f_l)} \tag{9-15}$$

式(9-15)中,i_l为项目借款的年利率。

当项目借款的筹资费(主要是借款的手续费)很小时,也可以忽略不计。若忽略借款的筹资费,式(9-15)也可变形为:

$$K_l = i_l(1-T) \tag{9-16}$$

考虑货币的时间价值,可采用类似计算内部收益率的方法确定借款资金成本率。对

于一次还本、分期付息的借款,其资金成本率计算公式为:

$$L(1-f_l) = \sum_{t=1}^{n} \frac{I_t(1-T)}{(1+K_l)^t} + \frac{L}{(1+K_l)^n} \quad (9-17)$$

【例 9-3】 某项目公司取得长期借款 1 500 万元,年利率 10%,期限 5 年,每年付息一次,到期一次还本。筹措这笔借款的费用率为 0.2%,所得税率为 25%。长期借款成本率计算如下:

$$\frac{1\ 500 \times 10\% \times (1-25\%)}{1\ 500 \times (1-0.2\%)} = 7.52\%$$

4. 债券融资资金成本率

发行债券的成本主要指债券利息和筹资费用。债券利息的处理与项目借款利息的处理相同,应以税后的债务成本为计算依据。债券的筹资费用主要包括发行债券的手续费、注册费用、印刷费以及上市推销费用等,费用较高,不可在计算资本成本时省略。

(1) 债券面值发行时融资成本的计算。

对于一次还本、分期付息的债券,其面值发行时的资金成本率计算公式为:

$$K_b = \frac{I_b(1-T)}{B_0(1-f_b)} \quad (9-18)$$

式(9-18)中,K_b 为债券融资的资金成本率;I_b 为债券票面利息;T 为所得税率;B_0 为债券面值;f_b 为债券筹资费用率。

或者,

$$K_b = \frac{i_b(1-T)}{(1-f_b)} \quad (9-19)$$

式(9-19)中,i_b 为债券票面利率。

(2) 债券折价或溢价发行时资金成本率的计算。

当债券溢价或折价发行时,资金成本率的计算公式为:

$$K_b = \frac{\left[I - \frac{(B_1 - B_0)}{n}\right](1-T)}{B_1 - f_b} \quad (9-20)$$

式(9-20)中,I 为债券年利息;B_0 为债券面值总金额;B_1 为债券的实际发行总金额;n 为债券偿还期。

(3) 考虑时间价值的债券融资资金成本率的计算。

若考虑货币的时间价值,债券融资的资金成本率计算公式为:

$$B_1(1-f_b) = \sum_{t=1}^{n} \frac{I_t - T_t}{(1+K_b)^t} + \frac{B_0}{(1+K_b)^n} \quad (9-21)$$

式(9-21)中,I_t 为债券第 t 年的票面利息;T_t 为第 t 年债券利息抵税金额。

【例9-4】 某工程公司发行总面额为4 000万元的5年期债券,总价格为4 200万元,票面利率为12%,发行费用占发行价值的2%,公司所得税率为25%。则该债券成本率计算如下:

$$\frac{\left(4\,000\times12\%-\dfrac{4\,200-4\,000}{5}\right)\times(1-25\%)}{4\,200\times(1-2\%)}=8.02\%$$

5. 融资租赁资金成本率

融资租赁是项目企业在资金短缺情况下取得生产所需设备的手段之一,它具有融资和融物相结合的特点,其实质是一种信贷行为。在融资租赁中,承租方以向出租方支付租金为代价,取得了资产大部分使用年限的使用权,并实现了资产所有权上附带的报酬和风险的由出租方向承租方的转移。因此,融资租赁和其他筹资方式一样,对于承租方而言具有资金成本。融资租赁的成本包括设备购置成本和租息两部分。设备购置成本是租金的主要组成部分,由设备的买价、运杂费和途中保险费构成。租息又分为租赁公司的融资成本、租赁手续费等,融资成本是指租赁公司为购置租赁设备而筹措资金的费用,即设备的营业费用和一定的盈利。

融资租赁的资金成本率的计算公式:

$$P=\sum_{t=1}^{n}\frac{C_t-D_tT}{(1+K_r)^n} \tag{9-22}$$

式(9-22)中,K_r为融资租赁承租方资金成本率;P为租赁设备的公允价值(一般可以采用设备的现行市价,它和设备的入账价值是两个概念);n为租赁期;C_t为第t个租赁期支付的租金(一般情况下各期租金额是相同的);D_t为第t个租赁期设备计提折旧额;T为所得税税率。

(三)综合资金成本率的计算

综合资本成本是指项目全部长期资本的成本率,通常是以各种长期资本占全部资本的比例为权重,对个别资本成本进行加权平均测算的,故亦称加权平均资本成本率。因此,综合资本成本率是由个别资本成本率和各种长期资本比例这两个因素决定的。综合资金成本率的计算公式为:

$$K_w=\sum_{j=1}^{n}K_jW_j \tag{9-23}$$

式(9-23)中,K_w为综合资金成本率;K_j为第j种个别资金成本率;W_j为第j种个别资本占全部资本的比重(权数)。

【例9-5】 某项目公司共有长期资金(账面价值)10 000万元,其中长期借款1 500万元、债券2 000万元、优先股1 000万元、普通股3 000万元、融资租赁2 500万元,其资金成本率分别为5%、6%、10%、14%、8%。该项目公司的加权平均资金成本率可分为两步计算如下:

第一步，计算各种不同性质的资金占全部资金的比重：

长期借款：$W_1 = 1\,500/10\,000 = 0.15$

债券：$W_2 = 2\,000/10\,000 = 0.20$

优先股：$W_3 = 1\,000/10\,000 = 0.10$

普通股：$W_4 = 3\,000/10\,000 = 0.30$

融资租赁：$W_5 = 2\,500/10\,000 = 0.25$

第二步，计算加权平均资金成本率：

$$K_w = 5\% \times 0.15 + 6\% \times 0.20 + 10\% \times 0.10 + 14\% \times 0.30 + 8\% \times 0.25$$
$$= 0.75\% + 1.201\% + 1.00\% + 4.2\% + 2.00\%$$
$$= 9.10\%$$

上述计算中的个别资本占全部资本的比重是按账面价值确定的，其资料比较容易获取。但当资本的账面价值与市场价值差别较大时，比如股票、债券的市场价格发生较大变动，计算结果会与实际有较大差距，从而贻误投资决策。为了克服这一缺陷，个别资本占全部资本比重的确定还可以按当前市场价值或目标价值确定，分别称之为市场价值权数、目标价值权数。前者是以当前市场价格或平均市场价格确定的权数，这样计算的加权平均资本成本能反映企业目前的实际状况；后者是以未来预计的目标市场价值确定权数，这种权数能体现期望的资本结构，而不像账面价值权数那样只反映过去和现在的资本结构，所以按目标价值权数计算的加权平均资本成本更适用于项目筹集新资金的情形。

（四）边际资金成本率的计算

项目在建设过程中追加筹资时，不能仅仅考虑目前所使用的资金的成本，还必须要考虑新筹资金的成本，即边际资金成本。边际资金成本是项目追加筹资的成本，是项目建设过程中确定追加权益资金和债务资金比例的重要的标准。边际资金成本是一个动态的概念，对边际资金成本的计算也应从一个动态的过程来考虑。具体可以分为两种情况。

第一种情况是，项目新增资金的成本率与项目现有资金的成本率相同，且在任何筹资范围内都能保持不变。在这种情况下，如果新增资金的结构与项目现有资金结构相同时，综合边际资金成本率将与项目现有综合资金成本率相同；如果新增资金的结构与项目现有资金结构不同时，综合边际资金成本率将不同于项目现有的综合资金成本率。这时的综合边际资金成本则要根据各项新增资金的成本率及其结构计算。

第二种情况，也是通常发生的情况是，各项新增资金的成本率将随着筹资规模的扩大而上升，则综合边际资金成本率的确定比较复杂，需要按一定的方法步骤来计算。一般步骤如下：

第一步，要确定新筹资金的资金结构，也即用各种筹资方式筹得资金之间的比例结构关系。

第二步，要分析资金市场的资金供需状况等相关因素，以确定各种筹资方式的资金成本率分界点。所谓资金成本率分界点,是指使资金成本率发生变动的筹资额。例如,当项目借款在1 000万元时,其贷款利率为12%,如果借款超过1 000万元时,由于风险的增加,超过部分的资金成本率或利率就要上升为15%,则1 000万元就为该种筹资方式的成本分界点。

第三步,要确定筹资总额的资金成本率分界点及与之对应的筹资范围。筹资总额的资金成本率分界点是指使用某项资金成本率发生变动的筹资总额,这是根据已定的资金结构及各种筹资方式的资金成本率分界点确定的。例如,若项目确定的新筹资金结构中,银行借款占20%,银行借款的资金成本率分界点为1 000万元,则项目的筹资总额在1 000万元/20%=5 000万元之内时,银行的资金成本率不会上升;若筹资总额超过5 000万元,按20%的银行借款资金比例结构,银行借款就会超过1 000万元,银行借款的资金成本率就会上升。因此,这5 000万元就是针对银行借款的资金成本而言的筹资总额资金成本分界点。

【例9-6】 某项目公司目前拥有长期资本10 000万元,其中长期债务2 000万元,优先股500万元,普通股权益7 500万元。为了适应扩大投资的需要,项目公司准备筹措新资。测算追加融资的边际成本率可按下列步骤进行。

第一步,确定目标资金结构。假设项目公司目前的资本结构处于目标资本结构范围,在今后增资时应予以保持,即

长期债务:2 000/10 000=0.20

优先股:500/10 000=0.05

普通股:7 500/10 000=0.75

第二步,测算各种资金的成本率。随着项目公司筹资规模的扩大,各种资金的成本率也会发生变动,测算结果如表9-4所示。

表9-4 项目公司追加筹资资料表

资本种类	目标资本结构(1)	追加融资数额范围(2)	个别资本成本率(3)
长期债务	0.20	10 000万元以下	6%
		10 000万~40 000万元	7%
		40 000万元以上	8%
优先股	0.05	2 500万元以下	10%
		2 500万元以上	12%
普通股	0.75	22 500万元以下	14%
		22 500万~75 000万元	15%
		75 000万元以上	16%

第三步,测算融资总额分界点。根据项目公司目标资金结构和各种资金的成本率变动的分界点,测算项目公司融资总额分界点。其测算公式为:

$$BP_j = \frac{TF_j}{W_j} \tag{9-24}$$

式(9-24)中，BP_j 为融资总额分界点；TF_j 为第 j 种资本的成本率分界点；W_j 为目标资本结构中第 j 种资本的比例。

公司的追加融资总额范围的测算结果如表9-5所示。

第四步，测算边际资金成本率。根据测算的融资分界点，可以得出五个新的融资总额范围，如表9-6第2栏所示。对这五个融资总额范围分别测算其加权平均资金成本率，即可得到边际资金成本率。

表9-5 项目公司融资总额分界点测算表

资本种类	个别资本成本率	追加融资数额范围	融资总额分界点（万元）	融资总额范围
长期债务	6%	10 000 万元以下	10 000/0.2=50 000 40 000/0.2=200 000	50 000 万元以下
长期债务	7%	10 000 万～40 000 万元		50 000 万～200 000 万元
长期债务	8%	40 000 万元以上		200 000 万元以上
优先股	10%	2 500 万元以下	2 500/0.05=50 000	50 000 万元以下
优先股	12%	2 500 万元以上		50 000 万元以上
普通股	14%	22 500 万元以下	22 500/0.75=30 000 75 000/0.75=100 000	30 000 万元以下
普通股	15%	22 500 万～75 000 万元		30 000 万～100 000 万元
普通股	16%	75 000 万元以上		100 000 万元以上

表9-6 边际资金成本率规划表

序号	融资总额范围	资金种类	目标资金结构	个别资金成本率	边际资金成本率
1	30 000 万元以下	长期债务	0.20%	6%	1.02%
		优先股	0.05%	10%	0.50%
		普通股	0.75%	14%	10.50%
	第一个融资总额范围的边际资金成本率＝12.20%				
2	30 000 万～50 000 万元	长期债务	0.20%	6%	1.02%
		优先股	0.05%	10%	0.05%
		普通股	0.75%	15%	11.25%
	第二个融资总额范围的边际资金成本率＝12.95%				
3	50 000 万～100 000 万元	长期债务	0.20%	7%	1.40%
		优先股	0.05%	12%	0.60%
		普通股	0.75%	15%	11.25%
	第三个融资总额范围的边际资金成本率＝13.25%				
4	100 000 万～200 000 万元	长期债务	0.20%	7%	1.40%
		优先股	0.05%	12%	0.60%
		普通股	0.75%	16%	12.00%

续 表

序号	融资总额范围	资金种类	目标资金结构	个别资金成本率	边际资金成本率
	第四个融资总额范围的边际资金成本率＝14.00%				
5	200 000 万元以上	长期债务 优先股 普通股	0.20% 0.05% 0.75%	8% 12% 16%	1.60% 0.60% 12.00%
	五个融资总额范围的边际资金成本率＝14.20%				

第五步,根据上述各个融资方案的融资总量、边际资本成本率及其预计的边际投资报酬率的比较,判断及选择有利的投资及融资机会。

三、融资风险

(一)融资风险的含义

融资风险是指融资活动中存在的可能使投资者、项目法人、债权人等各方蒙受损失的各种风险。在融资方案分析中,应对各种方案的风险进行识别与比较,并提出防范风险的对策。

从广义上来说,融资风险包含了项目的全部风险,有系统风险、也有非系统风险。系统性风险是指那些影响所有企业项目即整个市场的因素引起的风险,如战争、通货膨胀、经济周期变动等,这类风险波及所有的投资对象,不能通过多样化投资、加强内部管理等方式加以规避;非系统性风险是指某一项目所特有的风险.如项目开发阶段的失败、管理层发生严重问题等,这类风险只波及特定的项目投资对象,可以通过多样化投资来分散。

从狭义上来讲,融资风险即财务风险或债务风险,是指全部资金中债务资金比率的变化带来的风险。

融资方案设计者最为关心的融资风险包括财务风险、出资能力风险、再融资风险和金融风险(利率风险、汇率风险等)。

(二)财务风险

因债务需要按时还本和支付固定利息,所以债务融资存在较大财务风险。而债务融资比例越大,财务风险也会越高。财务风险的变化同时也会对资金成本产生负面影响。一般而言,随着债务融资比例的升高,股权资金成本会逐渐增加,同时债务利息率也会因为财务风险升高而明显升高。债务资金占总资金的比重不同,所导致的财务风险也不同,据此我们可以将资本结构划分为三种类型。

(1)第一种是保守型资本结构。这是指债务资金占总资金比重偏小的资本结构。在这种资本结构下,项目还本付息的压力小,财务风险较小,但是由于股权资金比例较大,导致加权平均资金成本较高,无法充分利用财务杠杆的作用。

(2)第二种是风险型资本结构。这是指债务资金占总资金比重偏大的资本结构。在这种资本结构下,债务资金的资金成本较低,但项目还本付息的压力较大,项目财务风险较大,因此也会使加权平均资金成本增加。

(3) 第三种是折中型(适中)资本结构。这是指介于保守型和风险型资本结构之间的一种情况。

在项目融资模式下,债务融资比例普遍较高,因此属于风险型资本结构。

项目的财务风险一般可以用财务杠杆系数来衡量。财务杠杆系数是指企业税后利润的变动率相当于息税前利润变动率的倍数,它反映了财务杠杆的作用程度。计算公式为:

$$DFL = \frac{\frac{\Delta EPS}{EPS}}{\frac{\Delta EBIT}{EBIT}} = \frac{EBIT}{EBIT - I} \tag{9-25}$$

式(9-25)中,DFL 为财务杠杆系数;EPS 为普通股每股收益(或称每股利润);$EBIT$ 为企业息前税前盈余;I 为债务年利息。

(三) 出资能力风险

项目股本投资人及贷款人应当具有充分的出资能力。资金实力弱的出资人可能由于经营中出现问题,无力履行当初的出资承诺,而导致项目融资落空。项目融资方案的设计中应当事先对出资人的出资能力进行调查分析。

出资人的出资能力风险来源包括内部和外部两个方面。出资风险的内部来源主要包括出资人自身的经营风险和财务能力、出资人公司的经营和投资策略的变化,甚至可能来自其领导人的变更。出资风险的外部来源包括出资人所在国家的法律、政治、经济环境的变化,此外世界经济状况、金融市场行情的变化也可能导致出资人出资能力和出资意愿的变化。

(四) 再融资风险

项目实施过程中会出现许多风险,包括设计的变更、技术的变更甚至失败、市场的变化、某些预定的出资人变更等等。这些风险有可能导致项目的融资方案变更,融资金额增加。为了保证项目的顺利进行,项目需要具备足够的再融资能力。在项目的融资方案设计中应当考虑备用融资方案,主要包括:项目公司股东的追加投资承诺,贷款银团的追加贷款承诺,银行贷款承诺高于项目实施过程中追加取得新的融资等等。

(五) 金融风险

项目的金融风险主要是指由于一些项目发起人不能控制的金融市场的可能变化而对项目产生的负面影响。这些因素包括汇率波动、利率波动、国际市场商品价格上涨(特别是能源和原材料价格上涨)、项目产品的价格在国际市场下跌、通货膨胀、国际贸易、贸易保护主义和关税的趋势等。

对于国际工程项目而言,金融风险的内容更为丰富,最敏感的金融风险是与货币有关的风险。因为在大多数国际项目融资中,都会出现主要收入货币与支出货币的差别,比如项目成本和收入基本上是当地货币,而项目贷款基本上都是外国货币,由国外银团提供外币贷款。这样,就容易使项目暴露在货币风险之下。

1. 金融风险的类型

(1) 利率风险。利率风险是指因市场利率变动而给项目融资带来一定损失的风险,主要表现在市场利率的非预期性波动而给项目资金成本所带来的影响。

如果项目采取浮动利率贷款,当市场利率上升时,项目的资金成本将提高,会给借款较多的项目造成较大困难。在项目融资风险中,主要表现在利率变动后引起项目债务利息负担增加而造成的损失。

如果项目采取固定利率贷款,当市场利率下降时,贷款利率不随市场利率变动,项目的资金成本不能相应下降,相对资金机会成本将变高。

(2) 汇率风险。这是指项目因汇率变动而遭受损失或预期收益难以实现的可能性。对于任何一个项目来说,只要在融资活动中运用到外币资金,都有可能因汇率变动而使融资成本提高或生产收益下降,形成外汇风险。

(3) 外汇的不可获得风险。这是指由于东道国外汇短缺可能导致项目公司不能将当地货币转换成需要的外国货币,以偿还对外债务和其他的对外支付,从而使项目无法正常进行的风险。

(4) 外汇的不可转移风险。由于外汇管制的存在,可能使项目公司的所得不能转换成需要的外汇汇出国外。

2. 项目融资中的金融风险管理方法

(1) 降低利率风险的金融工具。降低利率风险最主要的金融工具是采取利率互换的方式。利率互换是交易双方在一笔相同名义本金数额的基础上将不同性质的利率进行交换。通过这种互换行为,交易方可将某种固定利率(或浮动利率)的资产或负债换成浮动利率(或固定利率)的资产或负债。利率互换的主要目的是使交易双方各自得到自己需要的利息支付方式。

利率互换在项目融资中很有价值,因为多数银团贷款在安排长期项目贷款时,只是愿意考虑浮动利率的贷款方式,使得项目承担较大的利率波动风险。作为项目投资者,如果根据项目现金流量的性质,将部分或全部的浮动利率贷款转换成固定利率贷款,在一定程度上可能减少利率风险对项目的影响。

在项目融资中,利率互换的作用可以归纳为以下两个方面。

首先,根据项目现金流量的特点安排利息偿还,减少因利率变化造成项目风险的增加,由于项目融资在贷款安排方面仍然存在一定的不灵活性,因而可能出现贷款利率结构不一定符合项目现金流量结构的情况。如果通过浮动利率与固定利率之间的转换,不同基础的浮动利率之间的转换,或者不同项目阶段的利率转换来一定程度上可以起到项目风险管理的作用。

其次,根据借款人在市场上的位置和金融市场的变化,抓住机会降低项目的利息成本。这方面的做法包括:将固定利率转换为浮动利率;通过先安排浮动利率贷款,然后再将其转为固定利率的方法,降低直接安排固定利率贷款的成本;同样,通过先安排固定利率贷款,然后再将其转为浮动利率的方法,降低直接安排浮动利率贷款的成本。

(2) 降低汇率风险的金融工具。降低汇率风险可以采用以下方式。

一是汇率封顶。即在正式签署贷款合同或提取贷款前,项目公司与债权人协商约定一个固定的汇率最高值;还款时,债务人以不超过已协商约定的汇率最高值进行换汇还款。

二是货币利率的转换,是指为降低借款成本或避免将来还款的汇价和利率风险,从而将一种货币的债务转换为另一种货币的债务。

三是可以利用远期汇率交易、汇率期货交易、汇率期权交易套期保值,从而降低汇率风险。

(3) 降低外汇获得和转移风险的方法。

① 可以通过构造不同的合同结构使项目的收入与债务支出货币相匹配。如在电力开发项目中,如果借进的是美元货币,则电力购买协议应主要以美元或者其他硬货币来结算。

② 在当地筹集债务。由于项目收入多以当地货币取得,债务偿还就不存在货币兑换问题。当然,在当地借款要受到许多因素的制约。

③ 将产生项目收入的合同尽量以硬货币支付,尤其是当这些合同的一方是政府部门时,因为这实际上意味着政府以合同的方式为项目提供了硬货币担保。

④ 与东道国政府谈判取得东道国政府担保,保证项目公司优先获得外汇的协议或者由其出具外汇可获得的担保。

四、最佳资本结构的确定

不同的资金结构会给项目带来不同的经济后果。虽然负债资金具有双重作用,通过适当的利用负债,可以降低项目资金成本,但当项目负债比率太高时,也会带来较大的财务风险。所以,项目公司必须权衡财务风险和资金成本的关系,确定最佳资本结构。

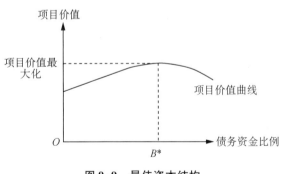

图 9-9 最佳资本结构

如图 9-9 所示,最佳资本结构(B^*)就是在一定条件下使项目加权平均资金成本最低、项目价值最大的资本结构。我们可以在一定的假设基础上,计算得出这个最佳资本结构。但是在复杂的工程项目实践中,影响项目资金结构选择的因素比较多,要实现最佳资本结构是比较困难的。因为项目的资本结构很大程度上会受限于项目的投资结构、融资结构和信用保证结构。所以实践中,一般可以设定一个最佳资本结构区间。

确定项目的最佳资本结构可以采用每股收益无差别点分析法、比较资金成本法和价值比较法等。这里仅介绍每股收益无差别点分析法和比较资金成本法。

(一) 每股收益无差别点分析法

该方法是将普通股每股收益最大化作为决策目标,认为能提高普通股每股盈余的资本结构是更优的,通过普通股每股收益无差别点来进行资金结构决策。

普通股每股收益(EPS)是指归属于普通股股东的当期净利润与发行在外的普通股加权平均股数的比值。其中净利润可以以营业额(S)或息税前利润(EBIT)为基础计算,计算公式可表示为:

$$EPS = \frac{(S-VC-F-I)(1-T)-D_p}{N} = \frac{(EBIT-I)(1-T)-D_p}{N} \quad (9-26)$$

式(9—26)中,S 为营业额;VC 为变动成本;F 为固定成本;I 为长期债务年利息;T 为所得税税率;D_p 为优先股年股利;N 为普通股股数;EBIT 为息税前利润。

从式(9—26)可以看出,每股收益会受到项目资本结构和经营状况和的双重影响。在项目采用不同的融资方案时,普通股每股收益是不同的;在项目(或企业)处于不同的经营状况时,每股收益也会有所不同。所谓每股收益无差别点,是指使两种融资方案的每股收益相等的息税前利润或营业额。每股收益无差别点的计算公式如下:

$$\frac{(EBIT-I_1)(1-T)-D_{p1}}{N_1} = \frac{(EBIT-I_2)(1-T)-D_{p2}}{N_2} \quad (9-27)$$

式(9—27)中,EBIT 为息税前利润;I_1、I_2 为两种融资方案下的长期债务年利息;D_{p1}、D_{p2} 为两种融资方案下的优先股年股利;N_1、N_2 为两种融资方案下的普通股股数。

根据预计的息税前利润(或营业额)与每股收益无差别点的关系,可以对融资方案进行分析与对比,确定合理的资本结构。将增加债务融资和增加普通股融资两种方案进行对比时,营业额(或息税前利润)与每股收益的关系如图 9-10 所示。从图中可以看出,当项目(或企业)预计的息税前利润(或营业额)大于每股收益无差别点时,说明经营状况良好,此时增加债务融资方案的每股收益大

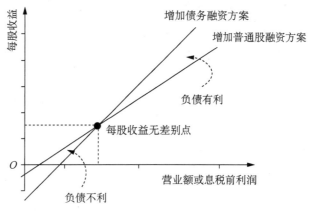

图 9-10 每股收益无差别点分析图

于增加普通股融资方案,故应选择增加债务融资方案;当项目(或企业)预计的息税前利润(或营业额)小于每股收益无差别点时,说明经营状况不佳,此时增加普通股融资方案的每股收益大于增加债务融资方案,故应选择增加普通股融资方案。

【例 9-7】 某项目拟筹资 1 000 万元,筹资方案如下。

方案一:发行普通股 16 万股,每股面值 50 元;债务资金 200 万元,利息率 12%,每年负担利息 24 万元;

方案二:发行普通股 10 万股,每股面值 50 元;债务资金 500 万元,利息率 12%,每年负担利息 60 万元。

项目公司所得税为 25%。现将两个融资方案的资料代入每股收益无差别点计算公式:

$$EPS_1 = \frac{(EBIT - 200 \times 12\%) \times (1 - 25\%)}{16}$$

$$EPS_2 = \frac{(EBIT - 500 \times 12\%) \times (1 - 25\%)}{10}$$

当 $EPS_1 = EPS_2$ 时，$EBIT = 120$ 万元。即每股收益无差别点为 120 万元。当息税前利润大于 120 万元时，采用债务资金比例大的方案二融资更有利；而当息税前利润小于 120 万元时，长期债务比例大则不利，应选择方案一。

（二）比较资金成本法

比较资金成本法是指在适度财务风险的条件下，测算可供选择的不同资金结构或融资组合方案的加权平均资金成本率，并以此为标准相互比较确定最佳资金结构的方法。

项目公司对拟订的项目融资总额，可以采用多种融资方式和融资渠道来筹集，每种融资方式的融资额亦可有不同安排，因而形成多个资金结构或融资方案。在各融资方案面临相同的环境和风险情况下，利用比较资金成本法，可以通过加权平均资金成本率的测算和比较来作出选择。

【例 9-8】 某项目公司在初创期需资本总额 10 000 万元，有如下三个融资方案可供选择。假设这三个融资方案的财务风险相当，相关资料如表 9-7 所示。

表 9-7　某项目公司初始融资方案测算表

筹资方式	筹资方案1		筹资方案2		筹资方案3	
	筹资额（万元）	资本成本率	筹资额（万元）	资本成本率	筹资额（万元）	资本成本率
长期借款	800	6%	1 000	6.5%	1 600	7%
长期债券	2 000	7%	3 000	8%	2 400	7.5%
优先股	1 200	12%	2 000	12%	1 000	12%
普通股	6 000	15%	4 000	15%	5 000	15%
合计	10 000	—	10 000	—	10 000	—

根据给出的数据测算各方案加权平均资金成本率，如表 9-8 所示。

表 9-8　各方案筹资方式加权平均资本成本率的计算

筹资方式	筹资方案1		筹资方案2		筹资方案3	
	融资额占比	资本成本率	融资额占比	资本成本率	融资额占比	资本成本率
长期借款	$\frac{800}{10\,000}=0.08$	6%	$\frac{1\,000}{10\,000}=0.1$	6.5%	$\frac{1\,600}{10\,000}=0.16$	7%
长期债券	$\frac{2\,000}{10\,000}=0.2$	7%	$\frac{3\,000}{10\,000}=0.3$	8%	$\frac{2\,400}{10\,000}=0.24$	7.5%
优先股	$\frac{1\,200}{10\,000}=0.12$	12%	$\frac{2\,000}{10\,000}=0.2$	12%	$\frac{1\,000}{10\,000}=0.1$	12%

续 表

筹资方式	筹资方案1		筹资方案2		筹资方案3	
	融资额占比	资本成本率	融资额占比	资本成本率	融资额占比	资本成本率
普通股	$\frac{6\,000}{10\,000}=0.6$	15%	$\frac{4\,000}{10\,000}=0.4$	15%	$\frac{5\,000}{10\,000}=0.5$	15%
加权平均资金成本率	12.32%		11.45%		11.62%	

经比较,方案2的加权平均资金成本率最低,应选择方案2作为最佳融资组合方案。

本 章 小 结

(1) 项目的资金结构是指项目融资形成的各种资本的价值构成及其比例关系。项目融资中最基本的资金来源有三种,即股本资金、债务资金和准股本资金(或称为次级债务资金)。不同来源的资金就形成了项目的资金结构。

(2) 股本资金也被称为股权资本或权益资本,是投资主体以获得项目财产权和控制权的方式投入项目的资本金。按股东享有权利不同,股票可以分为普通股和优先股。

(3) 准股本资金一般是指投资者或者与项目利益有关的第三方所提供的一种从属性债务或次级债务资金。从银行的角度来讲,这种资金可以被看作是股本的一部分,因此被称为准股本资金。在项目融资中,一般被认为是准股本资金筹集方式的有后偿贷款、可转换债券、零息债券和可赎回的优先股等。

(4) 项目融资中的债务资金主要包括三种类型:贷款融资、债券融资和融资租赁。

(5) 在项目筹集的资金中,除了项目发起人投入的股本资金之外,主要都来源于资本市场。资本市场又被称为长期资金市场,它是专门融通期限在一年以上的中长期资金的市场。资本市场包括两个部分,即证券市场和中长期信贷市场。

(6) 在项目融资中,投资者需要根据项目的目标合理安排各种资金的构成比例,选择适宜的融资工具。项目资金结构的设计主要需要解决两个问题:一是资本结构的选择;二是资金来源和筹集方式的设计和选择。

关 键 词

股本资金　准股本资金　债务资金　资本市场　资本成本　融资风险　最佳资本结构

本章练习题

1.(单选题)下列股本资金筹集方式中,有限责任公司可以采用的是(　　)。
A. 公开发行股票　　　　　　　　　　B. 非公开发行股票

C. 通过私下认购方式签订股权协议　　D. 通过公开募集方式签订股权协议

2.（单选题）普通股融资的缺点包括（　　）。
A. 会导致现有股东对公司控制权的削弱　　B. 资金成本比较高
C. 融资风险比较高　　D. 固定支付的股利会造成沉重负担

3.（单选题）关于优先股融资特点的说法，正确的是（　　）。
A. 公司发行优先股后，无须按时支付固定的股息
B. 当公司破产清算时，优先股股东可以先于普通股的股东分配公司的剩余财产
C. 在股东大会上，优先股股东通常具有表决权
D. 采用优先股融资会导致股东控制权的稀释

4.（单选题）下列资产或权利中，不能作为质押物的是（　　）。
A. 房产　　B. 汽车　　C. 特许经营权　　D. 股票

5.（单选题）在项目资金偿还优先序列中低于任何其他债务的资金被称为（　　）。
A. 高级债务资金　　B. 特殊从属性债务　　C. 一般从属性债务　　D. 可转换债务

6.（单选题）如果在融资租赁中，出租人只承担部分租赁设备的购置成本，其余由银行等金融机构贷款补足，这种融资租赁方式称为（　　）。
A. 经营租赁　　B. 直接租赁　　C. 贷款租赁　　D. 杠杆租赁

7.（多选题）下列筹资方式中，属于准股本资金筹集方式的有（　　）。
A. 后偿贷款　　B. 可转换债券　　C. 普通股　　D. 高级债务资金

8.（单选题）专门融通期限在一年以上的中长期资金的市场称为（　　）。
A. 证券市场　　B. 中长期信贷市场　　C. 资本市场　　D. 中长期债券市场

9.（多选题）下列银行中，属于我国政策性银行的有（　　）。
A. 中国农业发展银行　　B. 国家开发银行
C. 中国进出口银行　　D. 中国人民银行

10.（多选题）项目融资中采用银团贷款的优点包括（　　）。
A. 融资手续比较简单　　B. 可以帮助项目筹集到数额较大的资金
C. 可以扩大贷款银行的选择范围　　D. 有助于加强宏观调控

11.（多选题）下列支出中，在计算普通股资金成本时需要考虑的有（　　）。
A. 项目公司缴纳的所得税
B. 委托金融机构代理发行股票时支付的注册费和代理费
C. 利息支出
D. 股利支出

12.（单选题）按照现行规定，城市轨道交通项目投资所要求的最低资本金比例为（　　）。
A. 20%　　B. 25%　　C. 30%　　D. 35%

13.（简答题）请分析项目融资中债务资金的主要类型及其特点。

14.（简答题）请分析应该如何合理设计项目的资金结构。

15.（简答题）项目融资租赁有哪些优点和缺点。

第十章 项目的信用保证结构

> **学习目标**
>
> 学习了本章后,你应该能够:
> 1. 了解项目信用保证结构的含义和意义,熟悉项目信用保证的各种具体形式;
> 2. 熟悉项目融资中常见的担保人;
> 3. 掌握项目融资中常见的信用保证形式。

第一节 项目信用保证结构概述

一、项目信用保证结构的含义和意义

(一)项目信用保证结构的含义

项目信用保证结构也被称为项目的资信结构,是指在项目融资过程中,通过法律、合同、协议或其他方式为债权人提供的保护。由于项目融资是一种以项目资产、预期收益或预期现金流量作为偿债的资金来源,具有无追索或有限追索形式的融资,对于贷款人而言具有较大的风险,所以贷款人需要通过一系列安排来保证贷款的安全性。在项目融资中,对债权人贷款安全性的保障来源于两个方面。

1. 项目(债务人)自身的资产和预期收益

项目资产和预期收益构成了项目本身的经济强度,它通常体现为一系列合同、协议带来的权益,受到与项目有关的各利益主体与项目契约关系的影响。这些合同、协议包括特许经营合同、股东协议、设计施工合同、运维合同、长期购买项目产品的协议或长期供货协议等。

2. 各种信用增级措施

各种信用增级措施包括信用担保、物权担保以及其他信用增进措施(如保险、安慰函

等等)。这属于来自项目(债务人)以外的直接或间接的信用保证。项目融资中的信用保证与公司融资中的担保有很大的不同。在公司融资中,贷款人要求担保人应有足够的资产弥补贷款人不能按期还贷时可能带来的损失。而项目融资的债权人关注的是工程项目是否成功,而不是项目的现有资产价值。其要求的信用保证目标是:项目按期完工,通过竣工验收,在项目投入使用后能正常运行,并获取足够的现金流来回收贷款。而项目在进行债务融资时,其资产尚未形成,其收益也尚未取得,仅凭项目自身的资产和预期收益并不能为债务提供足够的保证。债权人为了降低贷款风险,需要在项目自身资信的基础上增加资信。特别是当项目及借款人信用情况一般或较差时,债权人会要求项目及借款人提供足够的信用保证,这时来自借款人以外的信用保证对于项目融资来说更为至关重要。

以上两类保证形式的组合就构成了项目的信用保证结构。

(二) 项目信用保证结构的意义

由于采用项目融资模式的一般都属于大型项目,具有投资期长、投资金额巨大、涉及参与主体众多、融资结构复杂等特点,因此给项目投资者带来一定的风险,对项目风险进行合理分配和有效管理极为重要。而建立合理的项目信用保证结构就是通过法律、合同、协议或其他方式为债权人提供的保护,从而在项目参与各方之间合理分配风险,使项目能顺利进行下去。合理的信用保证结构对债权、债务双方都具有重要意义。

(1) 对债权人来说,贷款保证措施可以控制债务人必须履行其偿债责任,当债务人不能履行责任时,有权采取行动依法强制取得补偿,或得到第二还款来源。

(2) 对于项目(债务人)而言,良好的信用保证措施不仅有利于资金的顺利取得,而且能够降低融资成本,保证项目的正常建设和运行。反之,过于脆弱的信用保证措施,会导致债务利率的上升,甚至不能取得金融机构的信任,无法得到贷款。

合理的融资保证结构虽然可以有效分散投资风险,保证项目顺利实施,但值得注意的是,为债务提供信用保证也会导致相应的成本。比如,如果债权人对项目的资信情况不满意,则需要增加项目信用等级,这就会带来融资成本的上升。因此在项目融资过程中,要考虑融资风险和融资成本的权衡问题,设计出必要的、合理的信用保证结构。

二、项目融资信用保证形式的分类

(一) 按担保标的分类

项目融资信用保证结构的核心是对债务的担保。担保在民法上是指以确保债务或其他经济合同项下的履行或清偿为目的的保证行为,它是债务人对债权人提供履行债务的保证,是保证债权实现的一种法律制度。

对"担保"的理解有广义和狭义之分。广义的担保是各种法律确定的关于债权保证问题的法律制度的总称。狭义的担保是指由《民法典》确立的对债权保证的各种制度。

但不论是广义还是狭义的担保,根据担保标的的不同,担保都可分为物的担保和人的担保两种基本形式。

1. 物的担保(财产担保)

物的担保,即财产担保,是指借款人或担保人以自己的有形资产或权益作为履行债务设定的担保物权。如果借款人到期不能履行债务而违约,享有担保权益的贷款人可以取得对担保条件下的资产的直接占有,或者将这些项目资产出售来优先清偿贷款人的债务。

我国《民法典》中规定的财产担保形式有抵押、质押和留置,它们都是以财产权对债务偿还提供保证的担保形式。其中在项目融资中可以被采用的有抵押和质押。

(1)抵押。这是指债务人或者第三人不转移对抵押财产的占有,将该财产作为债权的担保。债务人不履行债务时,债权人有权以该财产折价或者以拍卖、变卖该财产的价款优先受偿。抵押是一项重要的财产担保行为。抵押担保对债权人比较安全可靠,同时财产抵押之后,并不转移占有,不影响抵押人对抵押物的使用。抵押可以是债务人以自己的财产提供的担保,也可以是第三人财产提供的担保。

(2)质押。这是指债务人或者第三人将其动产或者权利凭证移交债权人占有,而将该动产或者权利作为债权的担保。债务人不能履行债务时,债权人有权依法以该动产或权利折价或者变卖偿还债务。质押分为动产质押、权利质押。

① 动产质押。是指债务人或者第三人将其动产移交债权人占有,将该动产作为债权的担保。债务人不履行债务时,债权人有权依法以该动产折价或者以拍卖、变卖该动产的价款优先受偿。

② 权利质押。我国《民法典》的规定,可以质押的权利包括:汇票、支票、本票、债券、存款单、仓单、提单;依法可以转让的股份、股票;依法可以转让的商标专用权、专利权、著作权中的财产权;依法可以质押的其他权利。

2. 人的担保(信用担保)

人的担保是指担保人以自己的资信向债权人保证债务人履行债务责任,因此亦称为信用担保。

我国《民法典》中所规定的"保证"就属于信用担保形式,它是指保证人和债权人约定,当债务人不履行债务时,保证人按照约定履行债务或者承担责任的行为。依照我国《民法典》,保证的方式有一般保证和连带责任保证两种。

(1)当事人在保证合同中约定,债务人不能履行债务时,由保证人承担保证责任的,为一般保证。

(2)当事人在保证合同中约定保证人与债务人对债务承担连带责任的,为连带责任保证。连带责任保证的债务人在主合同规定的债务履行期届满没有履行债务的,债权人可以要求债务人履行债务,也可以要求保证人在其保证范围内承担保证责任。

在项目融资中,当债权人认为项目物的担保不够充分时往往会要求提供人的担保,这为项目正常运行提供了附加保障,同时也降低了债权人在项目融资中的风险。人的担保包括借款人或股东承诺、安慰信与支持信、项目合同保证等形式。

人的担保包括以下两种情况。

(1) 担保人的担保义务依附于债权人和债务人的合约之上。在债权人和被担保人约定的条件下,当被担保人不履行其对债权人所承担的义务时,担保人必须承担起被担保人的合约义务。

(2) 担保人的担保义务相对独立于债权人和债务人之间的合约。在担保受益人的要求之下,不管债务人是否真正违约,担保人应立即支付给担保受益人规定数量的资金。

(二) 按承担的经济责任分类

按所承担的经济责任不同,项目信用保证可分为直接担保、间接担保和意向性担保。

1. 直接担保

直接担保是指以直接的财务担保形式向项目提供的一种财务支持。在项目融资中,这种直接担保所承担的担保责任主要可以体现两方面:在时间上的限制(如完工担保)和金额上的限制(如资金缺额担保)。

2. 间接担保

间接担保是指担保人不以直接财务担保形式向项目提供财务支持,而是采取项目合同担保和借款人(或股东)承诺形式取得间接的支持。

3. 意向性担保

意向性担保是指担保人虽然具有对项目提供一定支持的意愿,但这种意愿不具备法律上约束力,更不需体现在担保人公司的报告中。因此这种受到普遍欢迎,在项目融资中经常应用。

意向性担保的常用形式是借款人控股母公司向贷款银行出具安慰信或支持信。对于一些基础设施建设项目,采取由政府机关对贷款银行出具安慰信或支持信方式,表明政府对项目建设的支持。

第二节 项目融资中常见的担保人

项目融资中常见的担保人主要有项目投资者(股东)、与项目有直接或间接利益关系的机构和商业担保人等。

一、项目投资者(股东)

项目融资中最常见的信用保证形式就是由项目投资者作为担保人,包括发起人或股东作为保证人,如图 10-1 所示。

由于项目公司在现金流、经营经验等多方面存在着较大不确定性,所以大多数银行会要求借款人提供来自项目公司以外的保证作为附加的债权保证。一般而言,若项目投资者不能提供其他可以被贷款人接受的保证人,项目投资者自己必须提供一定的项目保证。而保证的具体内容由双方通过谈判而定,比较常见的担保有出资承诺担保、超支担保和项目完工担保等。

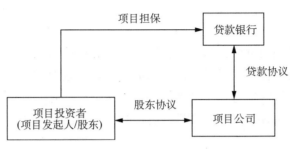

图 10-1 项目投资者作为担保人

项目投资者对项目融资提供的保证可以是直接担保,也可以是间接担保或意向性担保。如果项目投资者直接担保项目公司的一部分债务,则根据国际会计准则,这种保证将作为债务表现在项目投资者的资产负债表内,至少需要作为或有负债形式在资产负债表的附注中加以披露。但若项目投资者提供间接或意向性担保,对项目投资者本身的影响就会减少。项目融资中,运用项目投资者提供的间接或意向性担保,并配合其他信用保证方式,同样可以设计出债权人所能接受的信用保证体系。在项目融资领域,一般把发起人提供的各项担保、支持函、安慰函等等统称为"发起人支持文件"。

二、与项目有利益关系的第三方

除了项目的直接投资者以外,与项目(借款人)有直接或间接利益关系的第三方也常常作为担保人,如图 10-2 所示。通过这些第三方机构的参与,实际上是进一步分散了项目风险,加强了项目的信用保证结构。

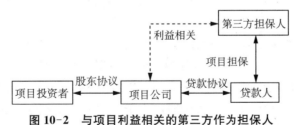

图 10-2 与项目利益相关的第三方作为担保人

在项目融资中,能提供第三方担保的主体一般有三类。

(一) 与项目有直接利益关系的商业机构

为了换取自身长期的商业利益,与项目有直接利益关系的商业机构往往愿意为项目融资提供一定的担保。这些商业机构主要是包括以下几类。

1. 项目建设承包商

在激烈的市场竞争中,工程承包商为了获得大型工程项目的建设合同,以便赚取利润,往往愿意为项目提供一定的融资保证,如通过签订"交钥匙"合同提供完工担保等。

2. 设备供应商

为了获得项目设备的供应、安装合同,扩大自己的产品市场,项目的设备供应商往往愿意为使用其设备的工程项目提供担保。除提供设备质量及技术性能担保之外,设备供应商有时还会为项目提供更进一步的融资保证(如卖方信贷)。若借款人(项目公司)能顺利完成项目融资的话,设备供应商出售设备的现金也可顺利收回。

3. 原材料供应商

为了获得自身产品长期稳定的市场,原材料供应商通常也会愿意为项目提供一定形式的融资保证。比如通过与项目签订长期稳定的、价格优惠的供货合同,作为对项目的支持。

4. 产品或服务的用户

为了获得长期稳定的原材料和能源供应,或保证对项目设施的长期使用权,项目产品或服务的用户往往会与项目签订长期销售或服务合同,从而为项目提供了融资保证。在合同中还加入"提货与付款"条款或"无论提货与否均需付款"条款,从而形成提货与付款合同(take-and-pay sales contracts)或无货亦付款合同,进一步为项目提供财务支持。

(二) 政府机构

在大型工程项目(如高速公路、铁路、机场等)融资中,政府机构作为担保人是极为普遍的。比如在 BOT 项目融资中,政府以特许经营协议形式对项目进行了担保,这是项目投资者采用 BOT 模式进行项目融资的前提。

政府机构为大型工程项目的目的主要有以下几方面。

(1) 对于政府而言,为大型工程项目提供担保有利于发展经济、促进就业、加快基础设施建设、完善投资环境。

(2) 对于项目(尤其是发展中国家的大型项目)及其投资者而言,政府机构作为保证人可减小项目的政治风险、经济政策风险和外汇管制风险,即使风险发生,也可以有效降低风险发生后投资者和金融机构的损失,从而增强投资者和金融机构的信心。

(3) 可以避免政府对项目的直接参股。由于立法上、政治上或财政上的原因,有些国家政府难以实现对项目的直接投资。而通过提供贷款担保或签订项目产品(或服务)长期购买协议等方式,政府可以间接参与项目。

政府机构为大型项目提供担保也会存在一定的问题。

(1) 可能会造成政府在项目推进过程中的过多干预,从而会降低经济效率。比如在 PPP 项目中,引入私人资本可以解决基础设施、公用事业项目资金问题,更好地管理项目风险和控制成本,快速应对市场变化,从而改善政府资金有效供给不足、项目管理效率低、后期维护不够等问题。但如果政府通过担保的方式过多参与项目,项目公司就有可能丧失降低项目成本和提高运营管理效率的动力。

（2）政府提供担保可能会涉及一些相关法律法规,这种担保会限制这些法律法规的调整。

（3）政府机构为项目提供担保受到法律的限制。比如在我国《民法典》中对于"保证人"有如下规定:具有代为清偿债务能力的法人、其他组织或者公民,可以作为保证人；国家机关、以公益为目的的事业单位（如学校、幼儿园和医院）和社会团体不得作为保证人,但经国务院批准,为使用国外政府或者国际经济组织贷款进行转贷的除外。所以政府在为项目提供各种担保时,必须考虑法律的具体要求。在实践中,有一些承担一定公共职能的国有企业或非政府机构也是项目融资中常见的担保人,其作用与政府机构类似。

（三）国际金融机构

国际金融机构主要包括国际货币基金组织、世界银行和地区开发银行等。国际金融组织经常为一些重大项目提供担保,以便促进发展中国家的经济建设,减少重大项目的政治、商业风险,增强债权人的信心。例如,由于某发展中国家的政府债务较高,该国政府为本国项目贷款出具的担保不被商业银行认可,此时该国政府可以向国际金融机构申请为政府出具担保。由于国际金融机构大都具有较强的实力,其担保一般会受到商业银行的认可。

三、商业性担保机构

商业性担保机构为了获取盈利,可为项目提供保证,承担项目风险并收取一定的费用。提供商业性保证的机构主要有:专业的担保公司、银行、非银行金融机构和保险公司等。

商业性担保机构提供的担保服务有两种基本类型。

一是担保项目投资者在项目中或项目融资中所必须承担的义务,主要包括项目公司对其贷款或其他投资者所承担的义务。这类担保人一般为商业银行、投资公司和一些专业化的金融机构,所提供的担保包括银行信用证或银行担保等。

二是为了防止项目意外事件的发生。这类担保人一般为各种类型的保险公司。这种担保可以直接针对项目贷款,也可以为项目的建设、经营、财产提供保险,以降低项目贷款融资的风险。

商业担保人提供担保的优点是信用等级比较高,但需要支付一定金额的担保费。由于要承担较高的风险,担保人往往需要收取较高的担保费,并通过分散化经营来降低风险。此外为了降低风险,担保人还会要求借款人提供充分的担保风险考察资料。担保人对项目风险的评估结果会影响项目担保费率的高低。

第三节　项目融资中常见的信用保证形式

如本章第一节所述,项目融资中的信用保证形式按所承担的经济责任不同,可分为直接担保、间接担保和意向性担保。本节将按此分类,详细介绍一些常见的信用保证形式。

一、常见的直接担保形式

（一）项目完工担保

1. 项目完工担保的特点和作用

项目完工担保指完工担保人向贷款人就拟建项目可以按照约定的工期、约定的成本和约定的商业完工标准实现完工和正式运营提供的完全信用保证。

在项目融资中,项目贷款的安全性保证首先来自项目自身的资产和预期收益。但项目在建设期和试运行期存在较大风险,如果项目不能按时建设完成,也就不能发挥其预期效能、获取未来的运营收入,所以项目能否按时建成投产并实现设计指标是项目债权人非常关注的问题。项目债权人往往会要求项目提供保证完成工程建设的担保。

完工担保所针对的是项目完工风险,主要包括以下几种情况。

（1）由于工程或技术上的原因造成的项目延期完工或成本超支。

（2）由于外部原因造成的项目延期完工或成本超支。

（3）由于上述任何原因造成的项目停建以致最终放弃。

完工担保属于有限责任的直接担保形式。项目完工担保责任大都被限制在一定的时间范围内,通常是项目的建设期、试生产或试运行期。在这一期间内,债权人对项目完工担保人可以进行全面追索。但当项目达到商业完工标准后,项目完工担保的直接财务责任就终止了。所以项目完工担保人会努力促使项目达到商业完工的标准,并支付所有的成本超支费用。

2. 项目完工担保的提供者

完工担保的提供者主要由两类主体组成。

（1）由项目的投资者作为担保人。项目的投资者是项目股权资金的投资人,也是项目的受益人,项目是否能成功地建设和运营直接影响其经济利益,所以由项目投资者作为完工担保人是最容易被贷款人所接受的方式。

此外,由项目投资者直接提供担保还具有形式简单和不需要明确的费用等优势,但缺点是要受到项目投资者资信状况的影响。如果项目投资者的信用等级不高,贷款人则难以接受由其进行完工担保。

（2）由工程承包公司及与之关联的工程金融保险机构作为担保人。在项目投资者提供项目完工担保的情况下，完工担保人通常要求工程承包公司以及与之关联的工程金融保险机构对商业完工中的可分割内容提供部分担保（如工程设计完工担保、工程建设完工担保、设备安装完工担保等），以将一部分完工风险转移给工程承包公司及相关的保险机构，从而减少项目投资者所需承担的完工担保责任。特别是当工程承包公司具有较高的资信、较强的技术能力和丰富的管理经验时，这种方式可以增加贷款银行对项目完工的信心，减少投资者在完工担保方面所需承担的压力。

这种担保通常作为一种附加条件包含在工程承包合同中的，以确保承包合同的履行。具体做法包括投标押金、履约担保、预付款担保、留置资金担保和项目运行担保等。上述各种担保形式一般是由工程承包公司背后的金融机构作为担保人提供的。

当项目采用EPC合同时，项目公司不仅可以通过合同把项目成本超支和竣工拖延等完工风险转移给工程承包商，还可以通过建设承包商提供的履约担保、留置资金担保等方式进一步降低完工风险。

3. 项目完工担保协议的内容

项目完工担保协议可以是独立的文件，也可以是贷款协议的组成部分，其主要条款包括完工担保人、先决条件、完工期限条款、完工成本条款、商业完工标准、完工担保范围和数额、履行完工担保的义务、担保存款等。这些条款主要内容涉及三个方面。

（1）完工担保责任。项目完工担保协议中必须明确担保人的担保责任，即在拟建项目不能按约定的工期和成本实现商业完工标准时，完工担保人将支付赔偿金、追加项目股权投资和提前偿还项目贷款等。可以看出，项目完工担保是对拟建项目将按照约定的工期、成本实现商业完工标准提供保证，而不是对借款人按期还贷提供保证。

针对上述完工担保责任，项目完工担保协议中应通过完工期限条款、完工成本条款和商业完工标准加以明确说明。其中在商业完工标准条款中应对项目运行的具体生产技术指标、产品质量指标、产品单位产出量（或服务量）指标和项目稳定生产运行指标进行规定。

（2）担保人履行完工担保义务的方式。项目一旦出现工期延误、成本超支和不能按商业完工标准正式运营等违约事件，完工担保人须履行其担保义务。在项目完工担保协议中，须明确规定完工担保人履行担保义务（如追加投资、支付赔偿金、增加成本超支贷款和提前偿还贷款等）的具体方式和程序。

（3）保证项目投资者履行担保义务的措施。完工担保人通常被要求在指定银行的账户上存入一笔担保存款，或者从指定的金融机构中开出一张以贷款银行为受益人的备用信用证，以此作为贷款银行支付第一期贷款的先决条件。一旦出现需要动用项目完工担保资金的情况，贷款银行将直接从上述担保存款或备用信用证中提取资金。在完工担保协议中，须明确担保存款的数额、指定银行、担保存款提取条件、备用信用证的签发和交付等事项。

（二）资金缺额担保

资金缺额担保也是一种有限责任的直接担保，也被称为现金流量缺额担保，主要支持已进入正常生产阶段的项目融资结构。从贷款银行的角度,设计这种担保的基本目的有两个。

一是保证项目具备正常运行所能产生的最低现金流量,从而具有支付和偿付到期债务的能力。一个新建项目即使已经达到了商业完工标准,但是在生产阶段还会存在各种风险因素,并不能保证项目在此阶段百分之百成功。因而贷款人通常会要求由项目投资者提供一个固定金额的资金缺额担保。以保证项目正常运行为目的的资金缺额担保通常采用的形式包括:由项目投资者在指定的银行中存入一笔预先确定的资金作为担保存款;或者由指定银行开出一张备用信用证。

二是在项目投资者出现违约或者在项目重组及出售项目资产时保护贷款人的利益,降低贷款人的损失,保证债务的回收。在项目投资者出现违约或者重组及出售项目资产时,项目贷款人的利益可能受损,其损失可能包括贷款本金损失、项目资产处理费用及利息损失等。针对这种情况,贷款人可能会要求项目投资者除了投入股本资金之外,还需要承担一定的未来项目资产价值波动风险。

二、常见的间接担保形式

(一)项目合同担保

项目融资中,参与项目实施的各方,就项目的实施签订了一系列合同,对于项目的实施成功提供了保证,间接对项目的债务融资提供了支持。这类合同主要包括项目特许经营权协议、投资协议、贷款协议、建设合同、项目产品的长期销售合同、项目运行维护合同、供货合同、保险合同等等。以 PPP 项目为例,其典型的合同结构如图 10-3 所示。

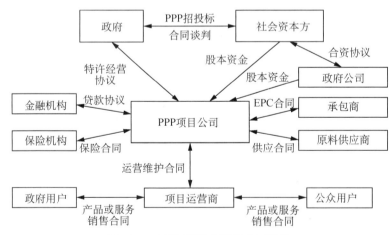

图 10-3 PPP 项目典型的合同结构

本节将分析几种在项目信用保证结构中起到重要的间接担保作用的合同形式。

1. 特许经营协议

在 PPP 项目建设中,获得特许经营权往往是项目建设和运营的基本前提,项目公司需要与政府签订特许经营协议。这里的特许经营权协议主要是针对基础设施和公用事业项目而言，包括石油、天然气、矿产资源、电力、高速公路、铁路、港口等。这些项目所在国政府与项目开发商之间通过签订特许经营协议，允许项目开发商在一定的区域内或特定的地点享有经营某种特许业务的权利。项目开发商可以有限的时间和范围内经营该项目，通过向产品或服务使用者收取适当的费用，收回项目投资、经营和维护成本，并获得合理的回报。

2. 投资协议

这里所说的投资协议是指项目投资者之间签订的协议，协议中要明确项目投资者同意向项目提供一定金额的财务支持。

项目投资者为项目提供资金的方式有两种：一是向项目公司注入股本资金，二是向项目公司注入准股本资金（如从属贷款）。股本资金和准股本资金之和应当能使项目公司达到规定的股本——债务比率。

3. 建设合同

建设合同也是项目获得间接担保的重要途径。这种合同实际上可将项目建设风险转移至工程承包商。有足够实力的工程承包商可以降低项目贷款人的风险，对项目债务资金提供间接的保证。建设合同要求工程承包商承担的责任主要有完工担保、项目的规划和设计责任、项目应达到的技术经济指标和赔偿责任等。

在项目融资中，项目公司为了降低风险，常常采用EPC合同（也被称为项目总承包合同或交钥匙合同）。当项目采用EPC合同时，通常需要由承包商在总价合同条件下，负责其所承包工程的规划设计、设备采购、施工和试运营等全部工作，并承诺在满足规定标准的前提下按时完成项目。项目公司一般会对项目的产出标准进行明确规定。为了进一步减轻项目公司的风险，通常还要求承建商提供全面的完工担保（履约保函）。

4. 项目产品的长期销售合同（long-term sales agreements）

在项目融资中，项目（债务人）自身的资产和预期收益是对债权人贷款安全性的重要保障。对于债权人而言，项目产品的长期销售合同确保了项目具有稳定的市场份额和收入，能够作为借款人还债的基本保证。这种合同实际上是将项目产品的市场风险转移至下游客户，特别是当项目公司与有足够实力的下游客户签订的有约束力的长期销售合同时，其降低市场风险的作用就更为显著。在大型工业项目、资源开发项目、基础设施项目中通常会签订这类长期销售合同，这些合同实质上是由项目买方对项目融资提供的一种间接担保，因而它已经成为项目融资结构中不可缺少的一个组成部分。

为了增加项目收益的稳定性和可靠性，在长期销售合同中通常会附加一些特别条款，从而形成了不同类型的销售合同。比如若在长期销售合同中加入"无论提货与否均须付款"条款，就形成了无货亦付款合同；若在长期销售合同中加入"提货与付款"条款，就形成了提货与付款合同。

（1）无货亦付款合同，亦称"不提货亦付款合同""或取或付合同""照付不议合同"（take-or-pay sales contracts）。这种合同一般是指买卖双方达成协议，买方定期按规定的价格向卖方支付最低数量项目产品所对应的销售金额，而不论事实上买方是否提走合同项下的产品。即使卖方实际上不能提供产品或服务时也必须付款。这类合同产品一般都规定有最低限价,且买方购买的数量一般不低于项目达到设计生产指标时的产量。在项目融资中,无货亦付款合同中的买方可以是项目发起人,也可以是其他与项目利益有关的第三方担保人;卖方则是项目公司。

无货亦付款合同属于一种长期销售合同,合同期限应至少不短于项目融资的贷款期限。作为合同的责任人,买方在合同项下负有无条件的义务,且该类合同是不可撤销的,因此这种合同实际成为了项目产品买方为项目公司所提供的一种财务担保,项目公司可以利用其担保的绝对性和无条件性进行项目融资。采用这种合同时,项目公司一般都将无条件取得货款的权利转让给贷款人,贷款人因此可以向该合同规定的无货亦付款有关方直接追索。该类合同责任人保护自己权益的方法是当供货商(项目公司)无力供货时可以接管项目。

(2) 提货与付款合同(take-and-pay sales contracts)。它是指买方在取得货物后(即在项目产品交付或项目劳务实际提供后),才支付某一最低数量的产品或劳务的金额给卖方。在这种合同结构中,只有当项目公司实际生产出产品或提供服务时,买方才需要履行支付货款的义务,即项目产品购买者承担的付款责任不是无条件的、绝对的。如果产品或设施不符合合同规定的要求,项目买方可以不付款。所以这种合同有时被称为take-if-offered合同。

由于采用提货与付款合同时,项目产品购买者承担的付款责任不是无条件的,且合同一般不规定产品的最低限价,所以对贷款银行而言,这种合同所提供的担保力度要弱于无货亦付款合同。

5. 项目主要原料和燃料的长期供应合同

项目的正常经营需要依赖于必需的原料和燃料,如木材、煤炭、石油、天然气等。保持可靠的、稳定的原料和燃料供应是项目能够正常运营的前提,也是贷款银行十分关注的问题。如果项目公司能够在事先协商的价格基础上与供应商签订一个长期的供应合同,则可将原料与燃料的采购数量及价格风险转移给供货商,从而降低项目风险,对债务资金也起到了间接担保的作用。

原料和燃料的供应合同的基本形式为纯供应合同(sole-supplier contracts),即项目公司和一家供应商签订协议,由项目公司承诺向该供应商购买项目所需的原料,而购买的具体数量和价格可以事先规定、也可以不规定。在这种合同结构中,项目公司的义务只是支付其实际购买原料部分的款项,而供应商也没有义务必须供应项目所需的全部原料。

与项目产品的长期销售合同类似,如果长期供应合同中加入"无论提货与否均需付款"条款,就形成了无货亦付款合同。在这种合同结构下,项目公司同意在指定日期内按协议价格向原料供应方(供应商)购买规定数量的原料,即使不向供应商提货,也必须向供应商付款;而供应商也必须以协定价格供应规定数量的原料。采用这种合同可以增强原料与燃料供应的可靠性和稳定性。

6. 项目运营维护合同

建成投入使用的项目可以由项目公司自己，或设立专门公司进行运营和维护，也可以通过签订项目运营维护合同把项目外包给专业运营商。专业运营商的专业能力可以保证项目的成功，间接降低项目的风险。

由于间接担保所涉及的合同定价仍然是以项目产品市场价格为基础、以符合质量标准为前提，属于公平的市场交易，因此在国际会计准则中，间接担保不作为担保人的直接债务责任，在资产负债表中不予反映。

（二）借款人或股东承诺

借款人（项目公司）及其股东承诺可以对贷款提供约束力较弱的间接担保。

常见的借款人承诺包括：在贷款偿清之前对借款人某些财务指标进行限制，如资产负债率、最低所有者权益、最高借款比率等；财产不对任何其他人抵押；保证某些约定的基本财产，不出售转让。这种承诺在贷款合同中约定，如果借款人对其承诺违约，债权人有权采取措施提前收回贷款。

常见的控股股东承诺有：在贷款偿清之前保持对借款人的控制权，保持借款人的最低所有者权益额；保持对借款人提供一定额度的股东借款，并且银行贷款优先于股东借款得到偿还。这种承诺常以附加合同的形式加以约定。

我国法律规定政府机关不可以对国内的贷款融资提供担保。而对于一些基础设施建设项目，政府为了表明对项目建设的支持，由政府机关出具承诺，安排财政资金或其他资金支持贷款的偿还。这种情况下，政府资金成了项目贷款偿还的一个资金来源。

三、常见的意向性担保形式

意向性保证是指担保人通过安慰信或支持信对项目提供一定支持的意愿。但这种意愿不具备法律上约束力，更不需体现在担保人公司的财务报告中，严格来说不是真正的担保，因此意向性担保受到普遍欢迎，在项目融资中经常应用。

意向性保证的常用形式是借款人控股母公司向贷款银行出具安慰信或支持信。安慰信和支持信通常没有法律约束力。安慰信和支持信能够被银行接受的原因在于：信誉良好的大公司发出安慰信表示其对支持，必要时可以采取措施保证项目的正常实施，提供资金支持。

对于一些基础设施建设项目，则经常采取由政府机关对贷款银行出具安慰信或支持信方式，表明政府对项目建设的支持。比如，我国中央政府有关部门或地方政府有关部门往往为大型基础设施项目融资而向贷款人出具安慰信，一方面是向贷款人提供信誉担保，另一方面可为项目的进展创造良好的支持环境。

【案例分享】 波特兰铝厂项目中信澳公司的信用保证结构

澳大利亚波特兰铝厂项目的契约型投资结构中，作为该项目投资者之一的中信澳大利亚公司（简称中信澳公司），是中国国际信托投资公司直属地区性子公司，代表中信总公司管理项目的投资、生产、融资、财务和销售。中信澳公司又成立了百分之百控股的单一目的公司——中信澳(波特兰)公司,直接进行该项目的投资。中信澳(波特兰)公司在波特兰铝厂项目中的投资份额为10%,因为该项目采用了契约型投资结构,该公司将拥有10%的项目资产,每年可获得3万吨铝锭(年总产量30万吨的10%)。中信澳(波特兰)公司计划利用这10%的项目资产进行项目融资,为此设计了一个为期12年的以杠杆租赁为基础的有限追索的融资结构。在信用保证方面,中信总公司和中信澳公司为中信澳(波特兰)公司安排了以下措施。

1. 中信澳(波特兰)公司与中信澳公司签订产品长期购买协议

由于中信澳(波特兰)公司的收入来自项目产品——铝锭,如果卖不出去或者价格下跌,则中信澳(波特兰)公司的收入就没有保障,从而增加债权人的风险。为此,中信澳(波特兰)公司与中信澳公司签订了"提货与付款"性质的产品长期购买协议,期限与融资期限相同。根据该协议,中信澳公司保证按照国际市场价格购买中信澳(波特兰)公司生产的全部铝锭产品,这相当于为债务融资提供了信用保证,降低了为项目提供债务资金的银团的市场风险。但由于中信澳公司和中信澳(波特兰)公司当时都只是空壳公司,所以为项目贷款银团要求中信公司作为母公司"提货与付款"长期购买协议提供担保,以中信澳公司履行销售协议的付款责任。

2. 中信公司以担保存款方式为项目提供了完工担保和资金缺额担保

为了保证项目顺利完工,中信公司在海外一家国际一流银行存入了一笔固定金额(相当于项目融资总金额的10%)的美元担保存款,作为项目完工担保和资金缺额担保的准备金。在项目建设费用超支和项目现金流量不足时,杠杆租赁经理人就可以动用该担保存款资金。但这个担保责任是有限的,其限额为担保存款的本金和利息。由于项目经营良好,担保存款从来没被动用过,并在1990年通过与银行谈判解除。

3. 由中信公司投入一部分准股本资金

中信公司以大约相当于项目建设总金额4%的资金购买了特殊目的合伙制载体发行的、与融资期限相同的无担保零息债券。该无担保零息债券属于次级债务,实际上是一种准股本资金的投入形式,对项目贷款银团的资金起到了保障作用。

本 章 小 结

(1) 项目信用保证结构是指在项目融资过程中,通过法律、合同、协议或其他方式为债权人提供的保护。按所承担的经济责任不同,项目信用保证可分为直接担保、间接担保和意向性担保。

(2) 项目融资中常见的担保人主要有项目投资者(股东)、与项目有直接或间接利益关系的机构和商业担保人等。

(3) 常见的直接担保形式包括项目完工担保、资金缺额担保;常见的间接担保形式包括项目合同担保、借款人或股东承诺;意向性保证是指担保人通过安慰信或支持信对项目提供一定支持的意愿。

关 键 词

项目信用保证结构　直接担保　间接担保　意向性担保

本章练习题

1. (简答题)在项目融资中,对债权人贷款安全性的保障来源于哪些方面?
2. (简答题)在项目融资中,合理的信用保证结构对债权、债务双方具有哪些重要意义?
3. (简答题)项目融资中常见的担保人主要有哪些?
4. (简答题)常见的直接担保和间接担保形式有哪些形式?

第十一章 项目融资模式与融资结构

> **学习目标**
>
> 学习了本章后,你应该能够:
> 1. 了解项目融资的两种基本模式;
> 2. 熟悉基于不同信用保证基础的项目融资模式;
> 3. 熟悉项目融资的 PPP 运作模式。

项目融资存在很多种不同类型的融资模式,选择不同的融资模式会形成不同的融资结构。在实践中,项目可以根据自身的特点和需要选择具体的融资模式,也可以对几种融资模式进行组合,从而就会形成不同的融资结构。

第一节 项目融资的两种基本模式

项目融资的基本模式有两种,即直接安排融资模式和通过特设独立机构安排融资模式。

一、直接安排融资模式

(一)直接安排融资模式的含义

直接安排融资模式就是指由项目的发起人和投资者直接安排项目融资,并直接承担起与融资安排相对应的责任和义务的融资模式。这种融资模式常用于非公司型契约投资结构,往往由投资者直接拥有项目资产并直接控制项目现金流量,由项目发起人和投资者通过合作经营协议设立项目管理委员会对项目实施管理,并指定的项目经理或项目服务公司负责项目日常管理。

在非公司型契约投资结构中,一般都不允许以合作结构或管理公司的名义举债。在这种情况下,项目发起人或投资者只能直接安排融资,承担了投资主体和融资主体的角色。而按照合作经营协议所设立项目管理机构只有项目管理的职能,没有投资主体和融资主体的职能。

项目采用直接安排融资模式时,其融资安排有两种操作方法。

一是投资者统一安排融资。即由所有项目投资者面对同一个贷款银团,采用相同的贷款协议条款,分别签订贷款协议。

二是投资者独立安排融资。即由每个投资者各自独立地寻找贷款人,进行贷款谈判,并分别与自己的贷款人签订贷款协议。

项目采用直接安排融资模式时,在所承担的市场责任方面也有两种操作方法。

一是由投资者共同承担市场责任。即通过项目公司统一进行项目产品销售,项目投资者按比例获得销售收入。

二是投资者各自承担市场责任。即由项目投资者按比例获得项目产品(前提是项目产品可分割),各自进行所获产品的销售。

把上述两类融资安排和市场责任安排进行结合,可以形成四种不同的直接融资模式,如表 11-1 所示。

表 11-1　直接融资模式四种具体形式

市场责任安排	融资安排	
	统一安排融资	独立安排融资
共同承担市场责任	统一安排融资并共同承担市场责任	独立安排融资但共同承担市场责任
各自承担市场责任	统一安排融资但各自承担市场责任	独立安排融资且各自承担市场责任

在第八章提到的波特兰铝厂项目采用的是非公司型契约投资结构,而其融资模式就属于各方投资人"独立安排融资且各自承担市场责任"的直接安排融资模式。波特兰铝厂项目的各投资方之间是合作关系,他们可以按照合作协议约定的投资份额并考虑自身资金实力和税务结构,独立安排融资,项目没有统一的股权与债务比例要求,各投资方可以自主选择融资方式和股权、债务比例;根据合作协议,项目资产由各方投资者按比例分别直接拥有,波特兰铝厂本身不具有法人地位;投资各方单独安排自己的项目建设和生产所需资金,单独安排项目生产中所需要的氧化铝等主要原材料和电力;项目投资各方在项目建设、筹资、生产和销售方面都具有独立性,包括可以单独安排自己的项目建设、生产所需资金,单独安排项目生产中所需的主要原材料和电力,直接获得相应比例的最终产品——电解铝锭,并且可以直接地、独立地在市场上销售他们所获产品。

(二)直接安排融资模式的特点

由项目投资者直接安排融资模式具有以下四方面特点。

1. 项目投资者可以灵活安排融资结构及融资方式

项目投资者可以根据投资战略需要、项目经济强度和自身的资金状况,在多种融资模式、多种资金来源方案之间进行充分比较与选择,灵活安排债务比例。

2. 项目投资者可以通过税务结构安排来降低融资成本

项目投资者直接安排融资模式通常用于非公司型契约投资结构,投资者往往直接拥有项目资产并直接控制项目现金流量,项目的经营收益可以完全合并到各个投资者的财务报表中去,其税务安排也由每个投资者独立完成。在这种情况下的税务安排比较灵活,便于利用项目税务亏损来降低融资成本。

3. 项目投资者的信用水平对融资结构安排影响较大

由于直接安排融资模式是直接以项目投资者的名义进行融资,项目投资者良好的信用水平对银行而言就是一种担保,因此有可能获得融资成本较低或融资条件较优惠的贷款。

4. 实现有限追索较为困难

采用直接安排融资模式时,投资者以项目资产及现金流量作为融资担保抵押的难度较大。同时,投资者在项目中所承担的融资责任和投资者其他业务之间的界限也难以划分。因此在这种模式下,对融资追索程度和范围的界定较为复杂,投资者也很难将融资安排成为非公司负债型融资(即表外融资)。

二、通过特设独立机构安排融资

在项目融资实践中,项目投资者可以设立具有独立法人资格的实体机构来进行融资。这种专门设立的实体机构有多种具体形式,比较常见的做法包括专设项目公司安排融资,或者通过专设融资公司安排融资。

(一)专设项目公司安排融资

专设项目公司安排融资,是指由项目投资者共同投资组建一个单一目的的项目公司(一般为独立的有限责任公司或股份有限公司),以该公司的名义拥有、经营项目和安排项目融资,从而形成以项目公司为核心的融资结构。采用这种模式时,项目融资公司作为融资主体直接安排融资,主要的信用保证来自项目公司的现金流量、项目资产以及项目投资者所提供的与融资有关的担保和商业协议,如图11-1所示。

专设项目公司安排融资的具体操作过程如下几方面。

(1)由项目投资者根据股东协议组建一个项目公司,并注入一定的股本资金。

(2)项目公司作为独立的法人实体,负责项目的开发建设和生产运营,签署一切与项目建设、生产和市场有关的合同(如工程承包合同、运维合同、销售合同、采购合同和保险合同等)。

(3)项目公司以项目资产和现金流量作为融资的信用保证,直接同贷款人签订贷款协议来安排项目融资。

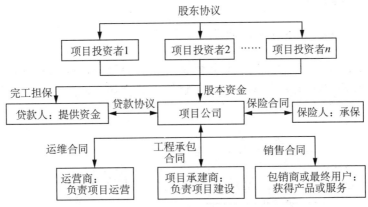

图 11-1 专设项目公司安排融资的结构图

(4) 项目产品的销售收入所产生的现金流量在支付项目的经营成本后,用以偿还贷款人到期债务本金和利息。

按照项目投资者出资的组织方式,专设项目公司安排融资模式又可分为以下两种。

① 作为经营主体的项目公司模式。采用这种项目公司模式时,项目的发起人和投资者共同出资组建一个项目公司,由项目公司负责项目的融资、建设和运营。

② 作为投资载体的项目子公司模式。为了减少投资者在项目中的直接风险,项目投资者经常会建立一个全资控股的单一目的项目子公司作为投资载体,以该子公司的名义与其他投资者(或其单一目的项目子公司)组成合资结构安排融资。

例如,在澳大利亚波特兰铝厂项目中,中信公司为了具体参与到该合资项目中来,成立了中心澳大利亚公司(简称"中信澳公司"),代表总公司进行项目的投资、融资、生产与销售管理等工作,承担总公司在合资结构中的经济责任。由于中信公司将在该项目中的投资份额设计成了一个以杠杆租赁为基础的有限追索的融资结构,为此中信公司又成立了中信澳(波特兰)公司,它是由中信澳百分之百控股的单一目的子公司,直接负责该项目的投资。

专设项目公司安排融资具有如下几个优点。

(1) 项目公司作为项目的投资主体、管理主体和融资主体,统一负责建设、生产和销售,统一安排项目融资,这种融资结构比较容易被贷款人接受,法律结构也相对简单。

(2) 项目投资者不直接安排融资,其债务责任比较清晰。项目的风险大部分被限制在项目公司之中,投资者只是通过间接的信用保证形式来支持项目公司的融资。

(3) 虽然项目的融资主体是项目公司,但如果项目投资者信誉良好,在管理、技术、市场和资信等方面具有的优势,则可以为项目获得优惠的贷款条件。

专设项目公司安排融资模式也具有一些缺点,主要表现在以下几方面。

(1) 税务结构安排的灵活性较差,项目的税务亏损只能保留在项目公司中,无法得到充分利用。

(2) 在融资过程中,项目公司无任何经营经历,其资产仅限于所安排融资的项目,所以投资者往往需要提供一定的信用担保,如在建设期间提供完工担保、在生产经营期间有投资者提供产品购买担保等。

（二）通过专设融资公司安排融资

项目投资者除了设立项目公司,有时还会为项目组建专门设立融资公司,负责借款、发行债券或股票等,然后把所筹集的资金转贷给项目公司。通过专设融资公司安排融资的结构图如图 11-2 所示。

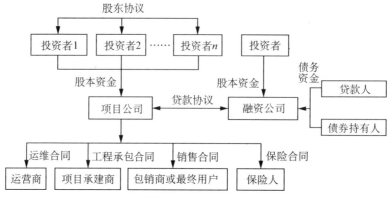

图 11-2　通过专设融资公司安排融资的结构图

利用专设融资公司安排融资的优点是:可以把融资的职能从项目公司的职能中分离出来,使项目公司可以专注于项目的管理工作。

第二节　基于不同信用保证形式的项目融资模式

不同项目的融资结构往往基于不同的信用保证形式,比如以设施使用协议为基础安排融资、以产品支付协议为基础安排融资、以杠杆租赁协议为基础安排融资、利用特许经营权安排融资(即 BOT 融资模式)以及 ABS 模式等。

一、以设施使用协议为基础的项目融资模式

（一）概念和适用情况

以设施使用协议为基础的项目融资模式,是指围绕着一个工业设施或者服务性设施的使用协议来安排项目融资。设施使用协议(tolling agreement)是指在某种工业设施或服务性设施的提供者和使用者之间签订的一种具有"无论使用与否均需付款"性质的协议。设施使用协议的使用费用应足以支付项目的生产经营成本和项目债务还本付息。在项目融资中,这种具有"无论使用与否均需付款"性质的设施使用合约权益被转让给了贷款银行,构成了项目信用保证结构的主要组成部分。图 11-3 是以设施使用协议为基

础安排融资的结构图。

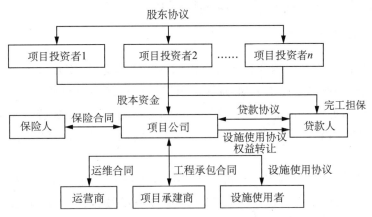

图 11-3　以设施使用协议为基础安排融资的结构图

这种融资模式最初主要用于石油与天然气管道、发电设施以及港口、铁路设施等带有服务性质的项目。在 20 世纪 80 年代,由于国际原材料市场不景气而导致与原材料有关的项目投资风险增大,导致项目资金提供者对这一领域的新项目持谨慎态度,因此一些工业项目也开始尝试以设施使用协议作为项目融资信用保证基础。

项目设施的使用者能否提供一个强有力的具有"无论使用与否均需付款"性质的付费承诺是这种融资模式能否成功的关键。这种承诺要求项目设施的使用者不论是否真正利用了项目设施所提供的服务,都要向项目设施的提供者无条件定期支付预先确定的项目设施使用费。

(二)设施使用协议融资模式的特点

以设施使用协议为基础的融资模式有如下几方面特点。

(1) 这种融资模式不影响投资结构的灵活选择。项目投资结构包括公司型投资结构、契约型投资结构、合伙制结构或者信托基金结构等。项目投资者可以依据项目的性质、设施使用者的类型、融资成本和税务安排等方面的特征,灵活设计相应的投资结构。

(2) 比较适用于基础设施项目。基础设施项目往往具有资本密集型、收益较低但相对稳定的特点。这种情况下,项目的投资者可以利用项目设施使用者的信用来安排融资,以达到节约项目投资、分散投资风险的目的。

(3) 作为信用保证基础的设施使用协议具有无条件性和可转让性。根据设施使用协议,项目设施使用者必须承诺在项目融资期间定期向设施提供者支付一定数量的设施使用费。这个承诺是无条件性的,不可撤销的,即使项目设施使用者尚未使用项目设施所提供的服务,这种付款义务也是存在。设施使用协议的权益应该可以被转让给提供资金的贷款银行。

(4) 相对于其他融资模式,项目投资者一般只需要提供完工担保。因此这种融资模式可以降低项目投资者所承担的风险,并节省一定的担保费用。

二、以产品支付协议为基础的项目融资模式

(一) 概念和适用情况

以产品支付协议为基础的项目融资模式(简称"产品支付"模式),是指通过产品支付协议,将项目生产的产品的所有权作为贷款担保品进行的项目融资。根据协议,贷款人在贷款得到清偿前拥有项目部分或全部产品的所有权。也就是说,借款人实际上是直接用项目产品来还本付息。但一般而言,"产品支付"只是产权的转移而已,并不是产品本身的转移。

"产品支付"模式最早起源于 20 世纪 50 年代,在美国石油天然气开发项目融资中得到应用,后来被广泛用于各种矿产资源的开发项目中,特别是资源储量已经探明并且项目生产的现金流量能够比较准确地计算出来的矿产资源开发项目。

在"产品支付"模式的基础上还发展起来的一些更为灵活的项目融资方式,比如远期购买(forward purchase)模式、"生产贷款"模式等。

采用远期购买模式时,贷款人不仅可以购买事先商定的一定数量的远期产品,还可以直接购买这些产品未来的销售收入。项目公司将来支付给贷款人的产品或收入正好可以用来偿还贷款。

"生产贷款"看上去似乎与一般贷款没有太大不同,但是其贷款金额一般是根据项目资源储量计算的,表现为项目资源价值的一定比例,并以项目资源的开发收入作为偿还贷款的首要来源。此外,"生产贷款"的偿还安排一般会更灵活,可以根据项目生产经营过程中的实际偿债能力进行设计。这种模式被广泛用于矿产资源项目的资金安排中。

(二) "产品支付"模式的运作过程

"产品支付"模式的运作程序如下几方面。

(1) 由贷款人建立一个特殊目的的金融公司(即 SPV)作为融资中介机构。这种专设的融资中介机构一般采用信托基金结构。实际上采用"产品支付"模式时,贷款人也可以不设立融资中介机构,而是直接安排融资。但是利用融资中介机构安排融资更有利于贷款人进行风险隔离,将一些由于直接拥有资源或产品而引起的责任和义务(比如环保责任和义务)限制在融资中介机构之内。因此一般情况下,采用"产品支付"模式时都会设立融资中介机构。

(2) 融资中介机构与项目公司签订"产品支付协议",从项目公司购买一定比例的项目产品所有权,以此作为融资的基础。

(3) 融资中介机构以"产品支付协议"中规定的项目产品所有权作为抵押,从贷款人处获得贷款。

(4) 融资中介机构根据"产品支付协议",以支付产品购货款的形式将资金注入项目公司(可以理解为融资中介机构从项目公司那里购买一定数量的项目产品)。产品的定价要在产品本身价格的基础上考虑进利息因素。

(5) 项目公司从融资中介机构那里得到购货款作为项目的建设和资本投资资金,开发建设项目。

(6) 当项目进入生产期之后,产品销售的方法有两种选择:一是由融资中介机构在市场上直接销售产品(也可销售给项目公司或其相关公司),用销售款来偿还其自身的贷款;二是融资中介机构与项目公司签订销售代理协议,由项目公司以融资中介机构代理人的身份把产品卖给用户,然后把销售收入付给融资中介机构,融资中介机构再以这笔钱来偿还银行贷款。

按照第二种销售方式,"产品支付"模式的运作过程如图11-4所示。

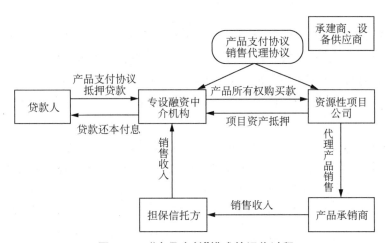

图11-4 "产品支付"模式的运作过程

(三)"产品支付协议"融资模式的主要特点

1. 通过贷款方直接拥有项目产品或销售收入的方式实现融资信用保证

采用"产品支付"融资模式时,贷款银行从项目中购买到一个特定份额的产品(或资源储量),这部分产品(或资源储量)的收益是项目融资的主要偿债资金来源。而其他融资模式则往往是通过抵押或权益转让的方式来实现信用保证的。

2. 融资的期限和额度受限于项目未来的生产量(或资源储量)

(1) 从理论上分析,"产品支付"融资模式所能安排的资金应等于所购买的产品(或资源储量)预期收益的现值。所以如何计算所购买的资源储量的现值是安排"产品支付"融资的关键问题。在实际工作中其操作也较为复杂,需要考虑资源总量、资源价格、生产计划、通胀率、汇率、利率及资源税等一系列相关因素。

(2) "产品支付"贷款期限通常会短于项目的经济生命周期,也会大大短于项目的开采期限。

3. 更容易被安排成为无追索或有限追索的形式

采用"产品支付"融资时,贷款方所购买的产品(或资源储量)及其销售收益是主要偿债资金来源,所以贷款的偿还相对比较安全可靠,因此融资比较容易被安排成为无追索或有限追索的形式。

三、以杠杆租赁协议为基础的项目融资模式

(一) 概念和适用情况

本书第九章曾介绍过融资租赁的概念。融资租赁(financing leasing),又称金融租赁、资本租赁或财务租赁,它是由租赁公司按照承租人的要求筹集资金购买承租人指定的资产(主要是设备、设施等),然后出租给承租人,并且在契约或者合同规定的比较长期限内提供给承租人使用。融资租赁又可划分为直接融资租赁和杠杆融资租赁(简称杠杆租赁)。

杠杆租赁是指在融资租赁中,出租人承担购置设备的小部分资金,并用拟出租资产作为抵押向银行等金融机构贷款,来补足大部分资金的业务形式。杠杆融资租赁在本质上与直接融资租赁没有很大的差别,主要不同点在于出租人购买租赁物的资金部分来源于债务资金。当出租人没有足够的资本或希望分散风险时,常采用杠杆融资租赁模式向第三方寻求贷款资金。

在项目融资中,杠杆租赁得到普遍应用,杠杆租赁协议即为项目融资的主要信用保证基础。以杠杆租赁协议为基础的项目融资模式就是以杠杆租赁结构为基础,通过资产出租人融资购买项目资产,然后租赁给承租人(项目投资者)的方式来安排融资。

在项目融资中,杠杆租赁模式的应用范围比较广泛,它既可以用于大型项目的融资,也可以用于其中一部分工程(比如购置项目的某一专用大型设备等)的融资。

(二) "杠杆租赁"融资模式的运作过程

相较于直接融资租赁,杠杆租赁在运作方面比较复杂,其一般运作过程如下。

(1) 项目发起人设立单一目的的项目公司,承担项目建成后的运营管理工作。

(2) 项目公司与金融租赁公司签订租赁协议。在项目融资中,参与杠杆融资的金融租赁公司往往是由两个或两个以上专业租赁公司、银行及其他金融机构采用合伙制组成。

(3) 项目公司签订项目资产购置合同或项目投资协议。在协议或合同中一般要说明:这些资产或项目的所有权将转移给金融租赁公司,之后再由项目公司将其租回。

(4) 由金融租赁公司寻找项目的债务参与者(通常为银行以及其他金融机构),筹集购买租赁资产和项目所需的债务资金。贷款人在杠杆租赁中有优先取得租赁费的权利。

(5) 金融租赁公司按合同或协议购买厂房、设备,之后将其出租给项目公司。

(6) 金融租赁公司与承包商签订"交钥匙"合同,并支付项目的建设费用。

(7) 在项目的开发建设过程中,项目公司按照租赁协议要从金融租赁公司手中取得项目资产使用权,代表金融租赁公司监督项目的开发建设,并开始向金融租赁公司支付数额相当于贷款利息的租金。项目发起人一般要为工程提供完工担保。

(8) 项目竣工后的生产经营过程中,项目公司要向金融租赁公司补缴在建设期没有付清的租金;金融租赁公司用收到的租金支付银行贷款本息。

(三)"杠杆租赁"融资模式的优点和缺点

与其他项目融资方式相比,杠杆融资租赁具有以下优势。

(1) 融资成本较低。在杠杆租赁融资结构中,承租人支付的租金可以在所得税前计入成本费用,因此可以减少缴纳的所得税。除此之外,出租人通常也可以获得投资税务抵免、优惠政策、加速折旧等好处。在一些国家中,如果融资租赁涉及新技术、新设备,符合政府产业政策的要求,可享受政府的融资优惠和信用保险。

(2) 可实现全额融资。在一般项目融资中,项目投资者往往要提供一定比例的股本资金。而在杠杆租赁模式中,由金融租赁公司负责筹集被出租项目所需全部资金(包括股本资金和银行贷款),项目投资者不需要进行任何股本投资,可实现百分之百的融资。

(3) 项目公司虽然没有项目的所有权,但拥有实际的控制权。根据租赁协议,作为承租人的项目公司拥有租赁资产的使用权和经营权,负责租赁资产的维护和维修。在会计处理上,融资租赁的资产要作为承租人的固定资产入账,并计提折旧。

但是,与其他项目融资模式相比,杠杆租赁融资模式在融资结构、法律关系和操作过程上比较复杂,从而可能导致以下两方面的问题。

(1) 采用杠杆租赁模式的前提是承租人本身具有良好的资信状况。由于在杠杆融资租赁结构中,还贷付息的资金来源是承租人的租金,如果承租人不能履行租赁合同下的责任义务,则贷款人无法收回贷款。因此,承租人本身的资信状况是一个相当关键的评断指标。

(2) 由于杠杆租赁结构的复杂性,使得项目重新安排融资的可能性变得较小。

四、资产证券化模式

(一) 资产证券化的基本概念

资产证券化(asset securitization)就是以原本不流通的基础资产在未来所产生的现金流量作为支持,发行流通性证券进行融资的一种形式。通过资产证券化,可以将原本不流通的基础资产切割成一定数量的可流通的有价证券,经过信用增级,在资本市场上出售给投资人。

资产证券化中的基础资产主要包括以下类型:(1)能够直接产生独立、可持续现金流量的资产,如动产、不动产和知识资产;(2)债券、股权、物权、知识产权等财产权利;(3)以上两类的组合。

资产证券化过程中所发行的有价证券被称为资产支持证券(asset-backed securities,ABS)。资产支持证券是一种以资产信用作为支持的债券性质的金融工具,具有对基础资产所产生的现金流量和预期收益的要求权。资产支持证券包括资产支持债券和资产支持票据等。

在项目融资过程中,资产证券化的目的一般不在于为本项目筹集资金,而是在于为资产早期的投资者提供一种便捷的退出方式。项目投资者可将已投入运营的项目进行资产证券化,用来筹集资金,并作为退出该项目的一种方式;金融机构可以把信贷资产证券化,提前收回项目贷款;政府也可以将可以产生持续现金流量的收费项目进行资产证券化,将所筹集的资金用于新建项目。同时,资产证券化还可以大大激活市场的流动性,刺激投资,为市场上的投资者提供重要的投资产品。

资产证券化的交易结构可以用图11-5简单表示。

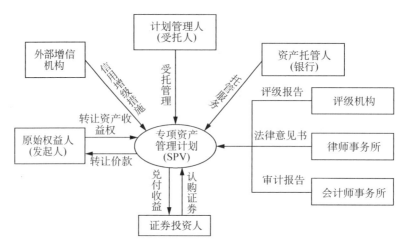

图 11-5　资产证券化(ABS)交易结构图

（二）资产证券化的运作过程

资产证券化融资的一般运作过程如下。

(1) 选择基础资产,组建资产池。资产证券化发起人根据自身融资要求、资产情况和市场条件,对资产证券化的目标资产进行选择。发起人要对计划证券化的资产进行评估,将符合条件的资产纳入资金池。

(2) 设立特殊目的载体(special purpose vehicle,简称 SPV)。设立 SPV 的目的在于:将发起人(原始受益人)需要资产证券化的特定资产与发起人自身的风险进行隔离。即使发起人发生破产等问题,也不会影响到隔离出来的资产。SPV 的具体形式可以是特殊目的公司、特殊目的信托、理财计划等。

(3) 发起人将计划证券化的资产转移给 SPV。这种转移应当属于"真实销售",也就是说这部分资产与发起人之间已经没有任何法律关系。

(4) 信用增级和信用评级。在资产支持证券发行之前,需要委托信用评级机构对即将发行的证券进行信用评级。为了使该资产获得预期的信用等级,实现最大化的经济效益,一般要采用一些内部信用增级措施和外部信用增加措施,来加强证券的信用保证。

(5) SPV 发行 ABS 债券。SPV 是资产支持证券的发行人,但 SPV 一般不直接向证券投资者销售证券,而是通过承销商采用公开发行或私募的形式,向投资者销售证券。

(6) SPV 向发起人支付资产购买价款。SPV 在从承销商处获得发行收入后,应按照约定的价格和支付方式,向发行人支付购买基础资产的价款。

（7）基础资产池的管理。在资产证券化完成后，SPV 就要开始进行基础资产管理和资产收益回收工作。SPV 一般会委托专门的第三方服务机构或原始受益人（发起人），对基础资产池进行管理。

（8）证券偿付。由于原始受益人已经将基础资产的未来收益权让渡给了 SPV，因此 SPV 可以利用基础资产产生的收益清偿其所发行的债券本息。SPV 一般会委托银行担任资金管理和本息偿付职能。

【案例分享】 资产证券化案例——广州机场高速公路车辆通行费收益权资产支持专项计划（2015 年）

2015 年，信达证券承销当时最大规模的基础设施资产证券化产品——广州机场高速公路车辆通行费收益权资产支持专项计划。该计划的原始权益人是广州快速交通建设有限公司；计划管理人是信达证券股份有限公司（简称"信达证券"）；基础资产为广州机场高速公路自 2015 年 10 月 1 日起至 2021 年 6 月 30 日止期间的车辆通行费收益权（不含自 2016 年 7 月 1 日起至 2016 年 9 月 30 日止、自 2017 年 7 月 1 日起至 2017 年 9 月 30 日止期间的车辆通行费收益权）。

专项计划的发行规模是 44 亿元，这 44 亿元被分为 3 个不同级别（如表 11-2 所示），其中优先 A 规模 39.16 亿元，优先 B 规模 2.42 亿元，次级规模也是 2.42 亿元。优先级的规模接近 90%，又分为不同的期限。该专项计划的次级资产支持证券均由原始权益人快速交通公司认购。

表 11-2 广州机场高速公路车辆通行费收益权资产支持证券基本情况 （单位：亿元）

证券品种	证券品种明细	目标发行规模	证券品种明细	目标发行规模	预计成立日	预计到期日
优先级资产支持证券	优先 A-1	4.36	优先 B-1	0.27	专项计划设立日	2016.6.30
	优先 A-2	4.85	优先 B-2	0.30	专项计划设立日	2017.6.30
	优先 A-3	5.45	优先 B-3	0.34	专项计划设立日	2018.6.30
	优先 A-4	7.29	优先 B-4	0.45	专项计划设立日	2019.6.30
	优先 A-5	8.31	优先 B-5	0.51	专项计划设立日	2020.6.30
	优先 A-6	8.90	优先 B-6	0.55	专项计划设立日	2021.6.30
	优先 A 合计	39.16	优先 B 合计	2.42	—	—
次级资产支持证券	目标发行规模 2.42				专项计划设立日	2016 至 2021 年间每年 6 月 30 日

该专项计划的信用增级方式包括以下几种。

1. 优先级/次级资产支持证券结构化分层

该专项计划通过对资产支持证券进行优先/次级的分层结构设计，逐层实现对优先 A 级、B 级资产支持证券的内部信用增级。其中，当期优先级资产支持证券的本息支付均在次级资产支持证券之前，当期优先级 A 级资产支持证券的本息支付均在当期优先 B

级资产支持证券之前。

该专项计划发行的次级资产支持证券占总体发行规模的比例为 5.50%,从而为优先级资产支持证券在基础资产现金流的基础上提供 5.50% 的信用支持;同时,该专项计划优先级资产支持证券又分为优先 A 级、优先 B 级,优先 B 级资产支持证券占总体发行规模的比例同样为 5.50%。

2. 超额现金储备

该专项计划文件约定,原始权益人开立备用金账户,作为该专项计划的超额现金储备账户。该账户由原始权益人、管理人和监管银行共同监管。在专项计划设立后,管理人凭划款指令通知托管人将首笔基础资产购买价款 8.00 亿元从专项计划托管账户划转至上述备用金账户,该笔款项将在完成约定支付事项后留存 2.42 亿元,作为专项计划的超额现金储备。在当期基础资产现金流入不足以支付优先 A 级资产支持证券的到期本息时,其差额部分以不超过当期到期次级资产支持证券对应金额的超额现金储备补足。

3. 原始权益人承担优先级资产支持证券本息支付差额补足的义务

如果该专项计划优先级资产支持证券的本息支付当期出现差额,原始权益人将以现金方式补足,用于保证优先 A 级、B 级资产支持证券的按时、足额兑付本息。此外广州交投集团承担基础资产现金流差额补足的义务。广州交投集团对原始权益人的差额补足义务承担连带责任。

中诚信证券评估有限公司综合了原始权益人的风险管控能力、基础资产情况、交易结构、重要参与人的履约能力等信用评级因素,给予优先 A 级资产支持证券的评级为 AAA 级。

该资产专项计划的交易结构如图 11-6 所示。

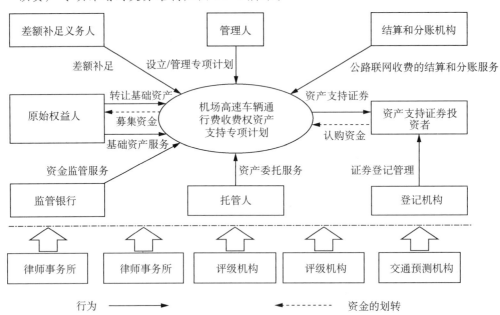

图 11-6 广州机场高速公路车辆通行费收益权资产支持专项计划交易结构图

第三节 项目融资的 PPP 运作模式

从20世纪80年代以来,在全球范围内(特别是在发展中国家),先后兴起了以BOT、PPP等项目开发模式建设和运营基础设施、自然资源开发、公用事业项目和社会事业等项目,成为这些项目实现市场化运作的重要手段,受到了世界各国以及相关国际组织的高度重视。而采用PPP模式的项目通常会采用项目融资模式筹集资金。实际上采用项目融资模式的项目中,相当大的部分就是PPP项目。本章第一节和第二节所谈到的大部分项目融资模式都可应用于PPP项目,通过组合设计形成相应的融资结构。

一、PPP 模式概述

PPP(public private partnership),即"公共私营合作制",是公共部门和私营部门合作进行基础设施和公用事业项目的投资、建设和运营,向公众提供产品或服务的一种方式。

(一)PPP 的起源

PPP模式是在基础设施和公用事业项目建设中发展起来的一种项目开发与融资模式。20世纪后期,许多国家在基础设施和公用事业项目的建设和运营中普遍存在政府资金不足、非市场化和后期维护不够的问题。政府资金不足会导致有效供给不足,非市场化会导致管理效率低,而后期维护不够会导致服务质量差、可靠性低。而如果由私营部门负责基础设施和公用事业项目建设,虽然可以实现市场化,提高管理效率,但私营部门在寻求商业回报过程中可能会增加公共服务的提供成本。

20世纪80年代,在全球范围内兴起了BOT(build-operate-transfer,建造—经营—转让)模式,即以特许经营权方式建设和运营基础设施和公用事业项目。由于这种模式可以有效解决大规模基础设施建设中资金短缺的问题,因此在大型基础设施的建设中得到了广泛应用。

但在应用BOT模式进行基础设施和公用事业项目建设中也存在一个突出的问题:一些可以自负盈亏的经营性项目由于财务效益较好,往往可以通过BOT模式取得成功,但那些财务效益差的项目却还是没有人愿意建设和运营。这些项目包括一些具有社会效益好但财务效益较差的基础设施和公用事业项目(被称为准经营项目),也包括那些只有社会效益、却无法体现财务效益的公益性项目。政府把BOT模式推广至这些类项目时,只授予特许经营权是不够的,需要政府给予更多的参与和支持,比如免费的土地、配套设施、投资补助、运营补助等,并与社会资本方形成一种合作伙伴关系。这种模式与之前使用的BOT模式相比,其涵盖的范围更宽,再用BOT来表达已经无法全面反映这种合作模式的内涵,PPP这一概念就此应运而生了。

20世纪90年代,PPP模式在BOT模式的基础上迅速发展起来。从20世纪90年代至今,PPP模式在自然资源开发、基础设施、公用事业和社会事业项目中都得到了广泛应用。

(二)PPP的定义

由于PPP这个概念来源于实践,所以并没有形成国际公认的统一的定义。不同的机构和组织会从自身的视角出发,对PPP这一概念的内涵进行解释。

世界银行编写的《PPP参考指南》(第三版)采用了一个比较宽泛的定义:"PPP是政府机构与私营伙伴之间提供公共资产或服务的长期合同。其中私营伙伴承担主要风险和管理责任,并获得与绩效挂钩的报酬。"

中华人民共和国财政部、中华人民共和国国家发展和改革委员会、中国人民银行发布的《关于在公共服务领域推广政府和社会资本合作模式的指导意见》中,把PPP模式称为"政府和社会资本合作模式",即"政府采取竞争性方式择优选择具有投资、运营管理能力的社会资本,双方按照平等协商原则订立合同,明确责权利关系,由社会资本提供公共服务,政府依据公共服务绩效评价结果向社会资本支付相应对价,保证社会资本获得合理收益"。在这个定义中,"私营部门"的内涵被重新界定,由"社会资本(方)"所代替,包括国有企业、民营企业、外商投资企业、混合所有制企业以及投资、经营主体等。这是因为在我国参与基础设施和公用事业项目建设的企业大都是国有企业,使用"私营部门"这一说法会把国有企业排除在外。

虽然各种组织和机构对PPP模式的定义并不一致,但一般可认为PPP模式具备如下特点。

(1)强调政府在项目中的责任和参与,由政府与私营部门(或社会资本方)在基础设施和公用事业项目的建设和运营中进行合作。

(2)政府与私营部门(或社会资本方)之间是长期合作、优势互补、共享收益、共担风险和社会责任的关系。

国家发展改革委关于印发《传统基础设施领域实施政府和社会资本合作项目工作导则》中指出,政府和社会资本合作模式主要包括特许经营和政府购买服务两类。

(三)PPP模式的优缺点

PPP是通过政府和社会资本方的合作,为社会提供公共产品或服务的模式。采用PPP模式可以使政府、社会公众和社会资本方这三方都获得一定的好处,但同时也存在一些不利影响。

对政府和社会公众而言,采用PPP模式的优点包括以下几方面。

(1)拓宽基础设施和公用事业项目资金来源问题,减轻政府债务负担。由于项目融资的全部责任都转移给了社会资本方,政府不需要对项目贷款、担保和保险负连带责任),因此可以大大缓解政府的财政困境,降低政府风险。

(2) 提高资源配置效率。由于有社会资本方的参与,项目前期可行性论证会较为严谨,因此可以有效避免无效益项目开工或重复建设。

(3) 由于基础设施和公用设施的运营与监督相分离,可以显著改善服务供给,使用户(社会公众)能够以更低的价格获得较好的产品和服务。

(4) 由于社会资本方或项目公司的回报率与绩效挂钩,有利于发挥社会资本方的能动性,提高项目运营效率和服务质量,改善项目后期维护水平。

对政府和社会公众而言,采用PPP模式的缺点包括以下几方面。

(1) 政府将失去对项目的所有权和经营权。一些关系到国家安全或重大公共利益的项目(如国防和电网等项目)不宜采用PPP模式。

(2) 不适用于仅涉及工程建设而无运营内容的项目。

(3) 采用PPP模式时,项目招投标过程较长,程序比较复杂。

社会资本方而言,采用PPP模式的优点包括以下几方面。

(1) PPP项目一般具有一定的定位优势和资源优势,往往在市场上具有独占性和排他性,这种优势能确保投资者获得稳定的市场份额和投资回报。

(2) PPP模式可以使社会资本方有机会涉足基础设施领域的项目建设和经营,有利于进一步获得投资机会。

社会资本方而言,采用PPP模式的缺点主要是风险较大。这是由于:①PPP项目投资期比较长,收益不确定;②一般需要社会资本方提供一部分资本金投入,并为银行贷款提供担保;③项目涉及环节较多,产生更多的风险点。

(四) PPP项目的各种运作模式

1. 基础设施和公用事业项目的建设和运营的模式分类

在的传统模式中,私营部门的参与程度不高,往往只是把设计与施工分别发包给承包商。对于新建项目而言,如果采购、试运营也由承包商负责,就是项目总承包模式,签订的合同叫作EPC合同或交钥匙合同。如果融资也由承包商负责,就是BT模式;如果运营维护也由承包商负责,就是BOT或BOO等模式,如图11-7所示。

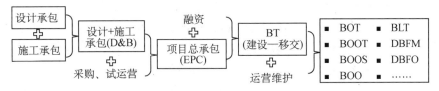

图11-7 私营部门的参与程度与项目运作模式

上述模式中究竟哪些属于PPP模式,不同的机构有不同的看法。在广义的认识下,PPP模式既然是对政府与社会资本方合作的各种方式的统称,所以PPP模式应包括上述几乎所有模式。而在狭义的认识中,PPP模式仅应包含社会资本方参与程度比较深的模式。例如按照我国财政部规定:仅涉及工程建设而无运营内容的项目,不适宜采用PPP模式。按此规定,DBF(design-build-finance)、D&B、EPC和BT等模式没有涉及运营内容,就不能视为 PPP 模式。

2. 几种典型的 PPP 运作模式

新建项目通常采用的 PPP 运作模式包括以下几种。

(1) BOT,即建造—经营—转让模式,是指由社会资本方承担新建项目的融资、设计、建造、运行维护和用户服务的职责,合同期满后项目资产及相关权益等移交给政府的项目运作模式。一般多用于政府特许经营领域,如电力、供水、废物处理、污水处理、燃气供应、交通、通信等。BOT 项目特许经营期限一般为 20~30 年,特大项目可超过 30 年,最长的有 99 年。BOT 项目的资金可以完全由社会资本方进行筹措,也有些 BOT 项目会由当地政府给予一定的投资补贴或者运营补贴。

(2) BOOT(build-own-operate-transfer),即建设—拥有—运营—移交模式。该模式与 BOT 模式基本相同,但强调社会资本方还要拥有项目的所有权,即社会资本方在项目建成后,在规定的特许经营期内拥有所有权并进行经营,在特许经营期满后,再将项目移交给政府。

(3) BOOS(build-own-operate-sale),即建设—拥有—运营—出售模式。该模式与 BOT 和 BOOT 的区别是:在特许经营期满后,社会资本方以某种价格将项目设施出售给政府或者第三方。

(4) BOO(build-own-operate),即建设—拥有—运营模式。采用该模式时,社会资本方在特许经营期满后没有移交等的相关责任,但也不再拥有所有权,社会资本方只需要简单地将项目设施留给政府或者将项目拆除。该模式比较适合于生命周期比较短的项目。

(5) BTO(build-transfer-operate),即建造—移交—运营模式。采用该模式时,项目建成后就要把所有权移交给政府,但项目设施仍留给项目公司进行经营维护。

(6) BLT(build-lease-transfer)或 BRT,即建造—出租—移交模式。采用该模式时,社会资本方在项目建成后,在特许经营期内将项目设施出租给政府或第三方,通过收取租金来收回投资并赚取合理的利润,在特许经营期满后再将项目设施移交给政府。

对于已建项目而言,通常采用的 PPP 运作模式包括以下几种。

(1) TOT(transfer-operate-transfer),即转让—运营—移交模式。采用该模式时,政府将状况良好的存量公共资产所有权有偿转让给社会资本方或项目公司,由其负责运行维护和用户服务,并获得相应的收益,合同期满后资产及其所有权等移交给政府。该模式有时也被称为 SOT(sold-operate-transfer),即出售—运营—移交。

(2) ROT(rehabilitate-operate-transfer),即改造—运营—移交。该模式是在 TOT 的基础上发展起来的,其中增加了改扩建的内容,即政府把需要更新改造的基础设施项目移交给社会资本方,由社会资本方进行更新改造,并进行运营,期满后社会资本方再把项目设施移交给政府。

(3) O&M(operation & maintenance),即委托运营模式。该模式是指政府将存量公共资产的运营、维护(不含用户服务)的职责委托给社会资本方或项目公司,政府保留项目设施的所有权,并向社会资本方或项目公司支付委托运营费。

(4) MC(management contract),指政府将存量公共资产运行维护及用户服务的职责委托给社会资本方或项目公司,政府保留项目设施所有权,并向社会资本方或项目公司支付管理费。

二、PPP项目的主要参与人及交易结构

(一) PPP项目的主要参与人

PPP项目的主要参与人包括政府、私营部门(或社会资本方)、债权人、项目承建商、项目保险人、咨询专家和顾问、项目包销商、项目运营商、项目供应商等。这里仅就政府和私营部门(或社会资本方)的身份进行说明。

1. 政府

政府(包括中央政府或地方政府)是PPP项目的主要参与人。因PPP项目一般为基础设施和公用事业项目,所以涉及的政府机构一般多为地方政府。

按照财政部规定,PPP项目中政府方签约主体应为县级及县级以上人民政府或其授权的机关或事业单位,国有企业或地方政府融资平台公司不得代表政府方签署PPP项目合同。

在PPP项目中,政府作为主要参与人一般会具有多重身份,包括项目实施机构、项目监管人、项目发起人、融资担保人、项目补助人(或投资人)、服务购买人等。在具体项目中,政府需要承担何种角色需要视具体情况而定。

2. 社会资本方

最早的PPP概念中,私营部门是指私营企业。但是在我国实践中,社会资本方也可以是国有企业。

按我国相关规定,社会资本方可以是企业法人、已剥离政府性债务、不再承担融资平台职能的地方融资平台,也可以是联合体(按照招投标法规定,两个以上法人或者其他组织可以组成一个联合体,以一个投标人的身份共同投标)。

以天津地铁8号线一期工程PPP项目为例。如图11-8所示,该项目的政府实施机构为天津市住房和城乡建设委员会,中标的社会资本方为中国铁建联合体。联合体牵头方为中国中铁股份有限公司,联合体成员包括:中铁一局集团有限公司、中铁二局集团有限公司、中铁三局集团有限公司、中铁四局集团有限公司、中铁六局集团有限公司、中铁七局集团有限公司、中铁十局集团有限公司、中铁隧道局集团有限公司、中铁电气化局集团有限公司、中铁北京工程局集团有限公司和中铁上海工程局集团有限公司。项目合作期为26年,其中建设期为5年,运营期为21年。社会资本方与政府方出资代表共同成立PPP项目公司,项目公司的注册资本金为50亿元,资本金比例为40%,由政府方出资代表和社会资本方按照49%:51%股权比例出资。项目资本金以外的其他资金由项目公司作为融资主体,以项目预期收益权质押的方式向银行申请贷款。

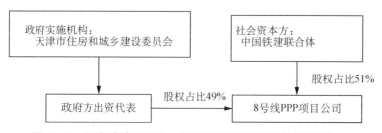

图 11-8　天津地铁 8 号线一期工程 PPP 项目融资主要参与者

(二) PPP 项目的交易结构

与一般商品相比,PPP 项目的交易结构一般会比较复杂,通常可分为三个层次,如图 11-9 所示。

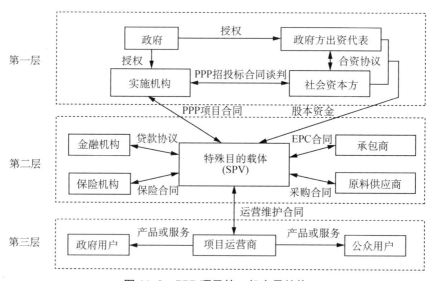

图 11-9　PPP 项目的一般交易结构

1. 第一层交易结构

PPP 项目交易结构的第一层是政府与社会资本方之间的交易。从图 11-9 中可以看出,在第一层交易结构中,政府授权 PPP 项目的实施机构(通常都由项目所属的行业主管部门担任)与社会资本方进行 PPP 项目招投标合同谈判,并与 PPP 项目公司(特殊目的载体)签署 PPP 项目合同。当政府需要以资本金注入方式参与 PPP 项目时,政府需要授权政府方出资代表对财政出资的 PPP 项目公司履行出资人职责、行使出资人权利。政府方出资代表与社会资本方签订合资协议,并向项目公司(特殊目的载体)注入股本资金。

政府与社会资本方之间的交易通常涉及项目投资结构、资金结构、合同结构、项目建设和运营方案、项目回报机制设计、项目风险分配、项目移交方案等许多内容。下面将主要介绍 PPP 项目的资金结构、项目回报机制设计和 PPP 项目风险分配等问题。

(1) PPP 项目的资金结构。

PPP 项目通常采用项目融资模式,在其资金结构中,银行贷款等债务资金一般占比较大。按照我国关于固定资产投资项目资本金制度的规定,各类固定资产投资项目都要符合最低资本金比例的要求,PPP 项目也不例外,具体要求详见表 9-1。

政府一般会要求社会资本方投入一定数量的股本资金,而政府是否提供股本资金以及提供多少股本资金并没有具体规定,这要取决于项目的具体情况和政府的意愿。政府可以通过下属公司或设立公共基础设施基金等方式参股项目公司。项目运营主体如果符合条件的话,也可以通过发行股票、企业债券、项目收益债券、中期票据等形式融资。各类投资基金、社保资金和保险资金,按照市场化原则,运用债权投资计划、股权投资计划、项目资产支持计划等多种方式参与 PPP 项目。

(2) PPP 项目回报机制。

社会资本方愿意参与 PPP 项目是其以可以取得一定的回报为前提的。在设计政府与社会资本方之间的交易结构时,就要明确回报机制。社会资本方通过 PPP 项目所获得的回报来源于项目的收入,而 PPP 项目的收入则来源于其产品(或服务)的付费主体。PPP 项目的付费主体有两类,即使用者(用户)和政府。这两类付费主体可以形成三种付费方式:一是完全由用户付费,一般适用于经营性项目,如供气、供水、供热、污水处理和高速公路项目等;二是完全由政府付费,一般适用于公益性项目,如市政道路工程、环保生态类项目和智慧城市项目等;三是"用户付费+政府补助",一般适用于准经营性项目,如体育馆、医院等。

使用者(用户)和政府在为 PPP 项目产品(或服务)付费时可以按两种付费基础计算,一是按使用量付费,二是按可用性付费或者按绩效付费。结合上面所介绍的三种付费方式,就形成了 PPP 项目的六种付费机制,如表 11-3 所示。

表 11-3　PPP 项目的六种付费机制

付费基础	购买公共产品和服务的付费方式		
	用户付费 (适用于经营性项目)	政府付费 (适用于公益性项目)	用户付费+政府补助 (适用于准经营性项目)
使用量	用户按使用量直接付费	政府按使用量付费,以影子价格支付①	用户按使用量付费,政府补齐不足部分(即可行性缺口补助②)
可用性 (或绩效)	用户按可用性付费,如会员费、年费	政府按可用性付费,一般应与项目绩效挂钩	用户付部分可用性付费,政府补齐不足部分(即可行性缺口补助)

财政部 2020 年在《政府和社会资本合作(PPP)项目绩效管理操作指引》中规定:政府付费和可行性缺口补助项目,政府承担的年度运营补贴支出应与当年项目公司(社会资

---

① 影子价格是指依据一定原则确定的,能够反映投入物和产出物真实经济价值、反映市场供求状况、反映资源稀缺程度、使资源得到合理配置的价格。影子价格反映了社会经济处于某种最优状态下的资源稀缺程度和对最终产品的需求情况,有利于资源的最优配置。

② 可行性缺口补助是指用户付费不足以回收成本和取得合理回报的缺口部分,由政府补足。

本)绩效评价结果完全挂钩;财政部门应按照绩效评价结果安排相应支出,项目实施机构应按照项目合同约定及时支付;政府为基于可用性绩效指标的公共产品和基于运维绩效指标的公共服务付费,运营绩效等级与服务费成正比。

(3) PPP项目风险分配。

基础设施和公用事业项目往往投资巨大、建设周期长、涉及面广,其中会蕴含大量的风险,如土地获取风险(征地拆迁风险)、法律法规风险、项目融资风险、项目完工风险、项目运营风险、自然不可抗力风险等。风险共担是PPP模式的重要特征。在进行交易结构设计时,要综合考虑项目风险特点、政府和社会资本方的风险管理能力,进行风险分配。

项目融资中的风险分担一般要遵循有效控制原则、直接损失承担原则、风险收益对等原则和风险上限原则,PPP项目也不例外。按照上述原则,PPP项目设计、建造、财务和运营维护等商业风险一般由社会资本承担,法律、政策和最低需求等风险一般由政府承担,不可抗力等风险一般由政府和社会资本合理共担,如表11-4所示。

表11-4 PPP项目的风险分配

风险类别	政府	社会资本方	备注
土地获取风险	√		在特定情形下可能由项目公司承担
法律法规风险	√		
项目融资风险		√	主要包括融资过程中的风险、利率波动风险等
项目完工风险		√	主要包括项目工期、成本和质量风险
项目运营风险	承担部分风险	承担主要风险	政府有时要承担最低需求风险,比如设置地铁最低客流量、污水处理保底水量
自然不可抗力风险	共同承担	共同承担	包括台风、冰雹、地震、海啸、洪水等等,由政府和社会资本方合理共担

从表11-4中可以看出,政府有时要分担一部分运营风险,比如设置地铁最低客流量、污水处理保底量,如果低于保底量,由政府补偿也就是由政府承担最低需求风险。

2. 第二层交易结构

如图11-9所示,PPP项目交易结构的第二层是社会资本方或其设立的特殊目的载体(SPV)与其他参与人形成的交易,包括:社会资本方为了解决资金问题而与贷款人形成交易;社会资本方为了解决设计和施工问题而与设计施工承包商形成交易;社会资本方为了解决原料问题,与原料供应商形成交易;社会资本方为了防范风险,与担保人、保险人形成交易;社会资本方为了解决运营维护问题,与项目运营商形成交易等。

3. 第三层交易结构

PPP项目交易结构的第三层是特殊目的实体(或项目运营商)与用户之间的交易,即特殊目的实体或项目运营商根据合同向政府用户和公众用户提供产品(或服务)。

三、PPP项目运作过程

PPP项目一般属于涉及政府投资的工程建设项目,在运作过程中,首先需要符合与政府投资项目相关的工程建设程序规定,同时也要符合国家有关部委关于PPP项目的有关程序规定。

(一)与政府投资项目相关的工程建设程序规定

工程建设程序是指建设工程从策划、决策、设计、施工,到竣工验收、投入生产或交付使用的整个建设过程中,各项工作必须遵循的先后顺序。整体来说,可以分为项目投资决策阶段和项目建设实施阶段。

根据建设资金的来源不同,建设项目可以分为两类,即政府投资项目和非政府投资项目。而PPP项目往往涉及政府投资。

政府投资方式包括三种:一是直接投资方式;二是资本金注入方式;三是投资补助、贷款贴息等方式。

在我国,政府投资项目与非政府投资项目在建设程序方面的区别主要体现在项目投资决策阶段的规定上。政府投资项目在项目投资决策阶段的工作主要包括:政府投资项目审批、核准和备案;编制项目建议书;编制可行性报告等。

1. 政府投资项目审批、核准和备案的规定

政府采取直接投资方式、资本金注入方式投资的项目(以下统称政府投资项目),项目单位应当编制项目建议书、可行性研究报告、初步设计,按照政府投资管理权限和规定的程序,报投资主管部门或者其他有关部门审批(审批制)。政府采用投资补贴、贷款补息等方式投资的项目(不属于政府投资项目),政府部门只审批资金申请报告。

其他非政府投资项目,一律不再实行审批制,但区别不同情况实行核准制或备案制。其中,政府仅对重大项目和限制类项目从维护社会公共利益角度进行核准,其他项目不论规模大小均改为备案制。

2. 政府投资项目的项目建议书编制要求

实行审批制的工程项目,需要编制并报批项目建议书。对于政府投资项目,项目建议书是立项的必要程序。

项目建议书是项目单位向国家提出的要求建设某一项目的建议文件,是对建设项目的轮廓设想,是对项目建设的必要性、功能定位和主要建设内容、拟建地点、拟建规模、投资估算、资金筹措、社会效益和经济效益等进行的初步分析。

3. 可行性报告的编制

运作PPP项目的前提是项目在技术和经济上可行,之后才能考虑PPP模式的可行性。项目建议书经批准后,项目单位应进行项目可行性研究。可行性研究就是在工程项目投资决策前,在对与项目有关的社会、经济和技术等各方面的情况进行深入细致的调查研究基础上,通过对拟建项目建设方案、建设条件和技术方案的分析、对比和论证,综合研究并得出工程项目技术先进性和适用性、经济合理性以及建设的可能性和可行性的研究结论,为项目决策提供科学、可靠的依据。

(二)关于PPP项目运作过程的规定

PPP项目运作过程可以从政府和社会资本方等不同参与者角度进行分析。本书仅

从政府视角介绍 PPP 项目的运作过程。从政府角度而言,各个国家和地区 PPP 项目的运作过程大体相同。在我国,发改委和财政部在出台的文件中都对此作出过规定。这里以中华人民共和国财政部颁布的《政府和社会资本合作模式操作指南(试行)》为例进行说明。该指南把 PPP 项目运作过程分为项目识别、项目准备、项目采购、项目执行和项目移交等五个阶段,每个阶段又细分为若干步骤,如图 11-10 所示。

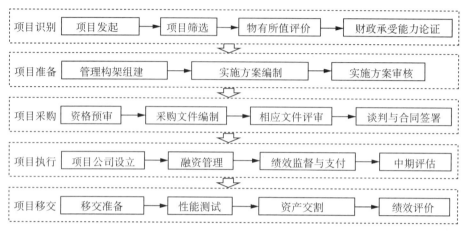

图 11-10　PPP 项目运作过程(依据财政部规定)

1. 项目识别

PPP 项目识别是指从需要建设和改造的基础设施和公用事业等项目中识别出适合采用 PPP 模式的项目的过程,具体包括项目发起、项目筛选、物有所值评价和财政承受能力论证四个步骤。

(1) 项目发起。PPP 项目可以由政府或社会资本发起,以政府发起为主。由政府发起时,财政部门应负责向交通、住建、环保、能源、教育、医疗、体育健身和文化设施等行业主管部门征集、遴选潜在 PPP 项目。由社会资本发起时,社会资本方应以项目建议书的方式向财政部门推荐潜在 PPP 项目。

(2) 项目筛选。一般而言,投资规模较大、需求长期稳定、价格调整机制灵活、市场化程度较高的基础设施及公共服务类项目,比较适宜采用 PPP 模式,如石油、天然气等资源开发项目;公路、铁路、地铁、机场、电厂、污水处理等基础设施项目;医院、学校、运动场馆等公共设施项。这些项目类型虽然整体上适合采用 PPP 模式,但由于 PPP 模式操作过程复杂,实施中存在各种制约因素。为了保证成功完成 PPP 项目的融资、建设、运营和移交,需要由财政部门会同行业主管部门,对潜在 PPP 项目进行评估筛选,以确定备选项目。

(3) 物有所值评价。物有所值(value for money)评价是判断是否采用 PPP 模式代替政府传统投资运营方式提供公共服务项目的一种评价方法,其目的是确保项目采用 PPP 模式优于其他模式。物有所值评价包括定性评价和定量评价。现阶段一般以定性评价为主,定量评价工作由各地根据实际情况开展。

① 定性评价重点关注项目采用 PPP 模式与采用政府传统采购模式相比能否增加供

给、优化风险分配、提高运营效率、促进创新和公平竞争等。常见的物有所值定性评价指标包括:六个基本指标,即全生命周期整合程度、风险识别与分配、绩效导向与鼓励创新、潜在竞争程度、政府机构能力、项目可融资性等;六个补充评价指标,即项目规模大小、预期使用寿命长短、项目资产种类、全生命周期成本测算准确性、运行维护要求、市场中有无先例等。

② 定量评价主要通过对 PPP 项目全生命周期内政府支出成本现值(PPP 值)与传统运作模式下政府净成本现值(PSC 值)进行比较,计算项目的物有所值量值(VFM 值),判断政府和社会资本合作模式是否降低项目全生命周期成本。VFM 值的计算公式为:

$$VFM 值 = PSC 值 - PPP 值 \tag{11-1}$$

若 VFM 值为正,说明项目适宜采用 PPP 模式。VFM 值越大,说明 PPP 模式替代传统运作模式所实现的价值越大。

定量评价可作为项目全生命周期内风险分配、成本测算和数据收集的重要手段,以及项目决策和绩效评价的参考依据。

(4) 财政承受能力论证。为确保财政中长期可持续性,财政部门应根据项目全生命周期内的财政支出、政府债务等因素,对部分政府付费或政府补贴的项目开展财政承受能力论证。每年政府付费或政府补贴等财政支出不得超出当年财政收入的一定比例。按当前财政部的规定,每一年度全部 PPP 项目需要从预算中安排的支出责任占一般公共预算支出比例应当不超过 10%。通过财政可承受能力论证,可确保财政风险可控。

2. 项目准备

通过物有所值评价和财政承受能力论证的项目,可进行 PPP 项目准备工作,包括组建管理构架、编写与审核实施方案等。

政府或其指定的有关职能部门或事业单位可作为项目实施机构,负责项目准备、采购、监管和移交等工作。在项目准备阶段,项目实施机构的主要工作是组织编制项目实施方案。项目实施方案与物有所值评价、财政承受能力论证合称为"两评一案"。项目实施方案的主要内容包括以下几方面。

(1) 项目概况。主要包括基本情况、经济技术指标和项目公司股权情况等。

(2) 风险分配基本框架。按照风险分配优化、风险收益对等和风险可控等原则,综合考虑政府风险管理能力、项目回报机制和市场风险管理能力等要素,在政府和社会资本间合理分配项目风险。原则上,项目设计、建造、财务和运营维护等商业风险由社会资本承担,法律、政策和最低需求等风险由政府承担,不可抗力等风险由政府和社会资本合理共担。

(3) 项目运作方式。主要包括委托运营、管理合同、建设—运营—移交、建设—拥有—运营、转让—运营—移交和改建—运营—移交等。

(4) 交易结构。主要包括项目投融资结构、回报机制和相关配套安排。

(5) 合同体系。主要包括项目合同、股东合同、融资合同、工程承包合同、运营服务合同、原料供应合同、产品采购合同和保险合同等。项目合同是其中最核心的法律文件。

(6) 监管架构。主要包括授权关系和监管方式。授权关系主要是政府对项目实施机构的授权,以及政府直接或通过项目实施机构对社会资本的授权;监管方式主要包括履约管理、行政监管和公众监督等。

(7) 采购方式选择。即指社会资本方遴选方案的选择。

3. 项目采购

PPP 项目采购是指政府为达成权利义务平衡、物有所值的 PPP 项目合同,遵循公开、公平、公正和诚实信用原则,按照相关法规要求完成 PPP 项目识别和准备等前期工作后,依法选择社会资本合作者的过程。

项目采购应根据《中华人民共和国政府采购法》及相关规章制度执行,采购方式包括公开招标、竞争性谈判、邀请招标、竞争性磋商和单一来源采购。项目实施机构应根据项目采购需求特点,依法选择适当采购方式。

4. 项目执行

在项目执行阶段,社会资本首先要依法设立项目公司。政府可指定相关机构依法参股项目公司。项目实施机构和财政部门(政府和社会资本合作中心)应监督社会资本按照采购文件和项目合同约定,按时足额出资设立项目公司。

项目公司设立后,项目实施机构应根据项目合同约定,监督社会资本或项目公司履行合同义务,定期监测项目产出绩效指标,编制季报和年报,并报财政部门(政府和社会资本合作中心)备案。

5. 项目移交

在项目移交阶段,项目实施机构或政府指定的其他机构代表政府收回项目合同约定的项目资产,其工作包括五个步骤。

(1) 项目实施机构或政府指定的其他机构组建项目移交工作组,根据项目合同约定与社会资本或项目公司确认移交情形和补偿方式,制定资产评估和性能测试方案。

(2) 项目移交工作组委托具有相关资质的资产评估机构,按照项目合同约定的评估方式,对移交资产进行资产评估,作为确定补偿金额的依据。

(3) 项目移交工作组应严格按照性能测试方案和移交标准对移交资产进行性能测试。性能测试结果不达标的,移交工作组应要求社会资本或项目公司进行恢复性修理、更新重置或提取移交维修保函。

(4) 社会资本或项目公司将满足性能测试要求的项目资产、知识产权和技术法律文件,连同资产清单移交项目实施机构或政府指定的其他机构,办妥法律过户和管理权移交手续。

(5) 项目移交完成后,财政部门(政府和社会资本合作中心)组织有关部门对项目产出、成本效益、监管成效、可持续性、PPP 模式应用等进行绩效评价,并按相关规定公开评价结果。

本 章 小 结

(1) 项目融资的基本模式有两种,即直接安排融资模式和通过特设独立机构安排融资模式。直接安排融资模式就是指由项目的发起人和投资者直接安排项目融资,并直接承担起与融资安排相对应的责任和义务的融资模式。通过特设独立机构安排融资模式是指项目投资者设立具有独立法人资格的实体机构来进行融资,比较常见的做法包括专设项目公司安排融资,或者通过专设融资公司安排融资。

(2) 基于不同信用保证基础会形成不同的项目融资模式,包括以设施使用协议为基础安排融资、以杠杆租赁协议为基础安排融资、以产品支付协议为基础安排融资、利用特许经营权安排融资以及 ABS 模式等。

(3) PPP(public private partnership),即"公共私营合作制",是公共部门和私营部门合作进行基础设施和公用事业项目的投资、建设和运营,向公众提供产品或服务的一种方式。新建项目通常采用的 PPP 运作模式包括 BOT、BOOT、BOOS、BOO、BTO、BLT 等;已建项目通常采用的 PPP 运作模式包括 TOT、ROT、O&M 等。

(4) PPP 项目的主要参与人包括政府、私营部门(或社会资本方)、债权人、项目承建商、项目保险人、咨询专家和顾问、项目包销商、项目运营商、项目供应商等等。PPP 项目运作过程分为项目识别、项目准备、项目采购、项目执行和项目移交等五个阶段。

关 键 词

融资模式　杠杆租赁　资产证券化　PPP 项目

本章练习题

1. (简答题)采用直接融资模式安排项目融资有哪四种具体形式?
2. (简答题)专设项目公司安排融资模式有哪些优点和缺点?
3. (简答题)基于不同信用保证基础的几种项目融资模式分别适用于什么情况?
4. (简答题)对于政府、社会公众和社会资本方而言,PPP 模式有哪些优缺点?
5. (简答题)新建项目和已建项目通常采用的 PPP 运作模式有哪些?
6. (简答题)PPP 项目的付费机制有哪些类型?

参 考 文 献

［1］戴大双,《项目融资/PPP(第三版)》,机械工业出版社 2018 年版。
［2］全国造价工程师职业资格考试培训教材编审委员会,《建设工程计价》,中国计划出版社 2021 年版。
［3］全国造价工程师职业资格考试培训教材编审委员会,《建设工程造价管理基础知识》,中国计划出版社 2021 年版。
［4］全国咨询工程师(投资)职业资格考试参考教材编写委员会,《项目决策分析与评价》,中国统计出版社 2021 年修订版。
［5］人力资源和社会保障部人事考试中心,《建筑与房地产经济专业知识与实务(中级)》,中国人事出版社 2021 年版。
［6］任淮秀,《项目融资(第二版)》,中国人民大学出版社 2013 年版。
［7］王广斌、安玉侠等,《项目融资》,同济大学出版社 2016 年版。
［8］叶苏东,《PPP 模式理论与应用》,清华大学出版社/北京交通大学出版社 2019 年版。
［9］叶苏东,《项目融资:理论、实务与案例(第二版)》,清华大学出版社/北京交通大学出版社 2010 年版。
［10］叶苏东,《项目融资》,清华大学出版社/北京交通大学出版社 2018 年版。
［11］郑立群,《工程项目投资与融资(第二版)》,复旦大学出版社 2011 年版。
［12］郑立群,《设备工程监理投资控制》,天津大学出版社 2004 年版。
［13］中国建设监理协会,《建设工程投资控制(土木建筑工程)》,中国建筑工业出版社 2022 年版。
［14］中国设备监理协会,《设备工程监理技术与方法》,中国人事出版社 2016 年版。

图书在版编目(CIP)数据

工程项目投资与融资/郑立群主编. —3版. —上海：复旦大学出版社，2023.6
(复旦博学. 21世纪工程管理系列)
ISBN 978-7-309-16537-1

Ⅰ.①工… Ⅱ.①郑… Ⅲ.①基本建设投资②基本建设项目-融资 Ⅳ.①F283②F830.55

中国版本图书馆 CIP 数据核字(2022)第 201005 号

工程项目投资与融资(第三版)
GONGCHENG XIANGMU TOUZI YU RONGZI (DI SAN BAN)
郑立群　主编
责任编辑/谢同君

复旦大学出版社有限公司出版发行
上海市国权路 579 号　邮编：200433
网址：fupnet@fudanpress.com　http://www.fudanpress.com
门市零售：86-21-65102580　团体订购：86-21-65104505
出版部电话：86-21-65642845
上海华业装璜印刷厂有限公司

开本 787×1092　1/16　印张 19.5　字数 427 千
2023 年 6 月第 3 版第 1 次印刷

ISBN 978-7-309-16537-1/F·2933
定价：68.00 元

如有印装质量问题，请向复旦大学出版社有限公司出版部调换。
版权所有　　侵权必究